本书编委会

主　编： 黄俊生　林晓宏

副主编： 夏　立　高炜宏　张润生

委　员：（按姓氏拼音排序）

蔡　钗　蔡　阳　蔡芝霞　陈春娜　陈丽霞

陈　烁　陈莹儿　杜　丹　杜浣绫　何枋丹

黄润珊　黄文希　李坤华　林　鑫　林轶桦

刘　洁　陆　烟　毛　敏　倪洁芬　王坚娟

吴见灵　余　琪　郑佳倪　郑苏珠　周雪钿

中小学教育智慧文库
ZHONGXIAOXUE JIAOYU ZHIHUI WENKU

韩山师范学院创建国家教师教育创新实验区成果
广东省基础教育信息化融合创新示范培育推广项目“基于协作社群的教师研修
（基于‘学习通’平台的粤东教师微课技术校本研修与教学应用探索）”成果

粤东基础教育信息化生态圈混合式教学案例集

主　编◎黄俊生　林晓宏
副主编◎夏　立　高炜宏　张润生

暨南大学出版社
JINAN UNIVERSITY PRESS
中国·广州

图书在版编目（CIP）数据

粤东基础教育信息化生态圈混合式教学案例集/黄俊生，林晓宏主编. —广州：暨南大学出版社，2022. 6
（中小学教育智慧文库）
ISBN 978 – 7 – 5668 – 3394 – 5

Ⅰ. ①粤…　Ⅱ. ①黄…　②林…　Ⅲ. ①基础教育—信息化—教案（教育）—广东　Ⅳ. ①G639. 2 – 39

中国版本图书馆 CIP 数据核字（2022）第 065328 号

粤东基础教育信息化生态圈混合式教学案例集
YUEDONG JICHU JIAOYU XINXIHUA SHENGTAIQUAN HUNHESHI JIAOXUE ANLIJI
主　编：黄俊生　林晓宏

……………………………………………………………………………………

出 版 人：张晋升
责任编辑：黄文科　彭琳惠
责任校对：孙劭贤　黄亦秋
责任印制：周一丹　郑玉婷

出版发行：暨南大学出版社（511443）
电　　话：总编室（8620）37332601
营销部（8620）37332680　37332681　37332682　37332683
传　　真：（8620）37332661（办公室）　37332684（营销部）
网　　址：http：//www. jnupress. com
排　　版：广州尚文数码科技有限公司
印　　刷：佛山市浩文彩色印刷有限公司
开　　本：787mm × 1092mm　1/16
印　　张：16
字　　数：320 千
版　　次：2022 年 6 月第 1 版
印　　次：2022 年 6 月第 1 次
定　　价：68. 00 元

前　言

混合式教学能力是教师教学能力尤其是教师信息技术应用能力的集中体现，是智慧教师有效驾驭课堂的基本能力。如何提升教师的混合式教学能力，是教师教育的研究热点。

教师信息技术应用能力是教师继续教育培训的热点同时也是难点，《教育部关于实施全国中小学教师信息技术应用能力提升工程 2.0 的意见》及《教育部 财政部关于实施中小学幼儿园教师国家级培训计划（2021—2025 年）的通知》明确表示继续将中小学教师信息技术应用能力培训作为重要内容。有关专家认为：一是要把握关键，包括全员参与、整校推进。立足应用现状，立意解决本地区本校教育教学问题，并在学校教研活动中依序开展，建立适应学校发展需求的教师信息技术应用能力提升模式；强调教师的学习场所、方式、内容都是围绕课堂内外开展的，在真实的教学活动中应用技术、发展能力，当然也包括培养混合式教学能力；强调教师以真实的教学任务为驱动，有目的、有针对性地学习相关知识与技术，并开展创新实践，坚持混合研修。信息技术既是教师学习的内容，也是教师学习的路径与手段。以理论引领推动学习，通过专家引领，深化教师对技术创新教学问题的思考和研究，促进理解和实践；以典型案例推动迁移学习，把技术创新的课例作为载体，用行动引导行动；以实践应用推动行动学习。二是要精准发力。教师信息化教学创新能力提升培训，以推动信息技术在具体学科的学情分析、教学设计、学法指导、学业评价等方面的有效应用、创新应用为内容，通过线上线下混合式课例磨课等方式，提炼应用成果，形成可迁移、可辐射的优质案例资源，示范引领校本研修；结合学校信息化教学环境与课堂教学现实问题，探索多个“能力点”组合应用的教学解决策略，形成技术支持教学创新的实践案例，推动校本应用。三是要持续改进，不断将本地区本校的教师信息技术应用能力提升到新的高度。

韩山师范学院作为粤东地区唯一的师范院校，对区域教师教育发展具有高度的责任感和使命感，一直以来依托广东省中小学教师发展中心做了很多实事，包括组织粤东微课大赛、粤东教育信息化发展论坛和教育技术送教到校等，积极地培育和酝酿粤东基础教育信息化的氛围。2019 年，韩山师范学院与汕头市澄海区教育局、潮州市湘桥区教育局、潮州市潮安区教育局、北京超星尔雅智慧教育科技有限公司联合申报了广东省基础教育信息化融合创新示范培育推广项目，获得名为“基于协作社群的教师研修（基于‘学习通’平台的粤东教师微课技术校本研修与教学应用探索）”的项目立项，充分融汇高校、地方政府和中小学的资源，形成合力，关注和支持教师教育发展，在粤东三市开展实践应用研究，指导县区、镇街和中心校，围绕混合式教学模式，以校本研修为着力点，直接面对镇（街道）学校的一线教师，形成研修团队，最大限度地带领团员习得和强化线上线下结合的混合式教学模式，并获得不少实践成果。相关的研究成果被教育部教育信息化标准委员会收录进《教育信息化标准规划研究报告》，还向教育部提出相关建议。从项目的实践经验来看，教师信息技术应用能力校本实践非常重要，因此编委会试图通过总结实践案例，形成实践模式，抛砖引玉，或有更多的智慧火花出现，这也是本书撰稿的初心。

《粤东基础教育信息化生态圈混合式教学案例集》是广东省基础教育信息化融合创新示范培育推广项目“基于协作社群的教师研修（基于‘学习通’平台的粤东教师微课技术校本研修与教学应用探索）”和粤东微课大赛暨混合式教学案例评选活动的混合式教学实践成果。韩山师范学院、粤东四市教育局、县区教育局和学校等有关同志、案例实践对象为本书的形成提供了帮助和支持，在此表示感谢。因编者水平有限，书中存在错漏在所难免，望专家和读者批评指正，以臻完善。

本书将案例中涉及的授课视频及课程资料，汇总成学习通在线学习资源，读者手机下载“学习通”，扫码加入班级即可查看。

编 者

2021 年 12 月

目　录

CONTENTS

语文《端午粽》

何枋丹

（潮州市湘桥区昌黎路小学）

一、课程基本情况

课程名称：端午粽

面向年级：小学一年级

使用教材：《语文·下》（统编版小学一年级）

依托在线教育平台："UMU 互动" App

因新冠肺炎疫情及上级部署，我校开设了"停课不停学"空中课堂教学，让学生们在家既能学习，也能得到教师们的关注和指导。为了保证线上教学的效果，作为一线教师的我，做了大量的教学调整，如难度调整、学习模块的调整、教材整合的处理等。

《端午粽》选自统编版小学一年级《语文·下》第四单元。课文条理清晰，围绕端午粽，以儿童的口吻向我们生动地介绍了粽子的形状、味道和花样，最后点出了端午节吃粽子这个习俗的由来。这篇课文生动有趣且与生活实际相关，可拓展的知识面多且广，例如，屈原的传说、端午的由来、端午及其他传统节日的习俗、粽子的种类……如果能让学生利用课外时间在线上先进行自主学习，通过互动讨论、小组合作质疑答疑，获得本课相关知识的储备，那么教师的线下课堂教学将变得事半功倍。根据教材的特点及低年级学生的实际情况，我尝试将传统的学习模式翻转过来，改变以往教师"满堂灌""讲授式"的教学形式，将学习的主动权交给学生，让学生在课外时间进行线上自主学习，而课堂则变成教师与学生之间互动的场所——主要用于解答疑惑、汇报讨论，让学生喜欢上这样的翻转课堂的教学模式，以达到更好的教学效果。

二、教学改革思路

通过充分备课、收集资料，完善本课的学习资源，我在设置"线上学习课程”中，制作了一系列的微课，例如，承接第一、二课时的“巩固字词”、激发学生学习兴趣的“谜语导入”、拓展知识的“端午节的由来及习俗”……本线上课程一个环节紧扣另一个环节，形成了一个完整的线上课程体系。通过学生线上、线下学习情况的反馈，我还增加了“线上课后巩固练习”的环节，使学生更好地掌握本课的学习内容。

本课的“线上学习课程”和“线上课后巩固练习”均通过“UMU 互动”App 来完成，学生可以通过微信群扫码进入或者登录 UMU 互动“乐学 101”查看教师发布的课程并进行学习，确保每个学生都能收到课程学习的通知。同时，教师不仅可以通过平台上提供的数据，掌握学生的学习情况，了解学生存在的问题，以便在线下课堂上能更好地解决问题，还可以根据“线上课后巩固练习”了解学生对本课知识点的掌握情况。

三、混合式教学案例设计

（一）前言

随着计算机的普及和互联网的大众化，混合式教学模式结合了网络在线教学与线下教学众多的优势，成为教育领域的“新时代的产物”。混合式教学模式把传统教学和网络化教学两者的优势结合起来，既发挥教师引导、启发、监控教学过程的主导作用，又充分体现学生作为学习过程主体的主动性、积极性与创造性。在本教学案例中，我采用混合式教学模式开展教学，将课程分为“线上学习课程、线下课堂教学反馈、线上课后巩固练习”三部分，使线上和线下教学有机结合，达成学习资源的混合、学习环境的混合、学习方式的混合，进而把学生的学习由浅层学习引向深度学习。

（二）教学内容

“端午粽”一课生字较多，我在第一课时采用集中识字的方法，先识字，再学文。教学任务相对集中，在完成教学任务的同时，也能培养学生独立识别生字的能力。在第一课时字词学习的基础上，第二课时再将字词回归文中，并主要展开课文内容的学习。本课课文语言形象，比如在对粽子形状、味道的描写中，用“青青的、白白的、红红的”来分别形容箬竹叶、糯米、枣，学生可以对其进行归类积累，同时在学习叠词的基础上，感受句子的韵味和节奏，在口语表达时，也可模仿运用这一类词语。读好长句子是本课的教学重点。在教学时要加强对长句子朗读的指导，注重引导学生掌握读好长句子的方法。

在本教学案例中，我采用混合式教学模式，通过在线教学和传统教学的有机结合，将学生的学习由浅层学习引向深度学习。教师把问题、微课、课文范读动画等形式多样的学习资源构建成一个完整的资源体系，使该资源体系既有课程整体指导资源，也有各具体章节的学习资源。学生通过在线上观看微课进行学习、讨论、提问、互动，以达成教学目标。而线下课堂教学则是线上教学的反馈及拓展延伸，通过小组竞赛答题、质疑答疑的形式，让学生在轻松、有趣的学习氛围中主动掌握知识。在进行线下课堂教学反馈后，我又通过“UMU 互动”App 设置了“线上课后巩固练习”，用趣味选择题的形式巩固了本节课的学习成果。

（三）学时

2 课时。

（四）教学目标

1. 正确、流利地朗读课文，掌握读好长句子的方法。

2. 通过图文结合、联系生活实际，了解粽子的构造和种类，并初步了解我国的传统节日，感受中华传统文化的深厚底蕴。

3. 积累课文中表示颜色的叠词，提高学生对词语的理解与运用能力。

4. 能仿照课文说出家乡的一种美食。

（五）教学重难点

1. 正确、流利地朗读课文，能读好长句子。

2. 通过图文结合、联系生活实际，能用自己的语言描述粽子的形状、味道等，并初步感受祖国传统节日文化的底蕴。

（六）教学准备

“UMU 互动”线上课程、“UMU 互动”线上课后巩固练习、微课、多媒体课件。

（七）线上部分内容简介

《端午粽》第二课时的“线上学习”分为“线上学习课程”和“线上课后巩固练习”两部分，都是通过“UMU 互动”App 来完成的。

在线上学习课程中，我为学生构建了一个完整的资源体系，其学习内容环环相扣。

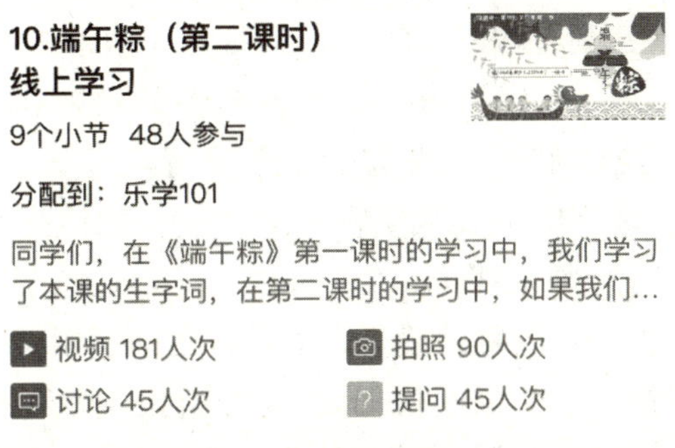

图 1 线上学习课程内容

1. 复习巩固生字词。通过“巩固字词”微课，检查学生第一课时生字词的掌握情况。（设计意图：《端午粽》第一课时主要是二会字和四会字的教学，在

第二课时“线上学习课程”的第一个环节设计的“巩固字词”微课，以复习导入，更好地衔接第一、二课时的教学内容。接着，通过让学生上传听写反馈，更好地了解学生对上节课生字词的掌握情况。）

2. 猜谜语激趣导入课题。（设计意图：以猜谜语的形式引入课文的学习来激发学生的学习兴趣。）

3. 拍照接龙，上传 DIY 粽子的照片。（设计意图：通过 DIY 粽子模型，让学生对粽子的外观有一定的了解。以拍照接龙的形式上传 DIY 粽子的照片，让孩子们在互动中获得成就感，使他们的学习兴趣大大提高。）

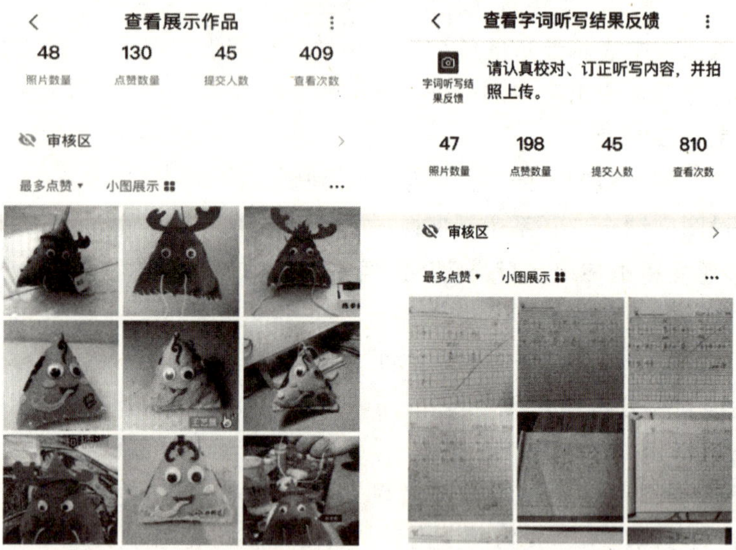

图2　拍照接龙

4. 课前知识储备：观看端午节的由来及习俗（微课）。（设计意图：在学习《端午粽》这篇课文之前，让学生拓展了解端午节的由来和习俗，为接下来的学习做好知识的铺垫，学生的学习效果将会事半功倍。）

5. 教师通过上传课文的范读视频，对学生进行朗读指导，并让学生上传自己朗读课文的视频，进行师生评价、生生评价。（设计意图：课文的范读为学生提供了朗读示范，学生可在反复跟读后，上传自己的朗读视频。“UMU 互动”平台会根据学生的朗读情况，生成一份朗读 AI 分析报告，同时教师会对其及时给予评价和评分，学生间也可互评。评价方式、维度多样，以此达到师生、生生互动的目的。）

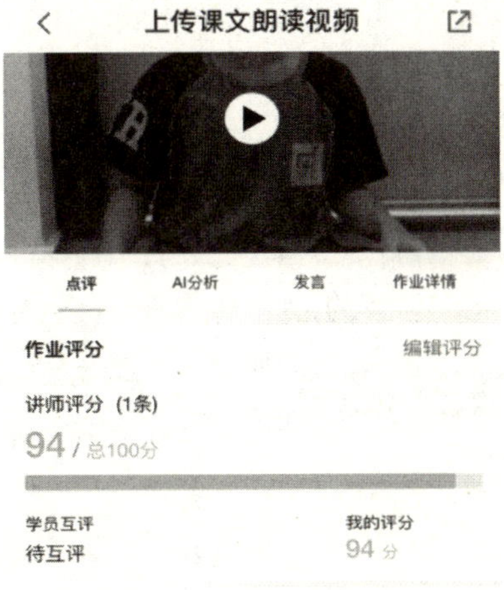

图 3　课文范读视频及朗读指导

6．互动讨论答题。教师根据课文内容提出相关问题，由学生作答。（设计意图：学生通过前面的学习环节对课文内容有一定的了解，同时也积累了与本课相关的知识储备，有能力回答老师提出的问题。教师通过查看学生的答题情况，对学生的在线学习情况能有更好的了解，还可根据实际情况适当调整接下来的线下课堂教学反馈的教学策略。）

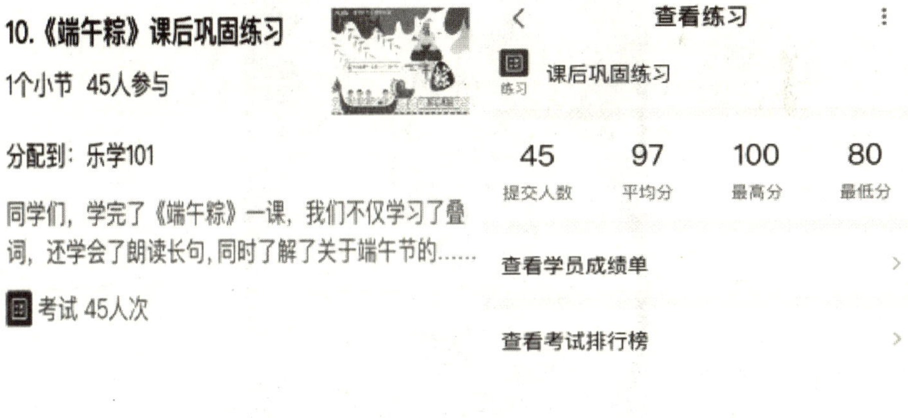

图 4　互动讨论答题

7．学生可以提出自己在学习中遇到的问题，展开师生、生生间的讨论交流，一起搜集资料，一起解决问题。（设计意图：本环节旨在让学生学会质疑、学会思考，并通过师生、生生间的讨论交流，充分调动学生的积极性，使线上课堂互动交流更加平等民主、互促互补，以达到全员参与，在互动交流中实现师生的教学相长的目的。）

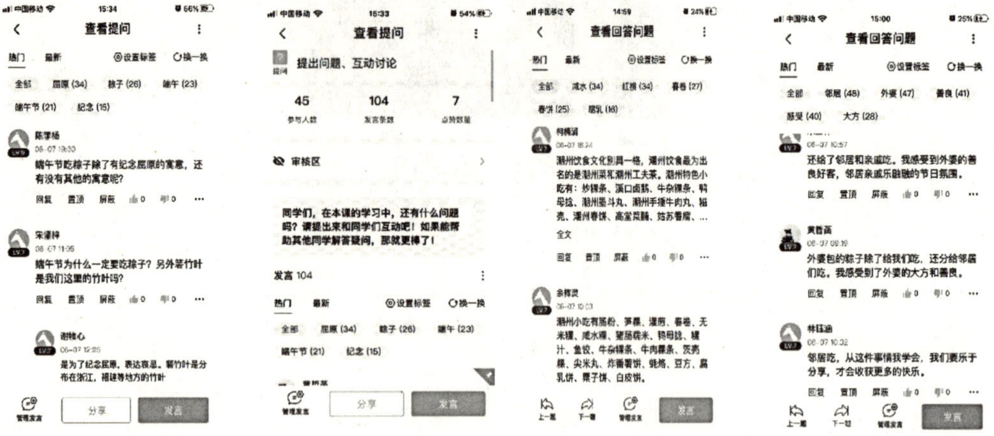

图5　讨论交流

最后，完成整个线上学习课程的学生，均能在“UMU 互动”App 上获得本课程的学习证书。在线下课堂学习后，学生还可以再次登录“UMU 互动”App，在线上进行课后知识的巩固练习，使线上与线下教学有机结合，以达到更好的学习效果。

图6　课程学习证书

（八）教学过程

1．总结、回顾线上课程内容。（设计意图：总结、回顾线上课程所学内容，同时使线上学习课程与线下课堂的学习更好地衔接。）

2. 学生线上课文朗读情况反馈。（设计意图：根据学生线上朗读的反馈情况，在线下课堂及时纠正学生的字词发音，更直接也更有效果。）

（1）总结、点评学生在线上课程上传的课文朗读情况。

（2）出示学生读错的字，教师范读、纠正发音。

（3）学生跟读、齐读、开火车读。

（4）朗读指导——“读好长句子”（微课）。（设计意图：“读好长句子”是本单元的重点和难点，《端午粽》的课后题也提出了“读好长句子”的要求。根据学生线上的朗读反馈，确实有一些学生在朗读长句子时，不懂适当停顿，因此在线下课堂进行长句子的朗读指导显得尤为重要。）

3. 学生分组竞赛答题。

教师出示线上提出的问题，学生分组比赛答题。（设计意图：通过小组竞赛的形式，展示学生在线上课程所学的成果，让学生获得成就感，使课堂气氛随之活跃起来。）

端午节在每年的什么时候？
端午节有什么传统习俗？
端午节为什么要吃粽子？
外婆包粽子用了哪些材料？
外婆包的粽子味道怎么样？
外婆包的粽子有什么花样？
我们潮州的粽子又有哪些花样？
收集资料，说说潮州有哪些小吃？（仿照课文描述一种小吃。）
外婆包的粽子除了给我们吃外，还给了谁？你感受到了什么？

图7　小组竞赛

4. 学生质疑，解决问题。

师生共同解决学生在线上互动讨论时没能解决的问题。（设计意图：让学生通过线上自主学习，提出质疑，培养学生的自主学习能力。通过学生的反馈，教师可及时掌握学生的学习动态，并组织学生在线下讨论来解决问题，调动了学生学习的积极性与主动性。）

5. 拓展延伸。

了解潮州小吃、潮州粽子的种类，特别介绍潮州独特的“凤凰栀粽”并让学生“品粽”“说粽”。（设计意图：将本课的内容与家乡的特产相结合，进行拓展延伸。教师把凤凰栀粽带进课堂，让学生看、尝，并仿照课文的写法说一说凤凰栀粽。通过了解家乡的粽子种类及各式美食，培养学生热爱家乡的情感。）

6. 小结全文、配乐朗读课文。

（1）小结、公布获胜组。（设计意图：为学生梳理、归纳本课的知识点。通过公布、表扬获胜组，将课堂的学习气氛推向高潮，让学生体验学习带来的收获与荣誉感。）

（2）配乐齐读课文。（设计意图：最后回归文本，让学生在深入理解课文的基础上进行有感情的朗读，使他们受到情感的熏陶。）

7. 布置作业。

（1）有感情地朗读课文。

（2）完成线上课后巩固练习。

（3）向你的家人介绍你喜欢的一种潮州小吃。

8. 板书设计：

10. 端午粽

颜色：青青的、白白的、红红的

味道：清香、又黏又甜

花样：红枣粽、红豆粽、鲜肉粽

意义：纪念屈原

（九）教学反思

“线上+线下混合式教学模式”对我们一线教师来说，是一种新型的教学模式。我从开始的各种不适应，经过个人的思考与尝试，到现在的渐入佳境。怎样让学生在有限的线上学习时间中获取更多的知识和提升能力，这是我们每个一线教师在备课时需要考虑的。

在本次混合式教学模式的探索过程中，我不断摸索、不断提高自身的教学能力。在线上，我通过给学生推送预习资源，努力让学生形成提前预习的习惯；通过“UMU 互动”App、微信群发信息等方式和家长进行沟通交流，促使彼此教育方向一致，加强教育合力的作用。学生则通过线上课程的学习、线下课堂和课后复习等多种形式获得知识。

本课教学结束后，我认为教师要积极探索实践信息技术环境下教与学的新模式、新方法。例如，在这节课当中，可以加入体验“包粽子”的环节。由于大部分学生没有尝试过包粽子，对包粽子的步骤不了解，再加上课堂的局限，我们可以通过线上一些包粽子的 App，如宝宝巴士中的“中华美食”，让学生体验包粽子的乐趣，提高学生的学习兴趣。

图 8　宝宝巴士中的“包粽子”

在以后的教学尝试中，我们教师要根据学生的学习情况，花心思挖掘教材背后的内容，搜集整合资源，以多种形式利用网络资源引导学生进行“线上 + 线下”混合式学习，才能更好地提高学生的学习积极性，达到事半功倍的教学效果。

四、取得的成效及体会

线上与线下教学相结合的混合式教学模式，将课堂真正还给学生。它是网络在线学习和传统课堂教学的相互结合与补充，既能发挥教师的主导作用，也能体现学生的主体性，从而达成更好的教学效果。这种混合式教学模式受到了学生的欢迎，家长也对此给予了较高的评价。

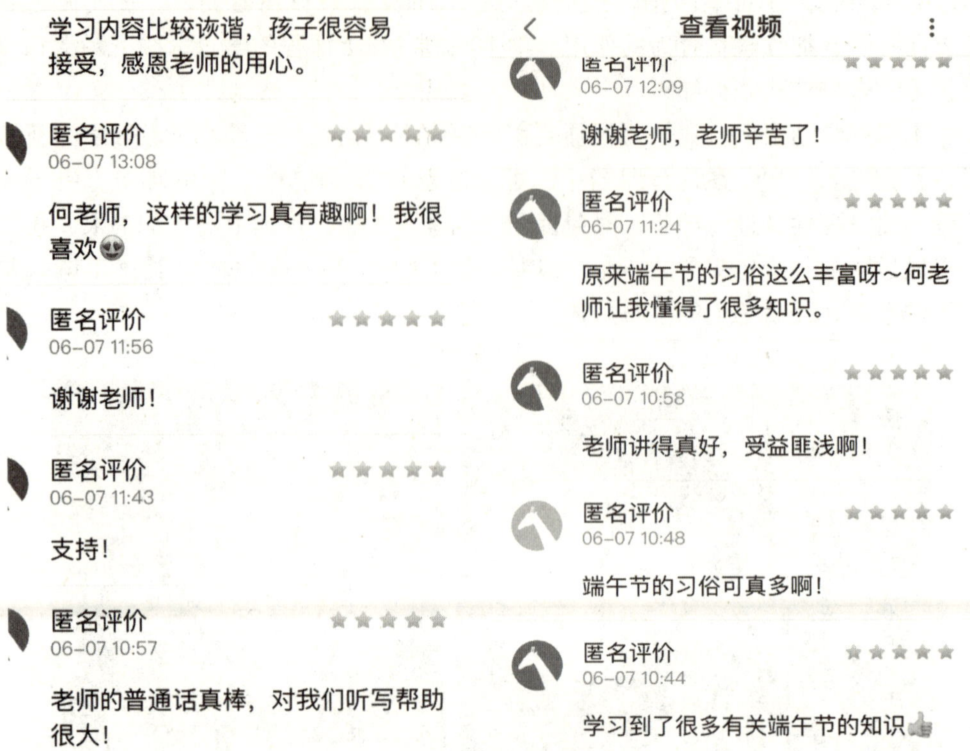

图9　家长评价截图

在《端午粽》第二课时的混合式教学设计中，我注重学生的学习体验，符合语文核心素养的要求。首先，我将一系列学习资源构建成一个完整的线上学习课程网络，有效地引导学生自主合作探究。接着，我通过平台的学习大数据分析，提前调整了线下课程的教案设计，使线下课堂的教学更有针对性，大大地提高了课堂效率。最后，我还通过“线上课后巩固练习”，巩固了学生的学习内容，保证了学生学习记录的连续性，使线上和线下教学有机结合，达成学习资源、学习环境、学习方式的混合，进而把学生的学习由浅层学习引向深度学习。

总之，线上与线下教学相结合的混合式教学模式，是教育教学与信息技术的全面深度融合，它不仅符合时代发展的需求，还是教育改革的趋势所在，有着重要的现实意义。

五、专家点评

何枋丹老师的这节“端午粽”课，针对小学生的学习特点，培养学生的语文核心素养，关注学生的学习体验。何老师通过“UMU 互动”App 将学习资源构建成一个完整的线上学习课程，实现“讲测评”的有机结合，有效地引导学生自主探究；通过平台的学习大数据分析，及时调整线下课程的教案设计，使线下课堂的教学更有针对性，大大地提高了课堂效率，使线上和线下教学有机结合，达成学习资源、学习环境、学习方式的混合。此外，何老师引入地方优秀传统文化等校本资源，将课堂学习与生活联系在一起，让学生学以致用，由浅到深，实现深度学习。该课是一个精彩的语文混合式教学案例，值得肯定。正如何老师所讲，线下课程应该引入动手部分，即加入体验“包粽子”的环节，她建议采用宝宝巴士 App 中的“中华美食”，让学生体验包粽子的乐趣，提高学生的学习兴趣；但纸上得来终觉浅，若学校条件允许，完全可以挤出一些时间，让学生自己动手“包粽子”，以更好地培养学生深厚的文化素养等语文核心素养。

语文《荷叶圆圆》

郑佳倪

（潮州市湘桥区昌黎路小学）

一、课程基本情况

课程名称：荷叶圆圆

面向年级：小学一年级

使用教材：《语文·下》（人教版小学一年级）

依托在线教育平台："一米阅读"教学平台、"微信"平台

通过"一米阅读"和"微信"平台让学生完成课前预习和课后巩固，教师及时检查学生们的完成情况和表扬奖励完成情况好的学生。同时，运用这两个平台可以使教学效果相辅相成，教师不仅可以通过微信的班群在线解答学生在线学习过程中遇到的技术问题，为学生提供在线学习的技术支持，还可以及时帮助学生解决学习上遇到的困难。

二、教学改革思路

《荷叶圆圆》是一首语言优美、轻快活泼的散文诗。它会让人感受到充溢童趣的夏天，感受到小水珠、小蜻蜓、小青蛙和小鱼儿快乐的心情。本单元的人文主题是"夏天"，因此课堂上我尽量给学生创造轻松、快乐的学习氛围，通过趣味朗读、角色扮演，引导学生真正感受到夏天的美和趣，学着发现美、感受美，想儿童之所想，乐儿童之所乐。同时，我还通过"一米阅读"和"微信"这两个平台让学生完成课前预习和课后巩固，及时检查学生们的完成情况和表扬奖励完成情况好的学生。平台上的消息通知可以确保所有学生均可收到信息。同时，在课堂上我又可以通过"一米阅读"及时检查学生的完成情况，统计数据，及时给予完成情况较好的学生积极的反馈，让学习活动与课堂教学活动相辅相成。与识字写字同样重要的是学生对学习汉字的兴趣。由于第一课时已经学过生字，第二课时我精心挑选出"亮、机、朵"这三个同中有异的生字，用心制作了

《同中求异　迎让避就——跟我识记“亮、机、朵”》的微课动画视频，让学生能更好地区分这三个特别的汉字，提升他们学习汉字的兴趣。

三、混合式教学案例设计

（一）前言

《荷叶圆圆》是小学一年级义务教育课程标准实验教科书《语文·下》（人教版）第14课。诗中描写了圆圆的、绿绿的荷叶。荷叶是小水珠的摇篮；是小蜻蜓的停机坪；是小青蛙的歌台；是小鱼儿的凉伞。课文洋溢着童真、童趣，有利于启迪学生的智慧，激发他们的想像力；有利于教师创造性地理解和使用教材，引导学生在实践中学会学习，让他们获得初步的情感体验，感受到夏天、大自然的美好。

一年级下半学期，学生们对小动物、各种植物已有了一定的认识，知道课文中的小水珠、小蜻蜓、小青蛙和小鱼儿，了解荷叶是绿色的，已经初步认识了许多客观事物，能说出它们的名字和一些现象，还能简单地表达自己的意愿，这对课文学习有很大帮助。但是，那仅仅是一些零碎的、不规范的语言。为了使他们正确理解和运用语言，在课堂上必须联系生活实际，创设他们熟悉的生活情境，帮助他们学习、积累、感悟语言。我所执教班级的学生喜欢阅读，对周围事物有好奇心，大部分学生能就感兴趣的内容提出简单的问题；部分学生有表达的自信心，能积极参加讨论，发表自己稚嫩的见解；个别学生则缺乏自信，较为胆怯，学习的主动意识不够，对意愿的表达较为模糊。

《语文课程标准》指出：“阅读是学生个性化行为，不应以教师的分析来代替学生的阅读实践。”本课采用个性化教学，以学生原有的知识经验为基础展开教学，通过创设情境，激发学生的阅读兴趣，引领学生自读自悟。我通过“一米阅读”和“微信”平台让学生完成课前预习和课后巩固，及时检查同学们的完成情况并表扬奖励完成情况好的同学。同时运用这两个平台可以相辅相成，对于学生在线学习过程中遇到的技术问题，教师可以通过微信的班群在线答疑，为学生提供在线学习的技术支持，及时帮助学生解决学习困难。这样的设计充分尊重学生独特的感受、体验和理解，让学生自己对课文内容的领悟取代教材的讲解分析，让学生自己的独立思考取代统一答案，让学生自己的感性体验取代整齐划一的理解指导，整个过程为张扬学生个性、激发学生灵性服务。

（二）教学内容

《荷叶圆圆》混合式教学。

（三）学时

1课时。

（四）教学目标

1. 认识12个生字，会写“亮”“机”“朵”3个生字。

2. 能有感情地朗读课文、背诵课文。

3. 能借助插图，联系生活实际，了解“摇篮、翅膀、展开”等词语的意思；通过做动作知道“躺、展开”等词语的意思。

4. 学习仿照“荷叶圆圆的，绿绿的”句式说话。

（五）教学重难点

1. 通过联系生活实际、做动作等方式理解词语的意思。

2. 仿照“荷叶圆圆的，绿绿的”句式说话。

（六）教学准备

布置“一米阅读”平台课前预习和课后巩固，制作微课，制作电子导学案。

（七）线上部分内容简介

本次教学，我采用“Focusky 动画演示大师”制作动画，采用“EV 录屏”录屏，用“Camtasia Studio”剪辑和生成动画视频。同时，课前我在微信班级群发送电子导学案，并且利用“一米阅读”平台布置课前预习任务。学生在平台收到后可以先了解本课教学目标、重点知识，完成课前预习功课。课中，我可以在平台上查看学生们的完成情况，表扬奖励完成情况好的学生。课后，我用“一米阅读”平台布置课后巩固小练习。学生可以通过平台巩固知识，教师也可以通过平台检查学生的答题情况，统计数据，并对学生做出针对性反馈。

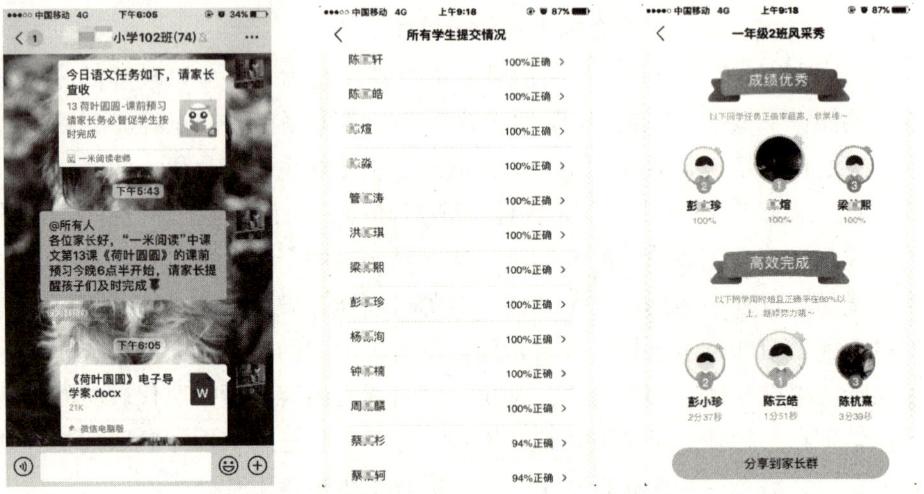

图1　布置课前预习并查看完成情况

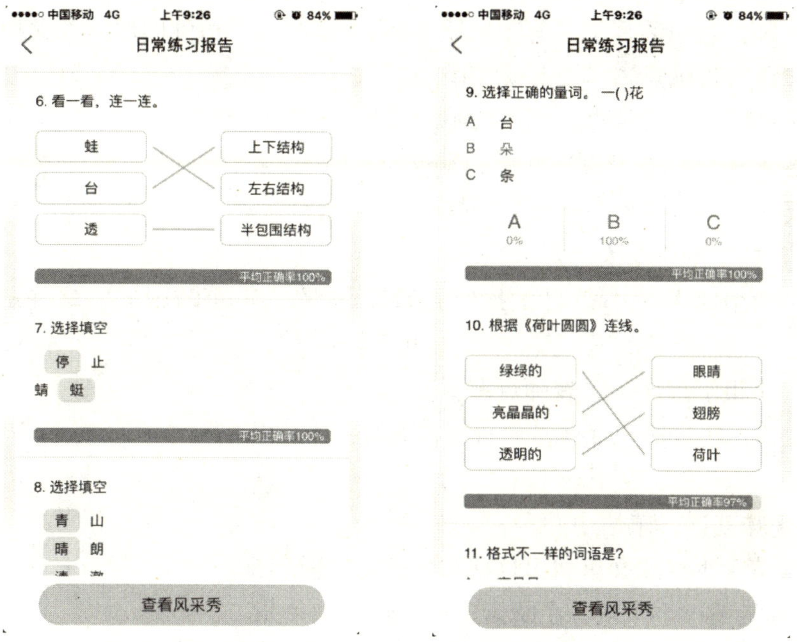

图2　学生“一米阅读”答题情况

（八）教学过程

1. 古诗激趣，揭示课题。

（1）课件出示这单元学过的古诗《小池》，全班朗读。

（2）师：刚才同学们朗诵的时候，老师仿佛看到了美丽的池塘、蜻蜓和小荷。在这美丽的小荷叶上又发生了一个有趣的故事，故事的题目叫——荷叶圆圆。

（3）师生共同板书课题，齐读。

过渡语：在荷叶上到底发生了什么样的趣事？我们一起打开课本瞧一瞧。

2. 初读课文，巩固生字。

（1）出示阅读要求，把课文读通顺，遇到生字多读几次，学生自由读课文。

（2）检查“一米阅读”平台课前预习情况。

（3）让学生观看微课视频，学写“亮、机、朵”（课文里有三个生字很特别，同中有异，我们一起来看看）。

（4）师生评字。

过渡语：同学们，这回呀，生字宝宝又排进了长长的句子队伍中，藏到课文里去了，让我们一起走近课文，领略夏季之美。

3. 自主探究，习得表达。

（1）课文图中的荷叶是怎样的？（预设：荷叶圆圆的，绿绿的。）

（2）指名学生读第一自然段。

（3）师：这句话写出了荷叶的什么特点？（写出了荷叶的形状和颜色。）

（4）语言训练点。

荷叶圆圆的，绿绿的。（形状，颜色）

苹果（　　），（　　）。

香蕉（　　），（　　）。

（　　）（　　），（　　）。

（5）学生四人一小组自主探究：看图仿照“荷叶圆圆的，绿绿的”句式说话。

（6）小组汇报展示，教师点评。

过渡语：这么圆、这么绿的荷叶，把好几个小伙伴都给吸引过来了，他们是谁呢？

4. 趣味朗读，感悟中心。

（1）请学生在课文里找出这些小伙伴，并圈出来。

（教师板书：小水珠、小蜻蜓、小青蛙、小鱼儿。）

（2）现在小伙伴们都到荷叶上面玩了，还对荷叶说起悄悄话来了呢。你们再去读读课文，一一画出小伙伴们说的话。

（3）学生反馈。（教师板书：摇篮、停机坪、歌台、凉伞。）

（4）师生交流。

师：圆圆的、绿绿的荷叶多美呀，小伙伴们都来了。

（图片介绍“摇篮”意思。）

小水珠躺在荷叶上干什么呢？（做动作。）

你能想象小水珠躺在荷叶上的情景吗？（情景导入想象“躺”。）

师：让我们再一次跟着小水珠一起去感受这美妙的摇篮。齐读第2自然段。

师：告别了小水珠，我们迎来了谁？

师：小蜻蜓把荷叶当成了什么？

师：小蜻蜓在荷叶上怎样玩？

（做动作理解“展开”，图片介绍“透明的翅膀”。）

师：这会儿，小青蛙听到咱们朗读课文的声音这么好听，可有些不服气了，瞧，它把荷叶当作歌台，想跟我们比试比试呢。谁喜欢青蛙这一段的？（指名学生朗读。）

师：小青蛙的心情真不错，它把绿绿的、圆圆的荷叶当作了歌台，唱得多开心呀！这会儿，小青蛙嘹亮的歌声又引来了谁？（小鱼儿。）

小鱼儿的心情怎么样？（高兴。）你从哪体会到的？（笑嘻嘻。）

哪条高兴的小鱼来读读？

老师也想变成小鱼儿，我来读，你们来做做动作好吗？

（5）读中感悟。

①分角色朗读：请几名学生分角色朗读。

②师生合作朗读，边读边做动作。

（6）回顾板书，归纳小结。

过渡语：荷叶多美呀，吸引了这么多的小伙伴！请想象一下，除了这些小动物外，还有谁喜欢荷叶？它们在荷叶上又会怎么玩耍呢？

5. 拓展思维，放飞想象。

师生讨论：除了小水珠、小蜻蜓、小青蛙、小鱼儿外，还有哪些小伙伴喜欢荷叶呢？它们又会对荷叶说些什么呢？

荷叶是（　　）的（　　）。

荷叶是（　　）的（　　）。

（　　）是（　　）的（　　）。

6. 总结全文，布置作业。

（1）教师总结：同学们，因为有了圆圆的绿绿的荷叶，荷塘才变得那么有趣又美好。让我们永远记住这片美丽的荷塘！

（2）布置星级自主作业：

星星餐：和家人或小伙伴分角色朗读课文，体会荷塘的美丽。

月亮餐：想象荷塘还有什么景物，动手画一画你心目中的荷塘。

太阳餐：自主完成“一米阅读”平台上这节课相对应的课后巩固。

7. 板书设计：

13. 荷叶圆圆

小水珠	摇篮
小蜻蜓	停机坪
小青蛙	歌台
小鱼儿	凉伞

（九）教学反思

本节课我如预期完成教学任务，较好地实现教学构想，但从自身的教学感受、学生课堂气氛及反馈，本人有如下教学反思：在练习仿写“荷叶圆圆的，绿绿的”这一句时，因为是一年级的小朋友，所以为了给学生搭建支架，建议学生可以联系生活实际从形状和颜色入手。在提建议时，我应该多说“可以”这种灵活性比较高的词语，给孩子留出自主选择、表达的空间，尽量不限制孩子的思维。课后经过反思，我认为我应该将这个建议留作备用。如果学生能顺利表达，我完全可以不用提这个建议，可以大胆放手让学生自己去发挥和想象。如果学生真的遇到困难，教师再寻找适当时机对学生提出这个建议。提出建议后一定要说："这仅仅是老师自己的想法，并不代表大家的想法。每个人都是自己的主人，要勇于把自己的想法表达出来。"模仿是孩子的天性，但有自己个性的创造更重要。老师需要做的仅仅是在孩子有问题、困难时帮助他们。本节课我也有几点处理得不够成熟，没有使学生小组合作的能力得到充分训练，可以让学生以小组为单位分角色朗读，对不同角色的关键词朗读加强指导，让学生合作完成以巩固其对课文的理解，使其主体性体现得更加充分。争取让学生沿着课堂搭建的梯子爬得更高更远。

四、取得的成效及体会

首先，考虑到评价主体的多样性，我在"师生评字"这个教学环节中设计了学生自评、同桌互评和教师点评这三个步骤，很好地促进生生、师生交流。其次，在教学活动交互性上，由于本课文语言优美，我设计了角色扮演朗读、师生合作朗读，很好地促进课堂互动，调动学生的学习气氛。再次，教学过程中，我提前通过"微信"平台及时公布电子导学案，也充分利用"一米阅读"平台让学生完成课前预习和课后巩固。平台上的消息通知可以确保所有学生均可收到信息。同时，我在课堂上可以通过"一米阅读"及时检查学生的完成情况，统计数据，及时给予完成情况较好的学生积极的反馈，让学习活动与课堂教学活动相辅相成。最后，由于整篇课文洋溢着童真、童趣，有利于启迪学生的智慧，激发他们的想象。于是我通过"荷叶是小水珠的摇篮，是小蜻蜓的停机坪。圆圆的、绿绿的荷叶让这些小伙伴多快乐啊！你瞧，又来了几个新朋友，它们会怎么说呢？和大家说说吧"这些句子，引导学生说出感悟。学生通过想想说说，尽情表达。这一环节把教师主导和学生主体有机地结合起来，使学生真正得到了收获。

五、专家点评

线上线下混合式教学对教师的要求非常高，既要能够掌握传统课堂的讲课技巧，又要结合教材，打造线上资源，量身定制线上线下结合的模式。郑佳倪老师的这节"荷叶圆圆"课，很好地反映了当代青年教师热爱本职工作，积极投入教学的精神风貌。

郑老师针对小学生的学习特点，培养学生的语文核心素养，关注学生的高效学习和自主学习。通过"一米阅读"和"微信"平台，将学习资源构建成一个完整的线上学习课程，实现“讲测评”的有机结合，她利用角色扮演等方法，有效地引导学生发挥想象力，将教材中的童真、童趣的体验发挥到极致。郑老师还善于用理论指导实践，以建构主义学习理论指导“给学生搭建支架”，循循善诱，获得较好的教学效果。如果课前能够结合荷叶相关视频或课中能够展示实物，来增强学生直观感受，或有更好的效果。

语文《童年的水墨画》

黄润珊

（潮州市湘桥区昌黎路小学）

一、课程基本情况

课程名称：童年的水墨画

面向年级：小学三年级

使用教材：《语文·上》（统编版小学三年级）

依托在线教育平台：全国中小学网络教学云平台、“一米阅读”教学平台

根据2020年2月3日湘桥区教育局印发的《湘桥区中小学开展“停课不停教、不停学”在线教学的指导意见》，为减少停课对学生学习造成的巨大影响，学校通过班级微信群远程教学力保“停课不停教、不停学”，整合线上线下共享资源，组织开展全校学生在线学习活动。语文科组按计划落实各单元的线上教学任务，学生通过“国家教育资源公共服务平台”（www. eduyun. cn）有序推送的课程认真参加线上学习。老师们将教学重要的知识点通过微课的形式分享给学生，生动形象，学生易于接受。语文老师还善于利用“一米阅读”App里丰富的教学资源，推荐阅读，让学生积累好词好句、做读书笔记，在海量阅读中提高自身阅读能力。老师们积极掌握学生的学习情况，及时和家长沟通。老师们借助班级微信群及微信“小管家”小程序检查学生作业，不仅能实现在线答疑和一对一的作业辅导，使评讲有针对性，还能倾听学生在学习中遇到的困难并及时反馈。为了让学生养成良好的作息习惯，以便复课后与学校学习无缝对接，老师们利用“小管家”小程序发布晨读打卡作业，并对能坚持下来的学生给予表扬。对于学生上传的作业，老师们认真批阅并让学生订正后再次复批。每个周末，老师们也会根据学生的学习情况进行总结，及时整合、更新学习任务。老师们还会化身网络主播，各出妙招，做出各种人性化的举措让学生们在停课期间仍能感受到学习的快乐，保障在线学习的顺利有序进行。

二、教学改革思路

随着时代的发展，原有的教学模式也需要升级，混合式教学是一种“线上+线下”的新型教学模式，是传统教学模式的有效补充。“线上”教学是整个教学过程中的必备活动，不是辅助教学手段或锦上添花。“线下”教学是“线上”学习情况的补充和完善，也不是照搬传统课堂教学活动。通过在线学习与面对面教学这两种教学组织形式的有机结合，可以把当前信息化教育与传统教学的优势最大限度地发挥出来，使学习者由浅层学习向深度学习过渡，并实现课前—课中—课后三者的有机联系。

课前——预习。创建课程—发布课件—预习数据反馈。

课中——面对面教学。实时课堂——实现互动教学。

课后——巩固练习。课堂教学结束后，老师可以根据上课的情况做出总结。

作为老师，应该与时俱进，通过教学改革提高教学质量，实现高效课堂。

三、混合式教学案例设计

（一）前言

本节课的教学内容为张继楼的一组儿童诗，分别以“溪边”“江上”“林中”为题，呈现了乡村儿童生活的多姿多彩、自由自在。其教学重点是有感情地朗读诗歌，想象画面，而其教学难点则是能运用“联系上下文、联系生活经验”等方法理解文中难懂的句子。综合考虑，我决定以电脑为依托，采用线上和线下相结合的教学模式进行授课。经实践证明，这种模式能极大地优化教学效果。

（二）教学内容

统编版小学三年级《语文·上》第六单元《童年的水墨画》。

（三）学时

1 课时。

（四）教学目标

1. 知识目标：有感情地朗读诗歌，能说出在溪边、江上、林中分别看到的画面。背诵《溪边》。

2. 技能目标：能运用“联系上下文、联系生活经验”等方法理解文中难懂的句子。

3. 情感目标：想象诗歌描绘的意境，感受童年幸福快乐的生活和美好的愿望。

（五）教学重难点

1. 有感情地朗读诗歌，能说出在溪边、江上、林中分别看到的画面。背诵

《溪边》。

2. 想象诗歌描绘的意境，感受童年幸福快乐的生活和美好的愿望。

3. 能运用“联系上下文、联系生活经验”等方法理解文中难懂的句子。

（六）教学准备

多媒体课件、微课、课前学习单。

（七）线上部分内容简介

老师课前进行教学设计，提出问题和任务，这是线上学习的引擎，也是线上学习时间的主要控制器。课前学生在线上了解学习目标，了解学习中需要解决的问题并思考解决的方法，为线下课堂教学埋设学习需求。在教授《童年的水墨画》一文之前，老师在微信家长群发布课前学习单，学生可根据课前学习单进行线上预习，再将填写好的学习单拍照上传至微信“小管家”。这样相当于先上了一节自学质疑课。老师分析课前学习单，根据反馈情况，可了解到学生在自学过程中产生疑问最多的地方，比如：多数学生觉得“墨”字笔画多，较难写且笔顺容易出错；许多学生认识了“理解文中难懂的句子”的方法但不会运用。这样老师能有针对性地进行二次备课，从而以学定教。

（八）教学过程

1. 课前通过微信家长群发布线上预习任务：填写课前学习单。（设计意图：让学生课前线上明确学习目标，了解学习中需要解决的问题并思考解决的方法，为线下课堂教学埋设学习需求，有利于培养和提高学生自学能力。）

《童年的水墨画》课前学习单

班级：　　　　　　　　　　姓名：

读三首儿童诗并思考	思考的结果
把较难书写的字记下来	
三首诗分别写了童年生活的哪些场景	
边读诗边想象你最喜欢的那首诗描绘的画面并用文字简要地记下来	
对于难懂的地方可以运用哪些方法来帮助理解	

2. 谈“画”激趣。（设计意图：学字解题，激发学生学习兴趣，同时，让学生在看微课中了解到本节课需掌握的学法。）

同学们，请把书翻到第72页，你们看，插图就是水墨画，淡淡几笔就勾勒出一幅幅童年的画卷。

（播放微课）请看“墨”字。我们一起来书写“墨”字。同学们举起右手跟着老师一起来书写。

学生齐读课题。

学生观看微课。

3. 赏“画”明意。（设计意图：让学生边听范读边想象画面，从整体上感知诗歌内容。）

（1）老师配乐范读。

（2）老师提问，学生回答“学习提示”的问题。

学习提示：

①你的眼前浮现出了几幅画？分别描绘的是哪里的场景？

三幅，分别是：溪边、江上、林中（板书）。

②它们有什么共同的地方？

都是描绘童年生活的场景，充满了童趣。

4. 读“画”学法。（设计意图：精讲《溪边》，进行学法指导，落实本单元的语文要素：运用“联系上下文、联系生活经验”等方法理解文中难懂的句子。实现一课一得，为下一个环节学生自主学习其他两首诗做好铺垫。）

师：你们能不能用动听的声音把《溪边》这幅画描绘得更生动呢？

（1）学生齐读《溪边》。

（2）学生看书，自由读《溪边》前四行诗，边读边想象画面。

（3）老师指名个别学生读。

师：请你告诉大家你读这四行诗时，脑海中浮现出什么样的画面？

学生回答。

（4）仿句式说话。

师：你能仿照这个例子说一句话吗？

学生答。

（5）学法指导。

师：我们读一读、想一想，人影为什么会给溪水染绿了呢？

老师指名个别学生答。

师总结学法：联系上下文、联系生活经验。

（6）指导朗读。

（7）学生读后两行诗，说说看到的画面。

（8）指导朗读。

（9）配乐美美地朗诵《溪边》这首诗，读出溪边景色的美，读出孩子垂钓的快乐。

5. 以法品“画”。（设计意图：进行学法迁移，让学生学习更具目的性。在汇报的同时入情入景地朗读，能更好地加深学生对文章内容的理解。）

（1）根据阅读提示进行学习。

阅读提示：

自学《江上》《林中》两首诗，想象画面，找出不理解的地方，运用“联系上下文、联系生活经验”等方法进行学习，还可以向老师和同学提出你的问题。

（2）交流。

交流《江上》。

①指名学生说说这首小诗描绘的是一个什么样的画面。

②学生质疑。

③指名学生读出理解有困难的句子，生生互评，互相解答疑问。

④指导朗读（舒畅、欢快、昂扬）。

交流《林中》。

①指名学生说说这首小诗描绘的是一个什么样的画面。

②学生质疑。

③指名学生读出理解有困难的句子，生生互评，互相解答疑问。

④指导朗读（舒畅、欢快、昂扬）。

师：雨后的空气真新鲜，孩子们呼朋引伴来采蘑菇，一路洒下了欢声笑语，真快乐。请大家深深地吸上一口气，美美地读《林中》。

6. 话“画”点睛。（设计意图：主题升华，感悟本课主旨：乐。）

师：同学们解密之后的画更加生动，这一幅幅画不仅能听能看，我们每个人还都能在画里找到自己曾经的影子，感受到童年生活的快乐（板书“乐趣”）。带着愉快的心情，我们把这三幅画读给大家听（齐读全文）。

7. “画”题延伸。（设计意图：从课内引向课外，检查本节课“学法”的落实情况，同时增加学生的阅读量。）

（1）小组学习提示：

①快速阅读丛书《回忆我的童年》一文，在小组里说说文章的大意。

②找出自己感兴趣的一段认真地读，画出难懂的句子，运用“联系上下文、联系生活经验”的方法进行理解，并在文中做批注。

③在小组里进行交流，互相答疑解惑。

（2）小组派代表上台分享。

8. “画”室作业。（设计意图：落实“双减”政策，设计了常规类作业和拓展类作业，实现作业分层设计，坚持作业弹性化、个性化、多元化，把关作业的质量，真正做到减负、提质、增效。）

（1）选取一个童年生活的场景，仿照本课写几句诗。

（2）继续读丛书《多彩的童年》中的其他文章，运用“联系上下文、联系生活经验”等方法理解文中难懂的句子，并完成“一米阅读”平台的作业。

9. 板书设计。

18. 童年的水墨画

联系上下文： 溪边钓鱼 江上戏水 林中采蘑菇

联系生活经验： 乐趣

（九）教学反思

这组诗歌摄取了童年生活的三组画面，生动表现了孩子们童年生活的快乐。本课时是该单元的第一个课时，对于学生掌握学法，落实语文要素起到关键的作用。本诗歌语言稚嫩活泼，感情直率明朗，叙事生动形象，融童情、童心、童趣于一体，是对学生进行审美教育、培养创造能力的上乘之作。在教学中，引导学生联系上下文和生活实际的方法，理解诗句中隐藏的画面内容，给学生更多的个体感悟、交流沟通、放飞想象的空间，从而补充再现美的诗境，获取丰富的感性画面，领悟童年的乐趣，获得情感的体验，感受儿童诗的语言美、意境美，形成丰富的语言积淀。而有感情地诵读是体会儿童诗情感美的有效手段，能使学生与诗人产生心灵的共鸣，促进学生语文素养的全面提高。

1. 课前线上初感知。

学生课前明确学习目标，为课堂教学埋设学习需求，有利于培养和提高学生自学能力，体现生本教学理念。

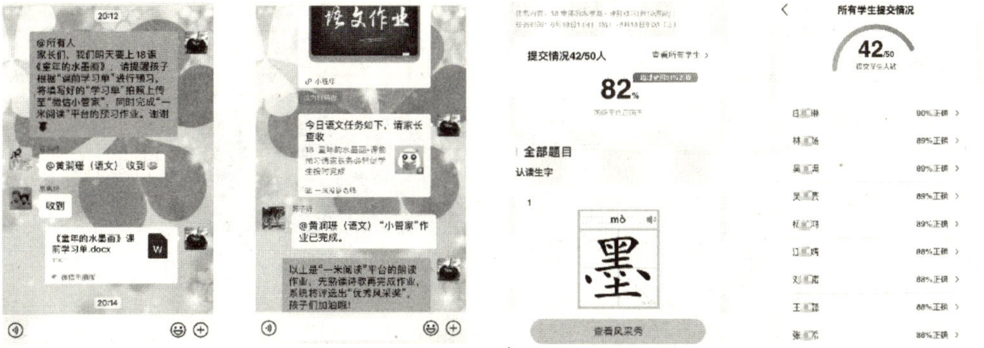

图1 微信“小管家”布置作业并查看作业报告

2. 课堂学习解疑难。

课堂中通过老师导入的知识和经验，以及学生学习小组间的互动互助，探索解决问题的路径和方法并解决问题。我以诗题中的“画”作为切入点进行教学设计，设计了：谈“画”激趣、赏“画”明意、读“画”学法、以法品“画”、话“画”点睛、“画”题延伸、“画”室作业七个环节，又根据课前线上反馈情况，将读“画”学法、以法品“画”作为学习的主要环节。我把《溪边》作为精讲的内容，创设生动的情境，让学生先齐读，再自由读，然后边读边想象画面，并试着用自己的语言生动地描绘《溪边》描写的画面。接着，指名个别学生读，在学生读时发现读得好的句子适时点拨，在交流中鼓励学生提出不懂的地方，如：人影为什么会给溪水染绿了？启发学生从前面某个词、某个诗句中找灵感，或在生活中去找相似的经历，从而得出本课的语用点：运用“联系上下文、联系生活经验”等方法来理解难懂的句子。再如：草地上为什么会蹦跳着鱼儿和笑声？引导学生运用以上方法，在诗中找答案（鱼上钩了），再谈谈自己钓鱼的经历，来感受诗中热闹、欢乐的气氛，从而懂得前四行诗描绘的是静态的画面，要读得安静些、舒缓些，后两行诗则要读得活泼、欢快些。这样，老师做到“五不讲”，将无效果的讲授时间还给学生，让学生去体验、发现、探索、争论、总结。在老师的引导下，学生都参与到课堂讨论中来，这能大大调动学生学习的积极性，让学生在学习体验中提升和发展，让课堂教学更有活力。

3. 课后平台巩知识。

“一米阅读”平台为我们提供了很多共享资源。课堂结束不意味着学习结束，我在“一米阅读”平台上布置了课后作业。学生在完成作业过程中强化了本节课的知识点，落实了语文要素。老师批改作业也更智能了，打开平台的“检查任务”就能收到平台自动生成的“练习报告”，学生的作业提交情况、答题正确率、高频错题等信息一目了然。老师能有针对性地对高频错题进行讲评，而对于正确率高的学生的作业，则通过“查看风采秀”，将作业分享到微信家长群，供其他同学参考学习，营造一种竞争的学习氛围。

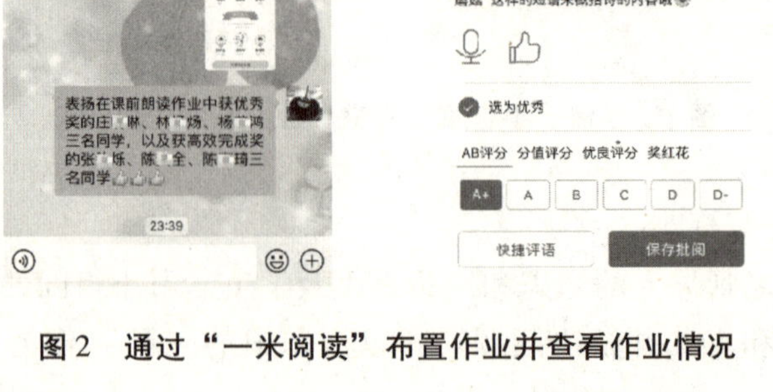

图2 通过“一米阅读”布置作业并查看作业情况

这节课，我较注重学生读与说的训练，在写这一方面训练就略显少了。在以后的教学中，我应注意对学生听、说、读、写等方面的综合训练，使线上线下相结合，全面提升学生的语文素养。

四、取得的成效及体会

教育信息化不仅促进了学习方式发生了变化，还促进了教学模式、教学方法、教学资源、教学活动、教学管理等方面的变革，从而更好地适应信息化教育环境的需求。混合式教学将传统教学与在线教学结合起来，形成以学生为主体，老师为监督、指导、组织的教学模式，实现二者之间的优势互补，既保留了传统教学的主导性、系统性等优势，又充分利用在线学习的资源优势，能更好地培养学生自主学习能力，为教学改革提供新模式。

在实践中，我尝到了混合式教学模式的甜头，明白了学习光靠课堂上老师“喂养式”的教学远远不够，带有主动意识的探索性学习才能最大限度激发人的潜能和提升获取知识的效果。将在线教学和传统教学的优势结合起来的“线上+线下”教学模式，让学生转变为学习的主人，能够提高学生的学习兴趣和投入程度，提升课程的挑战度，进而有助于提高教学质量、取得更佳的教学效果。

五、专家点评

黄润珊老师的“童年的水墨画”一课是一个由多个平台联合形成的课前、课中和课后联动的混合式教学案例。课前，采用国家教育资源公共服务平台、微信和班级小管家搭建课程学习的线上部分，完成前置学习任务；课中，结合线上具体情况二次备课，解答学生的疑惑，提高教学效果；课后，在“一米阅读”平台上布置了作业，有序合理阶梯式地提高难度，提升教学效果，培养学生熟练的语言技能、深厚的文化素养等语文核心素养。若黄老师能够将多个平台整合运用，集中于一个平台教学，效果可能更佳，如完全利用班级小管家或超星学习通。

语文《威尼斯的小艇》

蔡芝霞

（潮州市枫溪瓷都实验小学）

一、课程基本情况

课程名称：威尼斯的小艇

面向年级：小学五年级

使用教材：《语文·下》（人教版小学五年级）

依托在线教育平台："粤教翔云"平台

本节课是人教版五年级《语文·下》第18课《威尼斯的小艇》第二课时的教学内容，课文从作者的所见所闻开始，先介绍小艇的样子，再介绍船夫的驾驶技术特别好，以及小艇在人们生活中的重要作用。本课课文分为两课时教学，本节课是第二课时。我在线上教学时，利用"粤教翔云"平台，并从网上查找威尼斯风情的图片，让学生先预习该课的生字词，又通过预习阅读课文，说说课文围绕小艇写了哪几方面的内容。查找资料，对比其他作家在描写威尼斯时，他们的表达方法有什么相似之处。然后我进行了第一课时的教学，教学生字词，理清文章的脉络，让学生熟读课文，为第二课时的教学做好准备。

在第二课时，我实行线下教学，运用多媒体教学创设情境，激趣导入，然后进行合作交流，探究文本，再采用小组合作、边学边教、自主领悟等学法，调动学生学习的兴趣，让学生在乐中学。我力图以读为本，让学生在读中感悟，教给学生抓住事物特点来描述课文表达的主要特点的写法，让学生在掌握课文内容的同时，又提高了写作水平。总的来说，本节课圆满地完成了教学任务。

二、教学改革思路

为了在教学中帮助学生形成智慧学习习惯，提高他们的学习效率，推动语文素质教育，我设计新的教学形式，让教学更有效率，更适合学生快乐学习。本节课的教学中，我试着放弃一些传统的教学形式，尝试新的教学方式。传统的教学方式就是教师在课堂教，全部知识学生都在课堂上学，然后做练习。我利用疫情期间的网课，进行翻转课堂，把部分教学内容的视频发给学生，让学生先学习课文的一些内容，再在线下课堂听教师讲解。这样学生能更好地掌握课本的知识。

三、混合式教学案例设计

（一）前言

受新冠肺炎疫情的影响，广大师生“停课不停教、不停学”。利用网络资源和平台，学校合理开展线上教学。本次，我使用混合式教学：“线上 + 线下”教学模式，为抗击疫情尽一点微薄的力量，教授《威尼斯的小艇》这篇课文，让学生有了一次新的体验。

（二）教学内容

介绍小艇独特的外形特点、船夫高超的驾驶技术及小艇在人们的日常生活中的重要作用。

（三）学时

1 课时。

（四）教学目标

1. 能说出课文围绕小艇写了哪几方面的内容，并体会文中静态描写和动态描写的表达效果。

2. 能说出小艇的特点及其同威尼斯的关系。

（五）教学重难点

1. 重点：让学生了解小艇的特点和它与人们生活的密切关系。

2. 难点：学习作者是怎样抓住特点，并把人的活动同景物结合起来描写的。

（六）教学准备

多媒体。

（七）线上部分内容简介

认识生字新词，理清文章脉络，熟读课文。

（八）教学过程

1. 创设情境，激趣导入。

请同学们欣赏一组图片：播放威尼斯的风景图片。

教师深情介绍：威尼斯是世界闻名的水上城市，其河道纵横交错。小艇是威尼斯的主要交通工具，给这座城市带来了独特的风光，也使这座城市更加迷人。今天让我们一同走进课文，去感受那美丽的异国风光吧！

图1　威尼斯风景图片

2. 合作交流，探究文本。

（1）检查词语（出示词语）。

（2）朗诵课文，要求：

①读准字音，读通句子。

②边读边思考课文围绕小艇写了哪几方面的内容。

（3）请学生们回答刚才提出的问题（课文围绕小艇写了哪几方面的内容？）。

①小艇独特的外形特点。

②船夫高超的驾驶技术。

③小艇与人们日常生活的关系。

（4）请学生们读第1自然段，这一段是什么段？（总起段。）在全文中起什么作用？想一想你感受到了什么？

生：我感受到小艇的重要作用。

师：哪个词可以看出来？（“等于”。）

师：对于威尼斯这座城市，大街指的是河道，汽车指的是小艇，课文用“等于”一词将小艇与普通城市大街上的汽车联系起来，用短短的一句话，说明了小艇的重要作用。下面我们再把这一段读一读。

（5）小艇是威尼斯的主要交通工具，那小艇是什么样子的呢？请学生们读第2自然段，想一想你了解到的小艇是什么样子的。

生：我读到了“小艇有二三十英尺长”，就是7、8米长，因此是又长又窄又深，有点像独木舟，但是小艇和独木舟有差别，独木舟两头没有翘起，小艇两头翘起，像挂在天边的新月。

生：“小艇轻快灵活，仿佛田沟里的水蛇”，这句话把小艇比作水蛇，写出了小艇轻快灵活的特点。

生：我们大多数人没见过小艇，作者把它比作“新月”“水蛇”，写出了小艇的特点，给人留下了深刻的印象。

总结特点：

①又长又窄又深。

②两头翘起。

③行动轻快灵活。

图2 威尼斯的小艇

师：同学们想一想，为什么要把小艇顶设计成这样呢？

生：我认为这样设计是为了适应威尼斯河道纵横交叉的特点。

师：你真聪明，不仅能读懂表面意思，还能得从字里行间中理解作者的意思。请同学们朗读这一段来感受小艇的特点。

（6）我们已经了解了小艇的特点，那坐在这样的小艇上感觉会是怎样的呢？请大家和老师一起坐上小艇，来一次奇妙的旅行吧！请学生们朗读课文第3自然段。

师：同学们读完了课文，有什么感受呢？

生：坐在小艇上，像坐在沙发上一样，软软的，小艇的前头有鲜花、下面是清清的河水，还有耸立在两岸的古建筑，景物不停地变换，我感觉到非常惬意，让人流连忘返。

生：我感觉到威尼斯人民很热情、很友好，来来往往跟你打招呼。坐小艇游威尼斯，真是有说不完的情趣。

师：请同学们也带着这美好的感觉，美美地读第3自然段。

（7）我们坐在这样的小艇上悠闲地欣赏着景色，可以跟来往的船只打招呼，这就不得不提到船夫那高超的驾驶技术。

师：请同学们默读第4自然段，想一想这一段围绕哪个句子来写？

生：围绕“船夫的驾驶技术特别好”。

师：你从文中哪些地方可以看出船夫的驾驶技术特别好呢？画出相关语句，填写表格（四人小组交流，组长汇报）。

学生填表：

船夫的驾驶技术特别好	遇到的情况	船夫的表现

师：同学们看这个句子："两边的建筑飞一般地倒退，我们的眼睛忙极了，不知看哪一处好。"这个句子说明了什么？（速度快。）

师：是，这个句子用了夸张的手法，说明小艇行船速度快，从侧面突出船夫驾驶技术的高超。

师：请问这个句子是静态描写还是动态描写？

生：是动态描写。

师：是动态描写，写出了小艇给人们带来的情趣。

师：请同学们比较这两个句子。

（1）遇到极窄的地方，他总能平稳地穿过，而且速度非常快，还能做急转弯。

（2）遇到极窄的地方，他能平稳地穿过，速度非常快，能急转弯。

师：你认为哪个句子好呢？

生：第一句多了"总能""而且""还"这三个词，更能表现船夫的驾驶技术特别好。

师：这三个词更能看出船夫驾驶技术娴熟，充满自信，现在请同学们再把这一段读出来，要体现船夫的驾驶技术特别好。（学生读。）

（8）接下来请学生们读一读第5、6自然段，思考：白天人们会乘坐小艇干什么？课文讲了几种人？请学生们完成下面的表格。（同桌讨论，出示图片表格。）

什么人	坐着小艇去干什么	说明什么
商人	沿河做生意	
青年妇女	高声谈笑	
……	……	

师：从这个表格可以看出什么？

生：可以看出小艇与人们的日常生活关系密切。这些句子是动态描写。

师：这位同学很棒。生活在威尼斯离不开小艇，想一想还有哪些人会乘坐小艇，他们会干什么呢？我们来交流一下（同桌交流）。

师：我们来听听同学们的交流。

生：我仿佛看见老师乘着小艇去学校上课；警察坐着小艇去巡逻；小学生放学后坐在小艇上回家；生病的人坐着小艇去看病；旅客坐着小艇观光游览。

师：这么多的人坐小艇，难怪作者说，小艇是主要的交通工具。

师：人们不仅白天离不开小艇，就连晚上也同样离不开小艇，请同学们继续学习第6自然段：半夜看戏想回家的人，他们会怎么回家呢？（“小艇”。）

生：“半夜，戏院……告别的声音。”

师：这个句子是静态描写还是动态描写？（动态描写。）人们都回家了，这座小城会怎么样呢？小艇又会继续工作吗？大家接着读课文，我们来看这座城市有什么变化？

生：“水面上渐渐沉寂……沉沉地入睡了。”（出示图片。）

师：这句话，写了什么景物？（月亮/石头/建筑/古老的桥梁/码头。）这是静态描写还是动态描写？（静态描写。）

师：是啊，威尼斯的动和静都充满了情趣，小艇也为这座城市带来了无尽的情趣。请同学们朗读最后一句话，看用的是什么修辞手法？（拟人。）

师：是的，这句话用拟人的手法突出威尼斯的静态美，表达了作者对这座古城的热爱。

小结：白天喧闹，晚上沉静，课文这样动静结合描写，更衬托出小艇的重要作用——真是“人动艇动，人歇艇歇”。

3. 拓展延伸。

如果你在威尼斯，你会怎样安排你一天的出行呢？

4. 总结全文，升华主题。

（1）学完了这篇课文，你想怎样来夸夸威尼斯的风景呢？（风景如画，水美，有异国风情……）

（2）是啊，威尼斯是一座美丽的水上城市，我们中国的苏州被称为“东方威尼斯”，是威尼斯的姊妹城市。

师：作者笔下的威尼斯是一座有美丽风光的城市，那其他作家对于威尼斯这座水城又是怎样描写的呢？请同学们课后阅读课文的“阅读链接”。找出不同的作者是怎样来写威尼斯这座美丽的城市的？

5. 作业。

（1）熟读课文，抄写自己喜欢的句子。

（2）对比阅读课文的“阅读链接”，找出表达方式的相似之处。

6. 板书设计。

威尼斯的小艇
- 重要地位：主要交通工具
- 外形：像独木舟　像新月　像水蛇
- 船夫技术好
  - 操纵自如　不手忙脚乱
  - 不管……总能……
  - 飞一般　眼睛忙极了
- 作用大：白……晚上……

（九）教学反思

课文通过描写威尼斯小艇的样子、船夫驾驶技术的高超以及小艇在威尼斯人们生活中的重要作用几个方面，介绍了水城威尼斯独特的交通工具和特有的风土人情。学生不太了解异域风情，我收集了威尼斯的图片并制作成课件上课，为学生播放威尼斯的风光图片，把学生带到风光旖旎的威尼斯古城，为理解文本打下基础。我的教学思路以小艇和威尼斯人生活的关系贯穿始终，围绕中心层层推进，学生理解文本，对文本产生浓厚的兴趣，课堂气氛活跃，有效地调动了学生的积极性。我在教学中鼓励学生充分发表自己的见解，调动每一个学生的积极性，让学生充分表达，放手让学生运用读、写、思、议等学习方法，让学生领略到小艇的独特，学生的体会就更深一些。其教学的难点是对于写作方法的领悟，课文采用了抓住事物特点，并把人的活动同景物风情结合起来进行描写的方法。整个教学过程有些方面不尽人意，如学生收集的资料有限，回答问题不够大胆，也不够自信，今后的教学在引导学生方面仍需改进。

四、取得的成效及体会

通过混合式教学，即线上和线下相结合的教学，学生能更好地掌握课本知识，合理发挥想象。通过网上查阅资料，学生拓展了课外知识及对本课相关信息的了解，课堂的教学任务能更好地完成，同时也能更好地激发学生学习的积极性，使他们参与学习的兴趣更高。本节课得到了听课老师的一致好评。这样的混合式教学，让师生都有一种新的体验。

五、专家点评

蔡芝霞老师教学经验丰富，能够充分利用教材，引导学生发挥想象力。她抓住小艇和威尼斯人生活的关系贯穿始终，辅以线上和多媒体资源，帮助学生理解并分析不同环境下的生活方式，洞悉文意。在教学中，她鼓励学生充分发表自己的见解，积极调动每一个学生的积极性，让学生充分表达，培育学生的语文核心素养。蔡老师的混合式教学相较于其他教师较为朴实，仅使用了“粤教祥云”的部分资源，既没有自主研发资源，也没有测评和分析，但作为一名资深教师，能够尽自己的努力实现线上和线下结合，尽力赶上时代的潮流，实属难得。不妨多尝试多使用，或能够取得不俗的效果。

数学《找规律》

陈莹儿

（汕头市澄海实验小学）

一、课程基本情况

课程名称：找规律

面向年级：小学一年级

使用教材：《数学·下》（人教版小学一年级）

依托在线教育平台："爱米云助教"平台

防疫期间，汕头市澄海实验小学积极防控新冠肺炎疫情，落实"停课不停教、不停学"的要求，通过"爱米云助教"平台，保障在线学习的顺利有序进行。学生经过此阶段的线上学习，对于"爱米云助教"平台的操作流程非常熟练。因此，延期开学后，为在短期内，省时、高效地落实教学任务，我仍然沿用"爱米云助教"平台。

图 1 "爱米云助教"平台运行情况

开课过程中，对于简单图形排列（例 1：观察图片，从颜色或男女的角度发现并表述规律）部分，我采用混合式教学模式，利用线上微课和练习，让学生在“爱米云助教”中提前预习，充分了解学生的学习掌握情况。在此基础上，我在课堂上用小组交流的方式，让学生重温预习内容，用少量的时间落实例 1 知识的学习。对于数形结合（例 2：由图形规律迁移至数字规律，建立“数”与“形”之间的联系）这一重难点，在课堂中我充分以学生为主体，把课堂的舞台让给学生，并且利用多种学习形式，如摆一摆、希沃白板 5 互动学习、平板做题等，让学生在乐中学、在学中乐。

在线上学习部分，一共有 53 位学生观看微课视频，他们都提交了练习，其中第 1、2 题对的学生比较多，第 4 题错的学生比较多，学生们收获颇丰。在课堂学习部分，师生关系和谐，学生能积极思考问题，积极进行小组交流，充分动口、动手、动脑，主动观察、收集、加工和处理学习信息。最后，平板习题完成效果好，正确率约为 98%。

二、教学改革思路

1. 一年级的学生在学前教育阶段就已经接触过“找规律”这部分知识的启蒙训练，另外，学生在日常生活中也接触到大量有规律排列的事物，这些都是学习本课的重要基础，因此学生学习起来较为容易。对于简单图形排列（例 1）这一部分，我采用线上微课和练习让学生提前预习，课堂上用小组交流的方式重温，目的是用较短时间来达到更好的效果。

2. 在例 2 教学中，由于一年级学生以具体形象思维为主，因此在课堂上我先设置了“摆一摆”的环节，让学生在摆的过程中充分感受到：“灯笼图除了颜色变化有规律之外，个数的变化也有规律。”进一步帮助学生的认知由图形迁移至数字，由浅及深，数形结合，帮助学生发现数字规律。

3. 由于一年级学生活泼好动、注意力集中时间短，因此在教学过程中，我根据学生的年龄特征，寓教于乐，充分利用信息技术希沃白板 5 等辅助教学，为学生准备有趣味性和挑战性的游戏活动，加入学生喜爱的动画元素，让学生在乐中学、在学中乐。同时，让学生使用平板电脑现场做题，通过“爱米云助教”平台及时反馈数据信息，我能及时了解学生学习盲区并给予点评讲解。

图2 平板现场做题情况

三、混合式教学案例设计

（一）前言

为打破以往固有模式，充分开发利用新的教学资源，寻求更好的教学效果，在有限的时间内更大程度地激发学生自主学习能力，在教学过程中，我采用了混合式教学方法。

（二）教学内容

人教版一年级义务教育教科书《数学·下》第85～86页内容、练习二十第1、2题。

（三）学时

1课时。

（四）教学目标

1．知识技能：学生在观察操作等活动中，探索、领悟规律，认识一些简单、有规律的数字排列，并能运用规律解决一些简单的问题。

2．数学思考：通过说一说、摆一摆、涂一涂等活动，初步培养学生的观察能力、语言表达能力，使其学会从多角度发现规律、创造规律。

3．问题解决：通过小组分工合作，培养学生合作交流能力和团队协作能力。

4．情感态度：利用信息技术激发学生学习兴趣，使学生在活动中感受数学与实际生活的密切联系，培养学生发现和欣赏数学美的意识。

（五）教学重难点

1．重点：引导学生充分参与到探究规律的活动中，发现图形规律和数字规律，并解决一些简单的问题。

2．难点：能用合理的语言阐述自己所发现的规律，学会用“重复的一组”来表达规律，并创造规律。

（六）教学准备

微课视频、希沃课件、平板电脑、灯笼彩纸。

（七）线上部分内容简介

本节课线上部分内容分为两个部分。第一部分是课前预习，由微课和简单习题组成，主要内容是简单的图形交替排列规律。学生观看微课和完成习题，而教师通过数据清晰地了解到学生的掌握情况。第二部分是课堂过程中的平板习题测试，测试学生对新课内容的掌握程度，对教学效果进行反馈。

（八）教学过程

1．微课预习，初探规律。

师：同学们，昨天大家在“爱米云助教”平台上观看了《找规律》的视频。现在我们来了解一下昨天大家预习和完成练习题的情况。（展示平台数据。）

图3　课前微课学习情况

师：昨天的微课视频一共有53位同学观看，大家都提交了练习，其中第1、2题对的同学比较多，第4题错的同学比较多。看来大家预习之后收获不少，但有些同学对知识还不是很清楚，今天这节课我们就继续探究《找规律》。（板书课题。）

2．分享交流，探究规律。

（1）小组交流，重温例1。

师：通过视频的学习，我们知道了图中的小旗、彩花和小朋友的排列都是有规律的。下面请4人小组交流，说一说小旗、彩花、小朋友的排列有什么规律。

师：讨论结束，哪一个小组来分享一下你们的成果。

师：我们来看看刚才说的小旗，它是一面黄旗、一面红旗，又一面黄旗、一面红旗重复排列的，因此说小旗是以什么为一组？（演示一个圈。）

生1：一面黄旗、一面红旗。（演示一组并板书。）

师：说得对！重复了几组？

生：4组。

师：每组的第一个是什么？

生：黄旗。

师：你们太厉害了！那么接下来的彩花，谁能像刚刚说小旗这样说出它的规律？

生2：彩花是以一朵红花、一朵紫花为一组，重复排列的。（课件演示，板书。）

师：真不错！小朋友的排列规律呢？

生3：小朋友的排列规律是以“一女一男”为一组，重复排列的。（板书。）

师：这时，每组的第一个是什么？

生3：女生。

师：还可以怎么看？

生4：小朋友的排列规律是以“一男一女”为一组，重复排列的。（板书。）

师：这时，每组的第一个变成了什么？

生4：男生。

师：你们说得都对！在跳舞小朋友这里，观察的角度不同，每组的第一个也不同，但两种说法都是正确的。

师：请同学们再仔细看一看每一组小旗重复了几次？

生齐说：4次。

师：每一组彩花重复了几次呢？

生齐说：4次。

师：每一组小朋友重复了几次呢？

生齐说：7次。

小结：对，同学们有没有发现，重复出现的部分最少都有3次。像这样按顺序排列就是有规律的排列。

（2）数形结合，研究例2。

第一步：出示灯笼图。

师：为了布置得更漂亮，小朋友们又加了灯笼和花。仔细观察，你们发现灯笼的规律是什么？如果再摆两组，你们能摆出来吗？快拿出数学用具摆一摆吧！

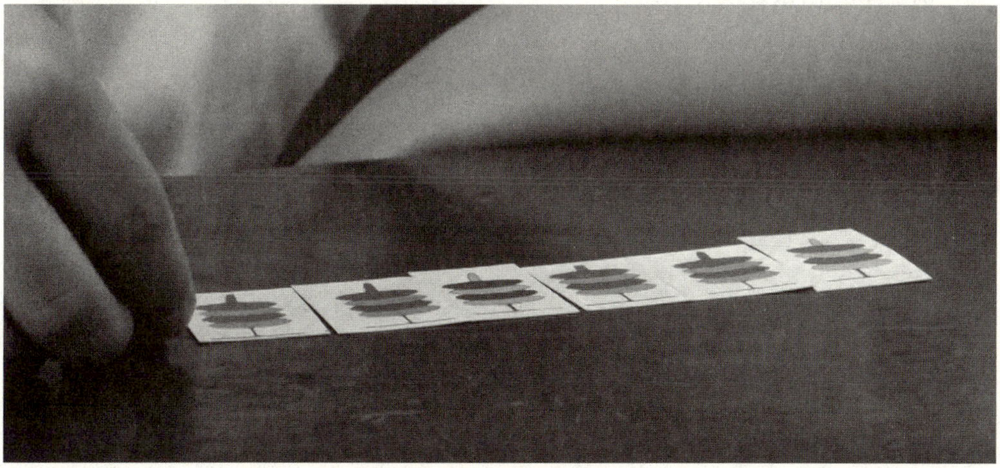

图4　学生摆弄过程

师：你是怎么摆的？有什么规律？

生1：红蓝蓝、红蓝蓝……

生2：灯笼的规律是以“红灯笼、蓝灯笼、蓝灯笼”为一组重复排列的。（板书。）

生3：……

师追问最后一位同学：每一组中的第一个是什么？请你拿出来给大家看看。

师：你们说得对！灯笼的规律是以“1个红灯笼、2个蓝灯笼”为一组重复排列的。

师：像灯笼这样，除了颜色的变化有规律之外，个数的变化有规律吗？

生齐说：有。

师：1个红灯笼我们用数字“1”来表示（出示数字1），2个蓝灯笼我们用数字“2”来表示（出示数字2）。形成这样的排列（出示剩下的数字）。

师：那么这些数字是以什么为一组重复排列的呀？

生：1，2，1，2……

师：这么说是以什么为一组重复排列的呢？

生：是以“1，2”为一组重复排列的。（板书。）

师：一组中的第一个数字是什么？

生齐说：1。

师：那下一组数字应该是什么呢？

生：1，2。

师：答对了！掌声送给自己。

第二步：出示花朵图。

师：我们已经找到了灯笼的规律，现在请同学们把纸片收好。

师：花朵中又隐藏着什么规律呢？快找一找吧！请前后桌为一组互相说一说。

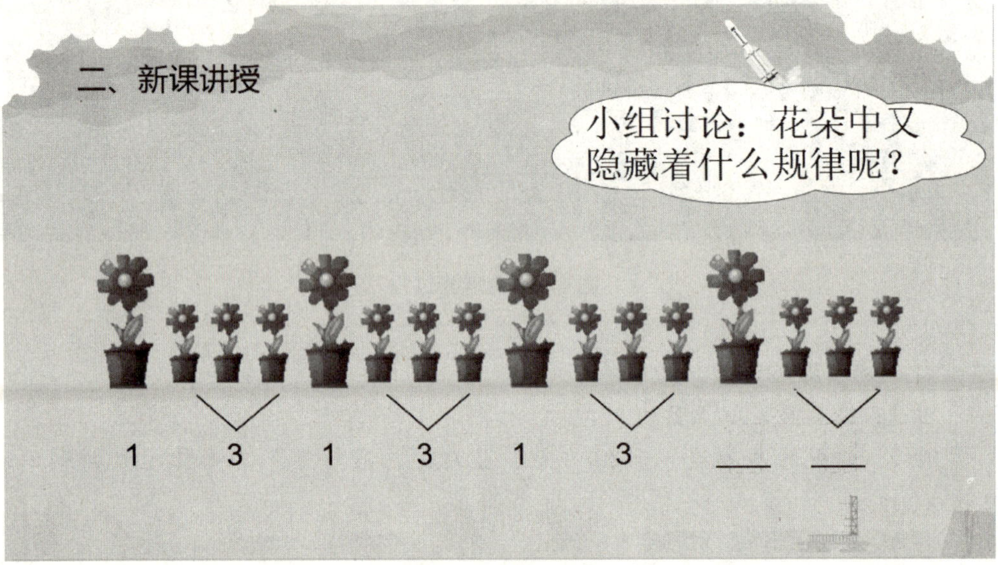

图5 花朵图

师：讨论结束，哪位同学可以代表小组说一说规律？

生：花……数字……

师：说得对！其他成员有补充的吗？

（成员补充）

师：还有谁也能来说一说？

生：……

小结：真棒！大家可以看到，虽然图形和数字形式不同，但可以表示相同的规律。

师：下面请大家猜一猜第5组的第1盆是什么？第9组的第2盆花是什么？第99组的第1盆花是什么？

（课间活动）

师：同学们，我们已经学会了找规律，接下来让我们来做一做课间操，活动一下吧！

3．巩固提高，应用规律。

皮卡丘：听说101班的小朋友学会了找规律，我才不信，让我去考考他们。
师：同学们，皮卡丘对我们发出了挑战，大家有信心吗？
生：有。

第一关：平板习题。

师：首先，来到第一关，请同学们拿起平板，完成题目并提交。（题目：一是选择题，即课本第89页第1题，第86页第1题；二是判断题，即课本第86页例题2，第89页第2题。）

师展示结果：真棒！我就知道你们可以的。（错题讲解。）

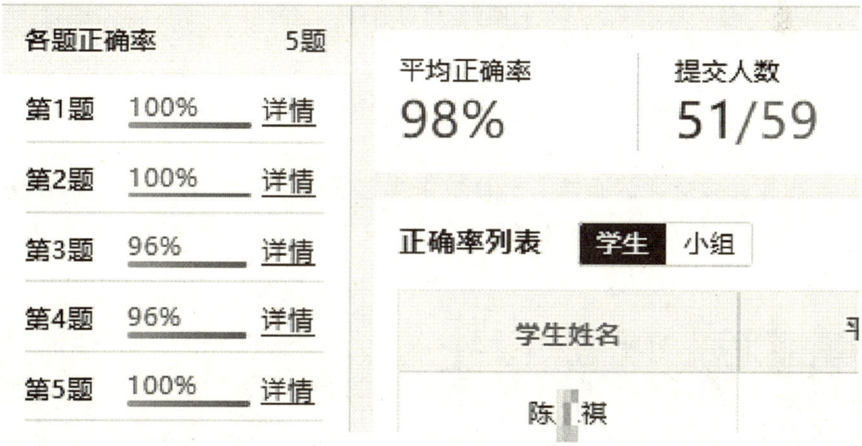

图6　课堂平板测试习题完成情况

第二关：气球题目。

师：天空中飘着许多漂亮的气球，谁能找出它们的规律？请一位同学根据规律填空。

师：中间有几个气球掉了，哪位同学能来摆一摆？

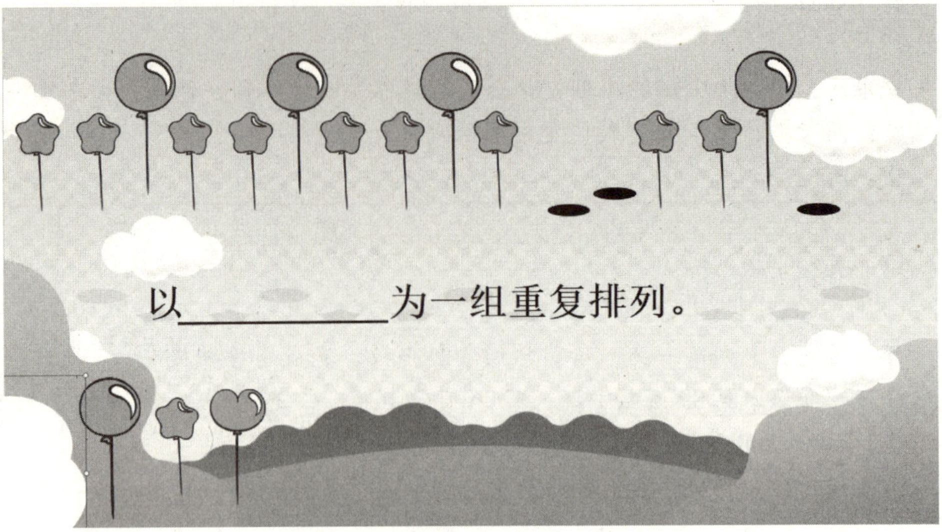

图7　气球题目

第三关：运动会比赛。

师：恭喜大家通过前面两关，接下来到了第三关，判断对错。题目要求是，有规律的排列打“√”，无规律的排列打“×”。我邀请的是××同学和××同学来比赛。

图8　学生比赛过程

第四关：创造规律。

师：最后一关——创造规律，请同学们翻开课本第 85 页，用自己喜欢的颜色创造规律，并用平板拍照上传，与大家分享吧！

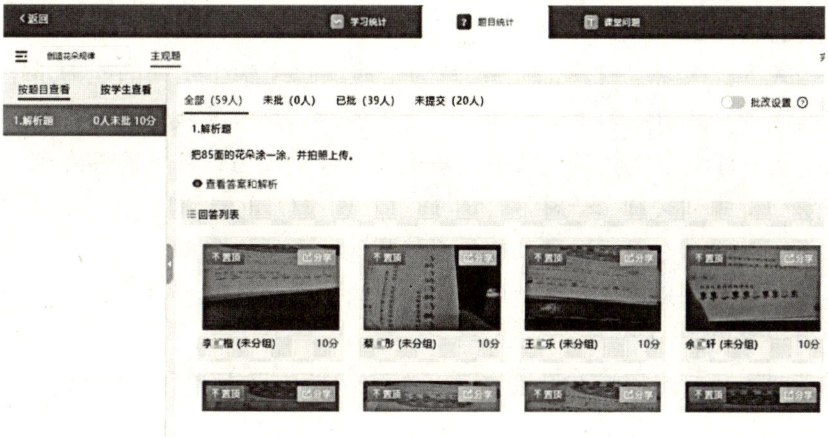

图 9 课堂创作情况

皮卡丘：太厉害了，给你们点个赞。

4. 总结延伸，拓展规律。

师：同学们，今天我们学习了什么？（学生自由回答。）

师：对！我们生活中有许多事物是有规律的，你们能找出一些例子和大家分享吗？（学生分享。）

师：老师也在生活中找到了一些规律，请大家一起欣赏欣赏吧！（播放视频。）

师：物品、汉字、音乐都可以是有规律的，只要大家用心寻找，就一定可以找到。今天的作业就请大家运用知识，设计一幅有规律的画，送给我们的爸爸妈妈吧！

（九）教学反思

“探索规律”作为在小学数学教学中渗透模式化思想的主要体现之一，实际上就是培养学生的“模式化”思想，发现“规律”就是发现一个“模式”，并能运用多种方法来表达模式的特点。我在“找规律”一课的教学设计中，不仅强调能够发现规律，还强调规律的表征和应用。

创设情境，感知“模式化思想”。课程标准指出：现阶段的学生通过观察后得到的感知常常是“情境式”的。当出现相同或相似的问题情境时，学生的认知会被激活，并在问题解决中自然而然发挥作用。为此，设计教学时，我以寻找“六一活动”主题图中人和物的排列为主线，贴近一年级学生生活，激发学生兴趣，使学生养成观察习惯，感受数学与实际生活的密切联系，培养学生发现和欣赏数学美的意识。

翻转教学，探究“模式化思想”。为了兼顾每个学生不同的能力水平，同时将更多的课堂时间留给学生探究知识，实现省时、高效的教学效果，我利用微课和平板电脑开展混合式教学。课前，学生通过线上预习，基本能够发现并表达简单的图形交替排列规律；课中，学生通过小组交流重温拓展自主学习内容。此时，学生掌握观察方法，初步了解什么是规律。在这个基础上，我鼓励学生观察新布置的灯笼和花朵，寻找其图形和数量的排列规律，开展进阶学习，由图形规律过渡到数字规律。

即学即练，运用“模式化思想”。为了让学生及时巩固已学知识，我设计“皮卡丘设置难关挑战学生”的故事情节，用平板电脑、希沃白板5的课堂活动、学生自行创造规律等丰富有趣的课堂练习，成功提起了学生的兴趣。“爱米云助教”平台及时反馈的数据信息，让我了解到学生的学习盲区并给予点评讲解，达到即学即练、讲练结合的目的。

走进生活，渗透“模式化思想”。数学源于生活，又应用于生活。对于一年级的学生来说，他们在生活中对“规律”有许多感性认识，只是缺少系统的学习。因此，我通过“摆灯笼”“给花朵涂色”“寻找生活中的规律”三个活动，以及布置“画一幅有规律的画送给爸爸妈妈”这个作业，引导学生从实际生活出发，发现规律，创造规律，让学生感受到规律在生活中的广泛应用，体现数学的价值。

纵观这节课，其教学环节由浅及深，环环相扣；其教学过程以问题为载体，充分融合信息技术与传统教学，让学生在活动中感受规律、探究规律、运用规律。但是，学生运用“模式化思想”的意识和方法，只靠一节课的渗透是不能解决的。今后在课堂教学中，我会继续渗透“模式化思想”，让学生感受用数学解决问题的便利，真正将数学知识运用到实际生活当中。

四、取得的成效及体会

1. 大部分学生通过线上微课预习，能够发现简单的图形交替排列规律，能用自己的语言表达规律，推断出下一个图形。在课堂学习中，我采用小组交流的方式让学生重温线上内容，既节省了时间，又加深了学生对知识的理解。

2. 在课堂学习中，学生通过小组交流、分享想法、摆弄学具等活动，充分动口、动手、动脑，主动观察、收集、加工和处理学习信息。

3. 在小组讨论过程中，学生勇于发表想法、认真听取他人意见，有序、有效地进行小组内的互帮互学。

4. 课堂中，师生关系和谐，学生能积极思考问题，对数学活动充满热情，主动地从事探究活动，表现强烈的好奇心和求知欲。

5. 运用信息技术作为课堂辅助，不仅大大激发了学生的学习兴趣，让学生兴致勃勃地参与练习，而且节省了教师调查学生学习情况的时间。

五、专家点评

陈莹儿老师在本节课中能深度挖掘教材内容并进行扩展和创新，在充分掌握学生学习情况的基础上进行混合式教学。在线上，她采用微课和练习的形式为学生搭建知识框架，并利用“爱米云助教”平台的学习数据及时调整线下教学设计。在线下，她采用小组交流、小组展示及游戏闯关等形式开展教学活动，将课堂还给学生，很好地突破教学重难点，培养学生的数学核心素养。陈老师在设计课堂的过程中能将信息技术与数学学科深度融合，利用平板设计课堂练习并利用其强大的统计功能有效解决教学难点；利用希沃白板5设计的课堂闯关游戏充分激发了学生的学习热情，让学生参与到课堂中来。同时，说一说、摆一摆、涂一涂等活动的设计，培养了学生几何直观、数据分析观念的核心素养，锻炼了学生的语言组织能力。最后，通过生活中的规律让学生体会到数学就在身边，培养学生发现和体验数学的乐趣。纵观整堂课的设计，其中“课间操”部分若能结合本节课的内容“找规律”，让学生发现并体会课间操动作中的规律，其效果可能更佳。

数学《克和千克》

陆　畑

（潮州市湘桥区昌黎路小学）

一、课程基本情况

课程名称：克和千克

面向年级：小学二年级

使用教材：《数学·上》（人教版小学二年级）

依托在线教育平台：微信小程序“小打卡”

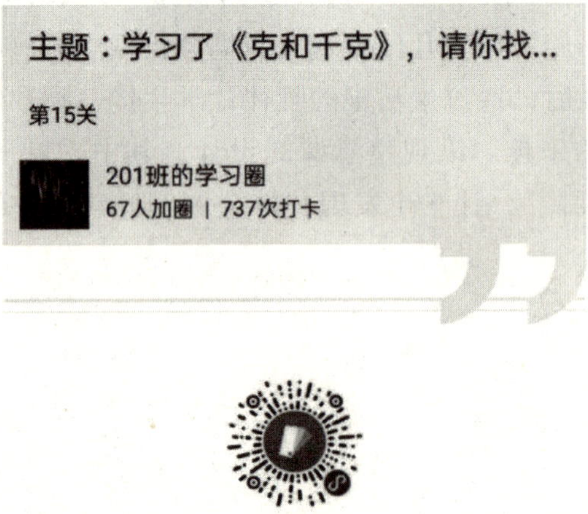

图1　微信小程序“小打卡”

“克和千克”混合式教学案例是先在课堂教学时创设具体的生活情境，使学生感受并认识质量单位克和千克，通过掂一掂，初步建立1克和1千克的概念，知道1千克＝1 000克，并使学生知道用秤称物体的方法。在课后拓展活动中，学生寻找生活中用克和千克作单位的物体，并拍成视频或图片上传到“小打卡”与教师、同学分享。课后拓展活动让学生把课堂学习延伸到生活场景，让数学知识回归学生的日常生活中。师生对“小打卡”的运用使数学课堂更加宽广，场景更加灵活，学生的学习自主性和积极性也有很大的提高，师生之间、生生之间的交流也更多，课内和课外的整合使学生的知识探究活动更加充实。

二、教学改革思路

有效的数学课堂应该是师生、生生之间有充分的探讨、反馈、分享的过程。知识和方法的掌握可以通过课堂上的教学活动来完成，但学生运用知识的能力、探究数学知识的热情需要一个更宽阔的舞台来展示。把课堂延伸到生活中，学生的所见所闻所想会变得更加丰富多彩，思维也更加活跃，每个人都能成为生活的有心人，每个人都是数学“小老师”。文字、图片、视频，各种方式灵活运用，数学知识变得生动、有趣，师生、生生之间的交流分享更加轻松流畅。

把学习内容与生活情境结合起来，让学生参与蕴含相关数学问题的实践活动，在解决实际问题的探索中应用数学，强化数学应用意识，初步培养数学应用能力。

三、混合式教学案例设计

（一）前言

数学来源于生活，数学在生活中的应用是无处不在的。学生只有感受到数学与生活的密切联系，才能更加积极主动地探究数学知识，也能更好地应用所学知识解决生活中的问题。

（二）教学内容

人教版小学二年级《数学·上》中的《克和千克》。

（三）学时

1 课时。

（四）教学目标

1. 知识与技能：在具体的生活情境中，使学生感受并认识质量单位克和千克，初步建立 1 克和 1 千克的概念，知道 1 千克 =1 000 克；使学生知道用秤称物体的方法。

2. 过程与方法：在建立质量概念的基础上，让学生形成估量物体质量的意识；能细心观察，发现生活中跟克和千克有关的物品。

3. 情感态度与价值观：通过课后拓展活动“小打卡”，提高学生运用知识的能力，感受数学与生活的紧密关系；使学生形成主动探究学习的意识，在拓展活动中树立我是数学“小老师”的思想，并乐于分享。

（五）教学重难点

学生在具体生活情境中感受并认识质量单位克和千克，初步建立克和千克的质量观念，通过活动了解称物体质量的方法，能够根据物体实际情况选择合适的质量单位进行表达和交流。

（六）教学准备

课堂小视频、课件和一些物品，比如，1 克的黄豆 6 份、两分的硬币 6 个、1 千克的面粉、1 千克的糖、1 千克的蜂蜜、1 千克的小米等。

（七）线上部分内容简介

课后拓展的平台主要是微信小程序“小打卡”。“小打卡”是平时教师和学生课后交流反馈和展示的“学习圈”，可以把课堂延伸到许许多多的生活场景中，也可以提高学生学习活动的参与度。教师发布学习主题后，学生可以通过文字、图片、视频等方式与教师、同学分享和交流，教师可以及时给予点评，其他同学也能参与评论。在本节课的课后拓展活动中，学生寻找生活中用克和千克作单位的物体，并拍成视频或图片上传到“小打卡”，与教师、同学分享。

（八）教学过程

1．情境引入，揭示课题。

首先教师播放视频，创设“逛超市”的情境，激发学生学习兴趣。接着引导学生思考：怎样才能知道物品有多重？应该怎样表示物品的重量？最后师生总结：要知道物品有多重可以用秤来称；表示物品有多重，可以用质量单位克和千克来表示。

2．探究新知。

（1）教学例 1“认识克”。首先让学生观察例 1 的图，引导学生思考：你们从图中得到了什么信息？为什么这些物品都用克来作单位？师生总结：计量比较轻的物品，常用克作单位，克可以用“g”表示。接着让学生感受 1 克有多重，把 1 个两分硬币放在手里掂一掂。然后向学生提问：“比较轻的物品常用什么来称量呢?”教师播放视频，学生通过观看视频认识天平，并了解怎样用天平称出 1 克的黄豆，再用手掂一掂 1 克黄豆的重量。最后师生交流生活中还有哪些物品的质量大约是 1 克，哪些物品的质量比 1 克还轻。

（2）教学例 2“认识千克”。首先出示例 2 的主题图，引导学生思考：你们从图中得到了什么信息？像这样比较重的物品，我们常用什么来作单位呢？教师播放课件动画，师生总结：计量比较重的物品常用千克作单位，千克可以用“kg”表示。接着让学生感受 1 千克有多重，各组分别掂一掂 1 千克的物品（2 包 500 克的盐、1 袋 1 千克的奶粉、1 罐 1 千克的蜂蜜、1 袋 1 千克的小米、1 袋 1 千克的面粉、1 包 1 千克的白糖）。学生再通过计算 2 包 500 克的盐是 1 000 克，知道 1 000 克等于 1 千克，从而体会千克与克的关系。教师播放课件让学生认识各种各样用千克作单位的秤。师生总结：指针指着几就表示所称物品有多重。最后师生交流生活中还有哪些物品的重量是用千克作单位的。

3. 知识运用。

学生利用这一节课所学的关于克和千克的知识解决一些实际的问题。

4. 布置课后拓展延伸作业。

在生活中你们还见过什么用克和千克作单位的物体呢？请你们拍成视频或图片上传到“小打卡”，与教师、同学分享。

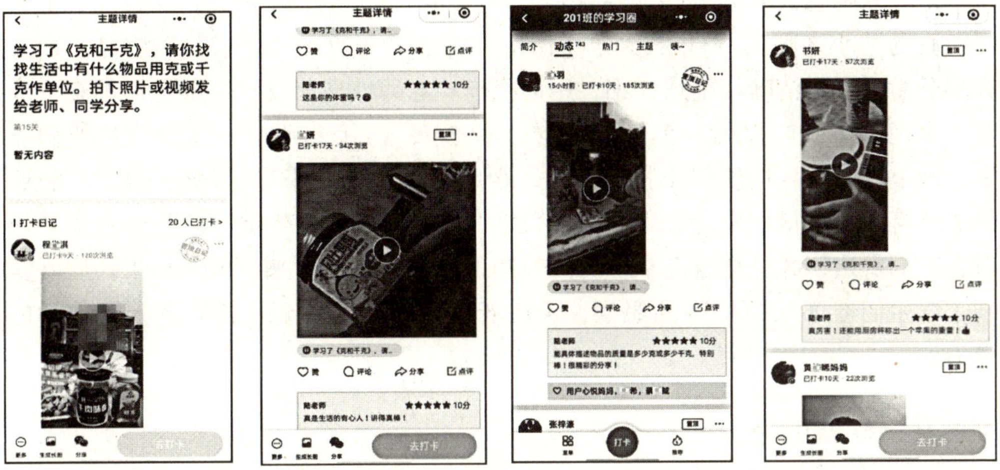

图 2　课后拓展延伸作业

（九）教学反思

在这个案例中，学生在课堂活动中积极探究新知，感知 1 克和 1 千克的质量，体会克和千克之间的关系，并能解答简单的实际问题，达到了课堂教学的效果。课后在生活中继续寻找“克和千克”的知识，获取更多生活中的数学知识，实现“数学知识来源于生活”又“回归生活”的目的。

在这个案例中，教师能创设学生熟悉的生活情境，呈现“逛超市”的场景，激发学生的学习兴趣，从而使他们主动学习新知识。教师提供 1 克和 1 千克的各种物品让学生掂一掂，充分感知 1 克和 1 千克的质量，让学生充分地在经历、体验、探索中构建知识体系。课后拓展活动让学生把“课堂学习”延伸到“生活场景”，让数学知识回归学生的日常生活。师生对“小打卡”的运用使数学课堂更加宽广，场景更加灵活，学生的学习自主性和积极性也有很大的提高，师生、生生之间的交流也更多，课内和课外的整合使学生的知识探究活动更加充实。反思本节课教学活动过程，课堂上对于“如何称出物品有多重”这一学习内容，还可以增加学生分组活动称出所带物品质量的环节，这能够让学生在课堂上有称物体的切身体会，更加能够感知物体的质量。但由于还在疫情防控阶段，教室里学生的座位保持一定的距离，暂时没有开展小组交流活动，只通过观看视频了解称物体的方法。在课后活动中，有的学生在“小打卡”上发布了“如何称出书包的质量”“如何称出两个鸡蛋的质量”“如何称出一个苹果的质量”等视频，学生能够做到学以致用，也体现了其自主学习能力正不断提高。

四、取得的成效及体会

最让老师感到欣慰的是，在课后“小打卡”的小视频中，学生们一个个成了认真的“小老师”，不仅找到了生活中许许多多用克和千克表示的物品，而且大部分学生讲解清晰，描述详细，用词准确。老师惊喜地发现，学生们都有一双善于发现的眼睛，都是一个个生活的“有心人”，让老师情不自禁地为他们点赞。晚上查阅学生们的“小打卡”时，老师就像被他们带进了他们生活的场景，然后欣喜地看着他们发现数学、运用数学、感受数学。学生能够感受到数学知识就在我们身边，并且把自己掌握的数学知识说出来、拍下来、展示出来，这既实现了学生们“人人为师”的愿望，也让老师、同学，甚至家长们感受到数学的魅力。

五、专家点评

陆烟老师准备充分认真，能准确分析学情和学生认知特点，较好地培养学生的数学核心素养。本节课采用线下新授课和线上微信“小打卡”小程序延伸练习的形式开展混合式教学。线下部分通过创设“逛超市”的问题情境，导入新课，从学生的感性认知入手，通过动手“掂一掂”黄豆、食盐、奶粉、蜂蜜等的重量，引导学生理性认识千克与克的关系，授课过程做到讲练结合，例题选取具有代表性。线上部分采用微信小程序“小打卡”收集学生的练习作业，形成班级数学学习生态圈，学生可以向同学、老师分享学习视频、图片；老师和同学可以进行评论、点赞等操作，极大地激发了学生的学习兴趣，锻炼了学生的自主学习能力和语言表达能力。但在课程设计中应更多地关注学生的主体性地位，应融合信息技术设计相应的教学环节，让学生主动参与到课堂中去，构建其数学核心素养。

数学《圆的认识》

陈春娜

（潮州市潮安区登塘镇中心幼儿园）

一、课程基本情况

课程名称：圆的认识

面向年级：小学六年级

使用教材：《数学·上》（人教版小学六年级）

依托在线教育平台：Moodle 互动学习平台

疫情期间，学校推迟开学，“停课不停学”，网课成了教学的主要形式。我开始借助“微课 + Moodle 互动学习平台”进行教学。微课资源有一部分是网络资源，而更多的是我自己录制的微课，微课的内容包括“新课讲授、基础练习题讲解、巩固练习题讲解、易错题讲解”等（见图 1）。把微课录制好之后，我第一时间发布到 Moodle 互动学习平台，要求学生及时登录平台，根据自己对知识的认知水平选择需要加强学习的内容，进行自主学习，实现“哪里不会点哪里，一遍不会看两遍”的自适应学习方式。同时，我还在 Moodle 互动学习平台中建立“易错题集合区”“谁是最棒的小老师”“讨论区”“小测试”等模块，要求学习较好的学生学习新知识并完成“小测试”之后，每人每天必须在“易错题集合区”或“谁是最棒的小老师”模块中发布一道以上题目的讲解视频；要求学习有困难的学生学习新知识之后，独立完成“小测试”，如果不能单独完成，需再看一次微课再进行小测试，如果还是不能单独完成，需在“讨论区”中请教其他同学，直到小测试达到 80 分为止（见图 2）。疫情期间，“停课不停学”，我借助“微课 + Moodle 互动学习平台”随时随地掌握学生的学习效果和动态，实现精准教学，其教学效果良好。

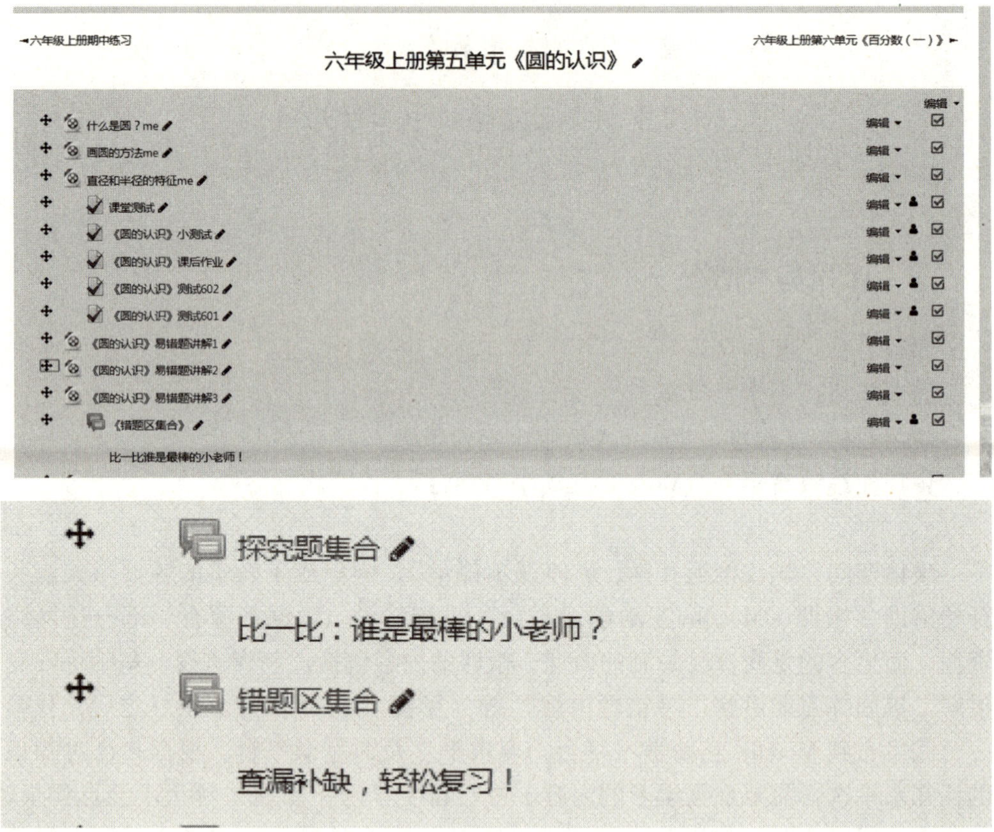
◄六年级上册期中练习
六年级上册第六单元《百分数（一）》►
六年级上册第五单元《圆的认识》
什么是圆？me
画圆的方法me
直径和半径的特征me
课堂测试
《圆的认识》小测试
《圆的认识》课后作业
《圆的认识》测试602
《圆的认识》测试601
《圆的认识》易错题讲解1
《圆的认识》易错题讲解2
《圆的认识》易错题讲解3
《错题区集合》
比一比谁是最棒的小老师！
编辑
探究题集合
比一比：谁是最棒的小老师？
错题区集合
查漏补缺，轻松复习！

图 1　课程模块截图

姓	名	Email地址	状态	用时	成绩/100.	题1 /10.C	题2 /10.C	题3 /10.C	题4 /10.C	题5 /10.C	题6 /10.C	题7 /10.C	题8 /10.C	题9 /10.C	题10 /
郑悦冰	白水小学	xingyu201	完成	2 天	90	10	10	10	10	10	10	10	0	10	
柯滢庭	白水小学	xingyu201	进行中	–	–	–	–	–	–	–	–	–	–	–	–
柯锦润	白水小学	xingyu201	完成	2 天	60	10	10	0	10	0	10	10	10	0	
柯思洁	白水小学	xingyu201	完成	2 天	90	10	10	10	10	0	10	10	10	10	
柯林壮	白水小学	xingyu201	完成	2 天	100	10	10	10	10	10	10	10	10	10	
柯冰钿	白水小学	xingyu201	完成	2 天	90	10	10	10	10	10	10	0	10	10	
柯鑫博	白水小学	xingyu201	完成	2 天	90	10	10	10	10	10	0	10	10	10	
柯欢派	白水小学	xingyu201	完成	2 天	80	10	10	10	10	10	0	10	0	10	
柯冰璇	白水小学	xingyu201	完成	2 天	60	10	10	0	0	10	10	10	0	10	
柯燕纯	白水小学	xingyu201	进行中	–	–	–	–	–	–	–	–	–	–	–	–
柯欣梦	白水小学	xingyu201	进行中	–	–	–	–	–	–	–	–	–	–	–	–
陈佳琪	白水小学	xingyu201	进行中	–	–	–	–	–	–	–	–	–	–	–	–
陈采妮	白水小学	xingyu201	进行中	–	–	–	–	–	–	–	–	–	–	–	–
柯东彤	白水小学	xingyu201	进行中	–	–	–	–	–	–	–	–	–	–	–	–
柯思博	白水小学	xingyu201	完成	22 小时 6	90	10	10	10	10	10	10	10	10	0	
柯佳杭	白水小学	xingyu201	进行中	–	–	–	–	–	–	–	–	–	–	–	–
柯钥漫	白水小学	xingyu201	进行中	–	–	–	–	–	–	–	–	–	–	–	–
胡冰冰	白水小学	xingyu201	完成	22 小时 3	80	10	10	0	10	10	10	10	10	10	
柯梓佳	白水小学	xingyu201	完成	22 小时 5	100	10	10	10	10	10	10	10	10	10	
柯昕伽	白水小学	xingyu201	进行中	–	–	–	–	–	–	–	–	–	–	–	–
测试	账号	test@qq.c	进行中	–	–	–	–	–	–	–	–	–	–	–	–
何锦权	白水小学	xingyu201	完成	1 小时 20	30	0	0	0	10	0	0	0	0	10	
柯锐玲	白水小学	xingyu201	完成	3 分钟 21	80	10	10	10	10	0	0	10	10	10	
柯斯杰	白水小学	xingyu201	完成	3 分钟 47	80	10	10	10	10	10	10	10	10	0	
柯思洁	白水小学	xingyu201	进行中	–	–	–	–	–	–	–	–	–	–	–	–
柯欢派	白水小学	xingyu201	完成	44 秒	100	10	10	10	10	10	10	10	10	10	
柯锦润	白水小学	xingyu201	进行中	–	–	–	–	–	–	–	–	–	–	–	–
总平均分					81.33	9.33	9.33	7.33	9.33	7.33	7.33	8.67	7.33	8	7

六年级数学-《圆的认识》测试601-

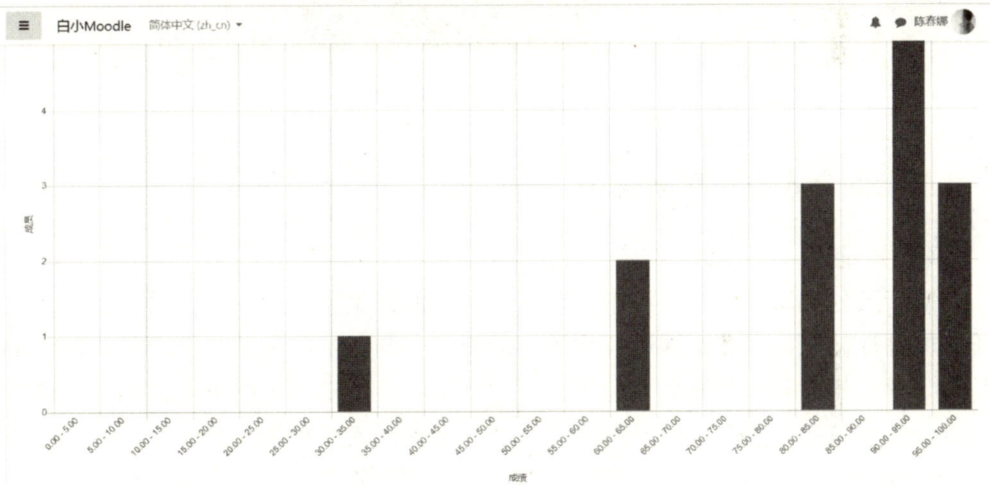

图 2　小测试完成情况截图

二、教学改革思路

我构建了名为“Moodle 互动学习平台”混合教学的模式，如图 3 所示（以小学数学课堂为例）。在这个模式中，教师考虑到学生的学习需要，将教学内容转化多个基础任务或拓展任务，让每位学生都能学有所获，不浪费时间。这个模式不统一教学内容、教学进度，采取异步教学的方式，由学生自主掌握学习的进度，遇到学习问题随时求助于真人老师或电子老师。电子老师即“Moodle 互动学习平台”中的微课，学生在自主学习中可选择性地寻求帮助，实现双师甚至多师课堂的学习效果。

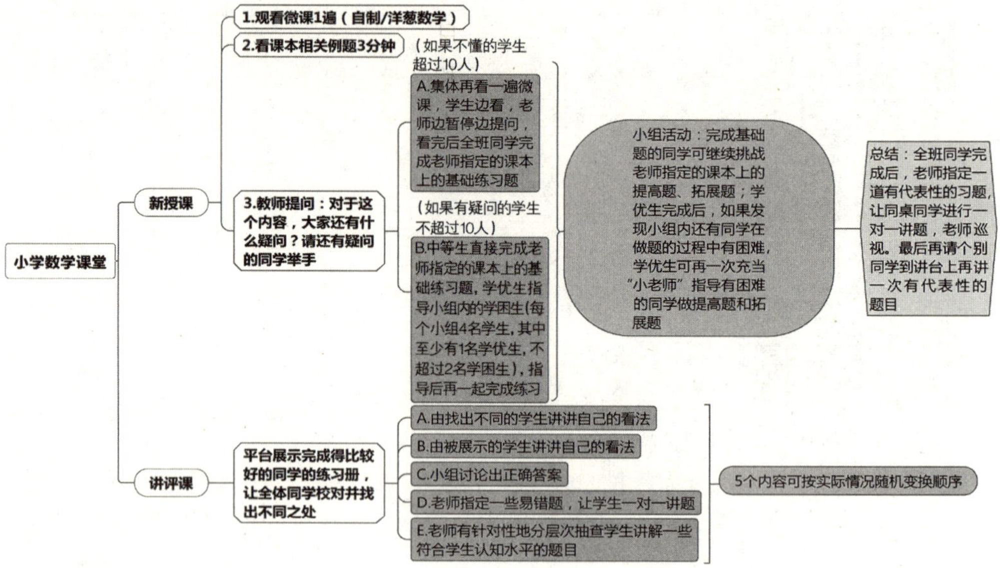

图 3　小学数学课堂流程

三、混合式教学案例设计

（一）前言

对于圆的知识，学生生活中接触比较多，但都是感性的认识，没有上升到关于圆的理性认识，因此本课通过生活中的圆导入圆的基础特征，符合学生的认知特点。学生的自我学习能力比较弱，而自我学习能力是学生的重要素养，本课通过自主学习策略培养学生的自我学习能力，做到授人鱼且授人渔。现代的学生是“数字土著”，从小接触数字信息比较多，对信息技术比较感兴趣，因而本课利用微课作为自主学习的资源。

（二）教学内容

《圆的认识》是人教版小学六年级《数学·上》第五单元《圆》中的教学内容。生活中的许多物体都有圆形的面，圆的形状已经存在于学生的头脑中。本节课通过三个知识点教授圆的各部分名称、用圆规画圆的方法和同一个圆中半径、直径的特征。通过对圆的认识，加深学生对周围事物的了解，提高他们解决实际问题的能力。

（三）学时

1 课时。

（四）教学目标

1．知识与技能：认识圆，知道圆各部分的名称，会用圆规画圆；使学生掌握圆的特征，理解和掌握在同一个圆中半径和直径的特征与关系。

2. 过程与方法：经历动手操作的活动过程，培养学生作图的能力；通过观看微课、玩闯关游戏，培养学生自主学习、自主探究的能力；通过分组学习、动手操作，培养学生与人合作、交流思维过程和结果的能力。

3. 情感态度与价值观：通过对圆的认识，让学生感受美源于生活，体验圆与日常生活密切相关，感悟数学知识的魅力。

（五）教学重难点

1. 教学重点：掌握圆的基本特征。

2. 教学难点：明确同圆或等圆中半径和直径的关系。

（六）教学准备

教师：微课4节、多媒体课件。

学生：圆规、直尺。

（七）线上部分内容简介

在白水小学领导的支持下，潮州白水小学Moodle互动学习平台得以创立，我先后在该平台发布了“五年级数学”微课、“六年级数学”微课、“思维导图的制作及教学应用”微课、“微课的设计及应用”微课，以及“作业”“小测试”“课中学生讲题精彩片段”“错题区集合”“寒假数学特训营”“秒懂习题”等资源，共160多个。“微课”主要用于学生课前预习、课中学习；“作业”“小测试”“错题区集合”等资源主要用于课后巩固知识；“思维导图的制作及教学应用”和“微课的设计及应用”主要用于提高教师使用信息技术的能力（见图4－9）。

图4　六年级数学微课截图

图5　继续教育课程截图

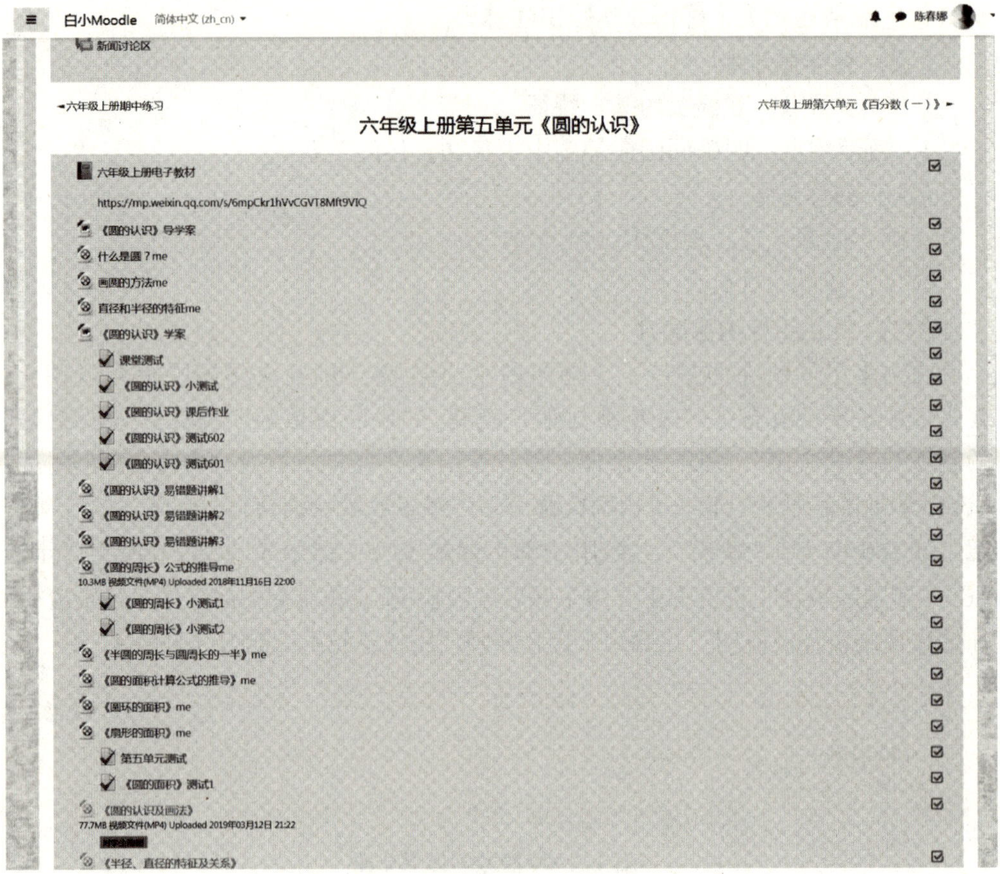

图 6　线上线下部分课程截图

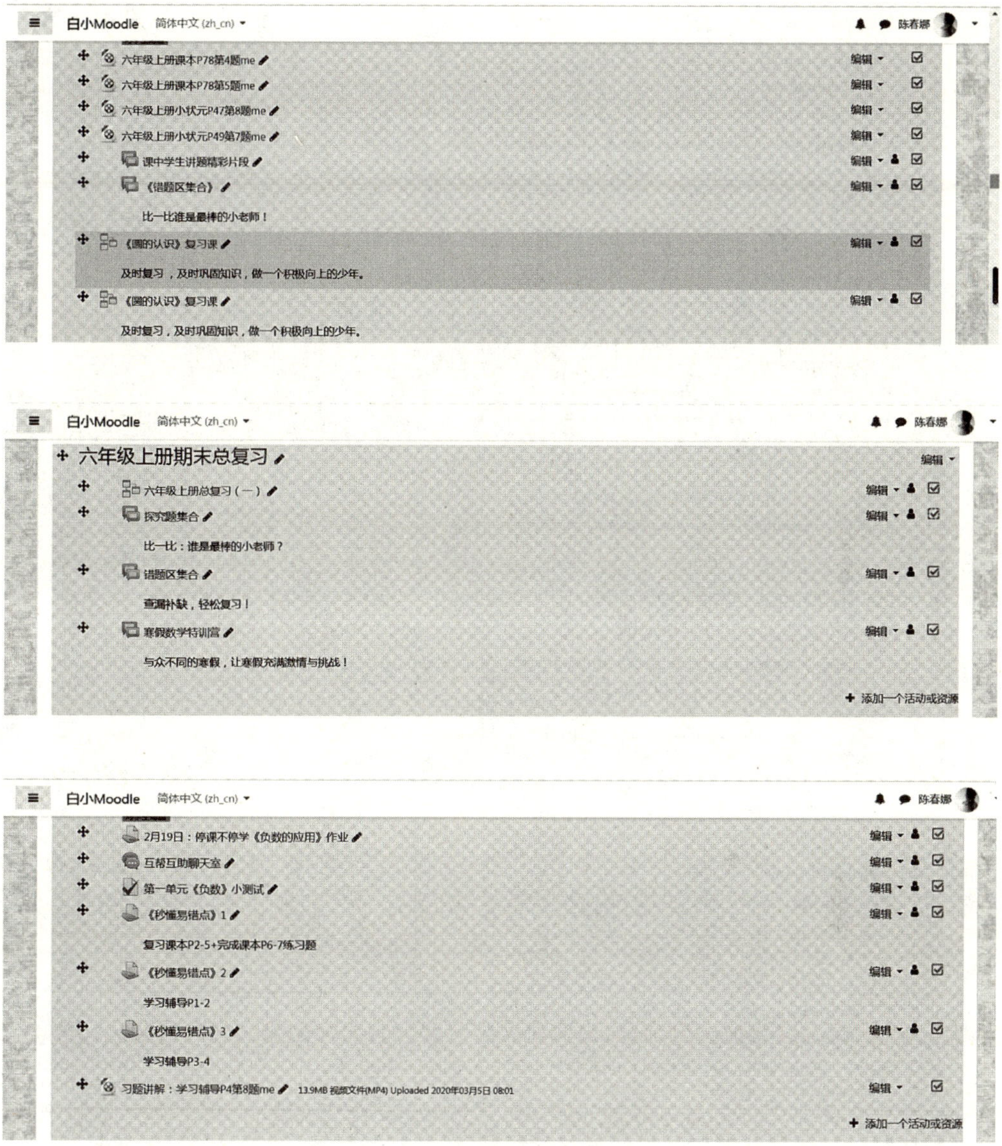

图7　课后巩固练习课程截图

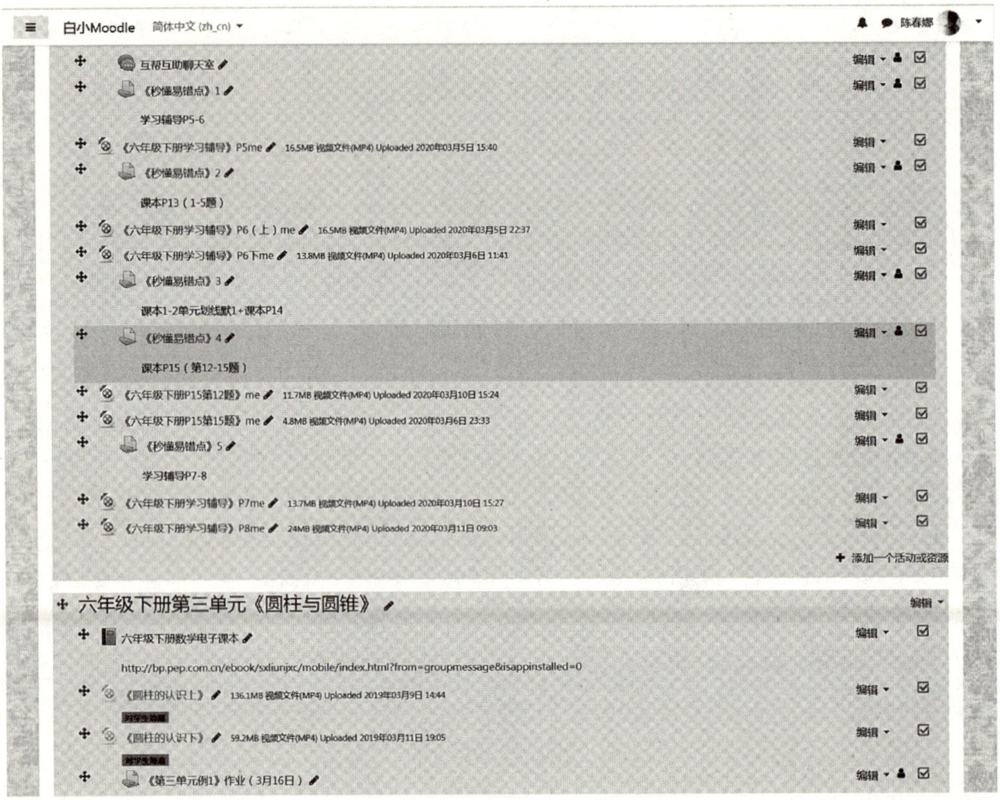

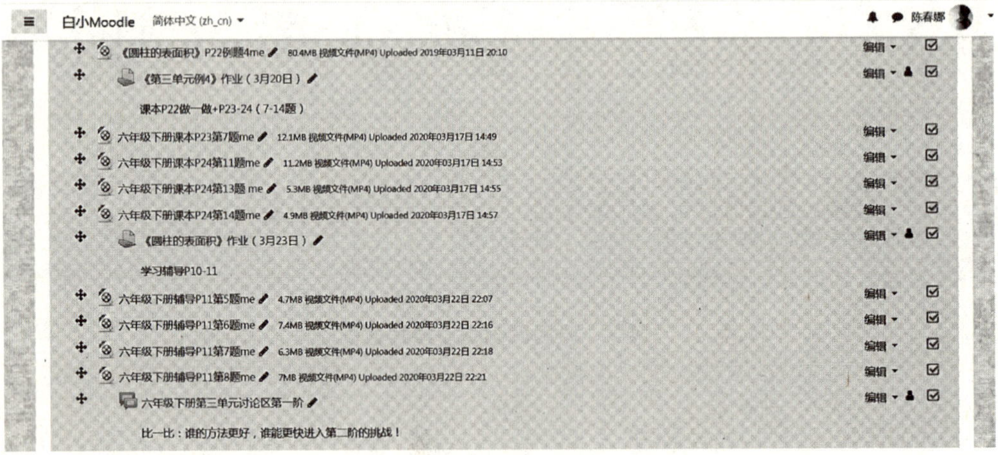

图 8　“停课不停学”线上部分课程截图

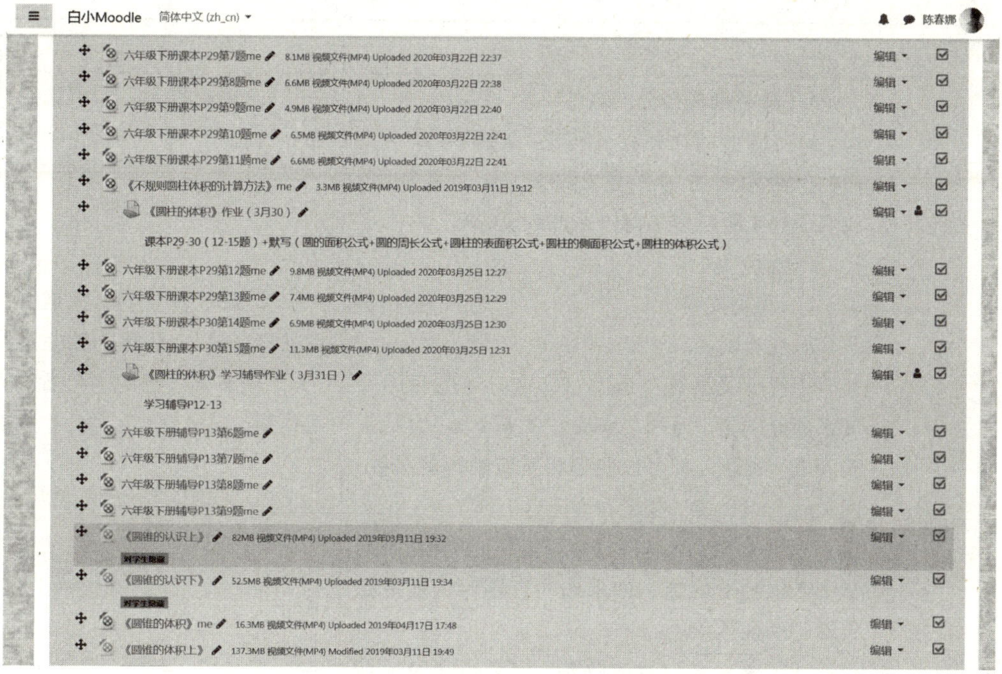

图 9 拓展题视频讲解截图

图 10 线上部分内容简介视频

（八）教学过程

教学程序	教师教的活动	学生学的活动
导学	1. 问题导入 师：在我们日常生活中，圆形的物体随处可见。同学们，你们能说说自己见过哪些圆形的物体吗？ 2. 初步感知圆 师：国庆期间，老师也搜集了一些与圆有关的物体，下面请同学们一起来欣赏吧（微课）	1. 根据自己的经验，说出各种常见的圆形物体 2. 欣赏微课，体会圆形物体给我们生活带来的美的感受

（续上表）

教学程序	教师教的活动	学生学的活动
第一关	1. 介绍圆各部分的名称 师：圆形的物体随处可见，圆形可以给我们的生活带来美的感受。那么，什么是圆呢？我们一起来听听数学博士是怎么说的吧 （微课） 2. 闯关游戏 游戏规则： ①每一关都有三道题目，这三道题目的难度系数分别是“★”“★★”“★★★”，每正确完成一道题，都可以获得相对应的智慧星数，闯关后由组长统一登记在登分卡上 ②“★”“★★”为必做题，要求全班同学都必须独立完成，如果确实有困难，请务必再看一次视频 ③“★★★”为选做题，但必须在完成前面两道题之后才能继续选做，能够正确完成这道题的同学，可当本小组的“小老师”且可用平板进行终极闯关（要求自己独立完成）	1. 观看视频，了解圆各部分的名称 2. 观看视频后，完成学案的第一关，不能单独完成“★”“★★”题的须再看一次视频
第二关	学习画圆的方法 师：圆形的物体如此美妙，那么，我们要不要来创造圆啊？我们一起来看看数学博士是如何画圆的吧（微课）	观看视频后，完成学案的第二关，不能单独完成“★”“★★”题的须再看一次视频
第三关	半径、直径的特征及关系 师：圆是由曲线围成的封闭平面图形，那么，圆是不是轴对称图形呢？半径、直径是圆的两个重要要素，它们之间又有什么关系呢？请同学们带着这两个问题，一起来看看数学博士研究的结果吧（微课）	观看视频后，完成学案的第三关，不能单独完成“★”“★★”题的须再看一次视频
小老师	小组活动： 师：同学们都是答题高手啊，这么轻松就完成闯关游戏了 下面请“小老师”为每一组的同学讲解每一关“★★★”题的解题方法，用时5分钟	“小老师”为其他同学讲解“★★★”题的解题方法

（续上表）

教学程序	教师教的活动	学生学的活动
小测试	终极闯关 师：请同学们打开平板电脑，打开 Moodle，进行终极闯关	打开“Moodle” App，进行终极闯关
奖评	1. 统计学生小测试结果 2. 奖励“智慧星总颗数超过 15 颗”“小测试满分”以及“智慧星总颗数最多的小组”免做本次课后作业	1. 提交测试题目 2. 奖励学生
课堂小结	本节课我们学习了哪些内容？	学生自由回答
课后延伸	1. 有一个圆形铁片，没有标明圆心，你能找出它的直径吗？ 2. 为什么下水道井盖要做成圆形的呢？	

（九）教学反思

1. 基础题练习的时间较长，小组反馈的时间不够充分，没办法让更多的学生上台反馈；

2. 线上教学硬件不足，个别学生在家使用平台不方便。

四、取得的成效及体会

线上线下混合教学模式是一种新型的教学形态，综合解决了传统教学过程中存在的问题，增强了课堂决策分析和互动能力，提高了课堂教学质量和效率，有利于构建理想的学习环境，全面提高学生的综合素质，促进他们终生可持续发展，能改善学生的学习方式，培养他们的创新意识和实践能力。

为了验证线上线下混合教学模式的实践效果，我在潮州市登塘镇白水小学六年级（1）班进行了实验，该班人数 31 人。

我从 2019 年 2 月开始在这个班几乎每节课都应用“Moodle 互动学习平台 + 平板电脑 + 微课”上数学课，该班平均分从原来比同年级其他班级少 3 ～ 5 分，到六年级毕业时，年级排名第一。

利用智慧课堂推动基础教育结构性变革，我构建了“Moodle 互动学习平台”混合教学模式，以学生为本，从学生的学习出发应用互动平台，课堂教学从规模化标准服务到个性化精准服务。这种教学方式的转变能更好地培养学生的核心素养，为社会主义新时代培养合格的建设者。

“Moodle 互动学习平台”支持下的线上线下混合教学模式有助于提高生生之间交流的深度、学生自适应性学习的能力和学生的学习效率。

五、专家点评

陈春娜老师的这节“圆的认识”课是潮州市登塘镇白水小学六年级数学课程中的一节课，采用“Moodle 互动学习平台 + 平板电脑 + 微课”相结合的混合式教学模式。线上部分借助 Moodle 互动学习平台发布学习任务，学生线上自主学习并完成测试，教师通过平台数据随时掌握学生的学习进度，并进行有针对性的指导。线下课程依据 Moodle 互动学习平台的数据分析进行有针对性的教学设计，巧妙利用平板电脑和微课的优势进行教学，达到事半功倍的效果，其教学效果突出。陈老师搭建的整个课程体系完整，将信息技术与数学教育深度融合，通过作图、闯关游戏和小组合作等形式，帮助学生搭建支架，形成空间观念和符号意识的数学核心素养，有效拓展了学习的深度和广度，提高了学生的自主学习能力。

英语 *I've had this bike for three years*

陈丽霞

（汕头市澄海中学白沙校区）

一、课程基本情况

课程名称：I've had this bike for three years.

面向年级：八年级

使用教材：《英语·下》（人教版八年级）

依托在线教育平台：希沃白板、微信群、“问卷星”小程序

本案例选取人教版八年级《英语·下》“I've had this bike for three years”第一课时开展线上线下混合式教学，围绕“线上让学生自主学习语法知识，线下通过小组合作运用知识”这一目标设计。本案例的线上课堂主要由教师提前在微信群发布微课，让学生自主学习“since 和 for 在现在完成时中的用法”以及“现在完成时中瞬间动词与延续性动词之间的转换”这两个语法点。课后，学生完成自我评价表、通过问卷星开展线上测验等进行反馈。本案例的线下课堂以“捐赠自己的旧物，为班级文化添砖加瓦”为主题，结合线上任务，让学生自主归纳与总结，充分利用线上视频作业，进行线下的听说课教学。学生运用线上所学的两个语法点来谈自己拥有的旧物基本情况和在生活中如何处理旧物，并模仿课本的 yard sale 开展小组合作来进行适合班级特点的 classroom sale，小组讨论选择旧物捐赠给班集体。简而言之，在本课例中，学生通过在线视频对重点知识开展自主学习，再通过线下课堂的小组合作完成对所学知识的吸收，这发挥了线上线下教学最大的优势。

二、教学改革思路

本案例主要是沿着以下几点教学改革思路设计的：

1．运用新的教学理念与教学方法。

混合式学习就是通过学生主体性与教师主导性的结合来强化学生主体作用的发挥，这与建构主义学习理论不谋而合。建构主义强调以学生为中心，重视学生认知过程的个性化差异，学生是认知的主体，是知识的主动建构者，因此这种学习方式赋予了学生高度的自主性，要求学生具备高度的学习主动性和积极性，也就是自主学习能力。

本案例在建构主义理论的支撑下，围绕着“基于问题的学习”和“自主探究学习”开展线上线下教学，充分体现了以人为本、以创新为动力的思想，培养学生自主学习的习惯和探索的精神。同时，根据“多元智能”理论，本案例设置个性化作业，尊重学生的个体差异。

2．转变传统的教学模式。

由原来单一的课堂教学模式转为线上线下混合式教学，即学生通过“线上自主学习知识，线下合作运用知识”，构建了语言表达运用由线上转为线下的模式，使学习由虚拟与孤立转为现实与合作。

在本案例的线上课堂中，教师针对本节课的语法知识，录制微课，印制导学案，让学生通过导学案在家开展自主探究学习。学生通过居家自习，学习本节课的重难点，在微信群上进行讨论学习，在问卷星平台上进行线上测试，开展自我评价等形式居家自主学习。在线下课堂，教师设置了一节听说课来检查学生对线上知识点掌握的熟练程度，学生则通过小组合作学习的方式，讨论线上学习存在的不足，并在小组中合作解决问题。

3．采用多维的评价方式。

（1）线上课堂采用的评价方式——考勤（10%）+课堂讨论（30%）+线上成绩（60%）=总分，还有附加分10分，为课堂随机抽查。

（2）教师对学生的测试由原来的纸质评价变为利用“问卷星”进行网上评价，能实时采集过程性数据，对学生的学习问题、疑难进行诊断并提供适当的干预，把原本课堂上师生的面对面答疑变成了“云答疑”。

（3）线下采用教师口头评价，鼓励学生通过报告等形式展示学习成果，帮助学生发扬优点，改正缺点。

三、混合式教学案例设计

（一）前言

疫情期间，“停课不停学”的线上教学模式为学生持续学习知识提供了保障，确保了教学的连贯性。但是这种线上教学方式也存在一些弊端。在回到久违的校园后，如何通过线下教学弥补线上教学的不足，如何把线上教学的优势延续到线下教学中，使线上线下教学有机融合，提高上课的效率，成了本案例的实施初衷。

（二）教学内容

本课时的内容是 *I have had this bike for three years* 的第一课时。在学习了前面两单元的现在完成时内容后，本课时将继续学习现在完成时，其主要语法点是"since 和 for 在现在完成时的用法"和"现在完成时中瞬间动词和延续性动词之间的转换"，还有相应的听说任务。其中 1a－1c 的听说任务链通过主题图展示话题、语境，呈现目标语言并开展一系列的听说任务；2a－2c 的听说任务链则通过创设情境，加强目标语言的输入，来加深学生的认识。

（三）学时

线上半小时＋线下 1 课时。

（四）教学目标

线上课堂的教学目标

掌握 since 和 for 在现在完成时中的基本用法；掌握现在完成时中瞬间动词和延续性动词的用法。

线下课堂的教学目标

1．语言能力：学生需要掌握与庭院售卖、生活中常用物品相关的词汇；能听懂谈论拥有某物多长时间的话题并获取有效的信息；能正确使用现在完成时询问并表达持续性动作或状态。

2．学习能力：学生能用识别关键词、听前预测等听力技巧提高听的能力；能有效运用现在完成时进行交际，并通过小组合作共同完成听说任务。

3．思维品质：在正确处理旧物的过程中培养学生发现问题、分析问题、解决问题的能力；通过小组合作选出一件物品捐赠给班级并说明理由，培养学生的批判性思维。

4．文化意识：学生能了解国外的 yard sale 文化；能正确处理自己的旧物，并通过捐赠旧物为班级文化添砖加瓦。

（五）教学重难点

线上课堂的教学重难点

1．教学重点：辨析 since 和 for 在现在完成时中的基本用法。

2．教学难点：掌握现在完成时中瞬间动词和延续性动词的用法。

线下课堂的教学重难点

1．教学重点：能掌握与 yard sale、生活中常用物品相关的词汇；能正确使用现在完成时询问并表达持续性动作或状态。

2．教学难点：能正确使用现在完成时询问并表达持续性动作或状态。

（六）教学准备

软件平台：采用EV录屏软件和Camtasia进行微课的录制和编辑；采用问卷星发布线上测试；利用微信群作为在线教学平台。

线上教学所需的教学资源

1. 微课视频1：《现在完成时的用法》（来自优酷视频）。

2. 微课视频2：《since和for在现在完成时中的用法》（自行录制）。

3. 微课视频3：《现在完成时中延续性动词与瞬间动词之间的转换》（自行录制）。

4. 问卷星：设置小测试。

5. 导学案一份。

线下课堂所需的教学资源

1. 学生作业视频：运用since和for描述你拥有这件物品的时间和这件物品的意义。

2. 有关yard sale的视频（网站下载）。

3. 把学生所带来的物品拍成短视频，引入新课教学。

（七）线上部分内容简介

线上教学主要围绕“基于问题的学习”和“自主探究学习”两个方面开展，主要让学生通过微课和导学案自主探究来学习现在完成时的相关语法知识。教师根据微课内容，设置了相应的学习任务，让学生带着问题、任务观看视频，并结合视频完成导学案中提出的各个问题。导学案的设计目的是把学习任务设置在有意义的情境中，让学生通过自主探究来学习相关知识点，并在听完课后完成自我评价表，最后通过问卷星进行测验反馈。整个过程充分体现了以人为本、以创新为动力的思想，培养学生自主学习的习惯和探索的精神。

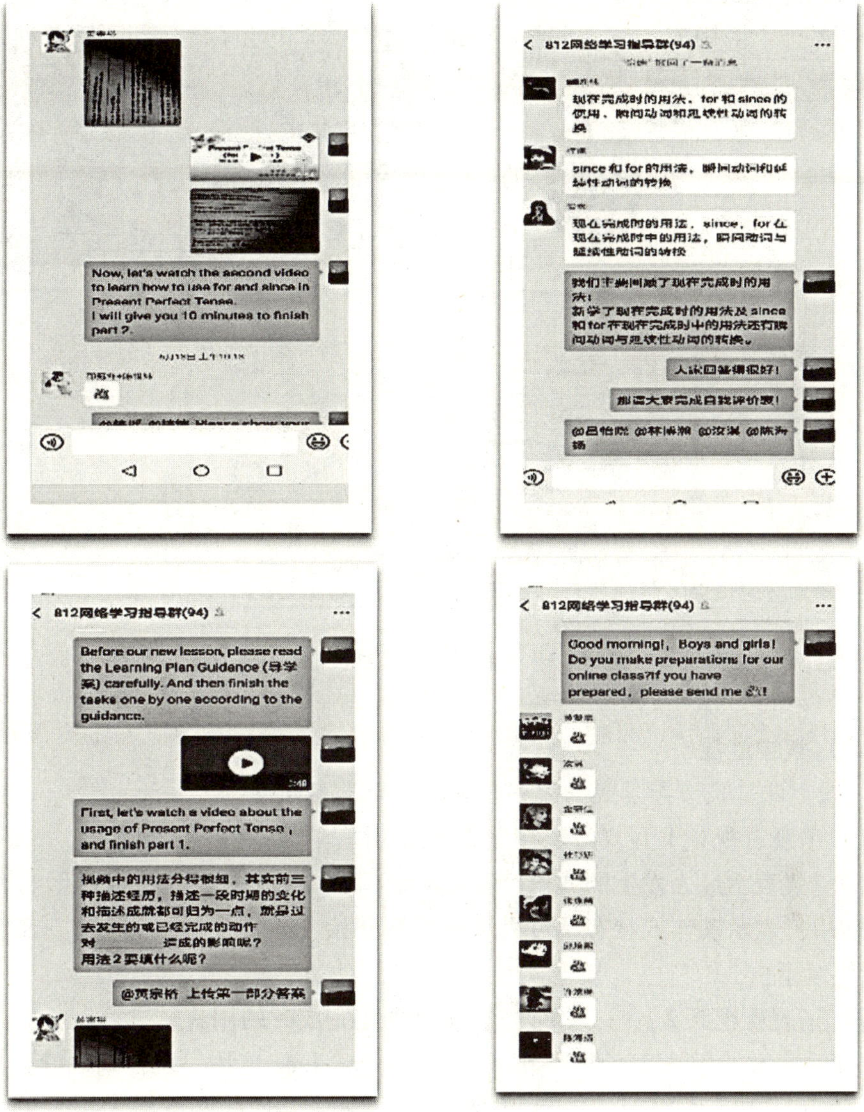

图 1　线上教学片段

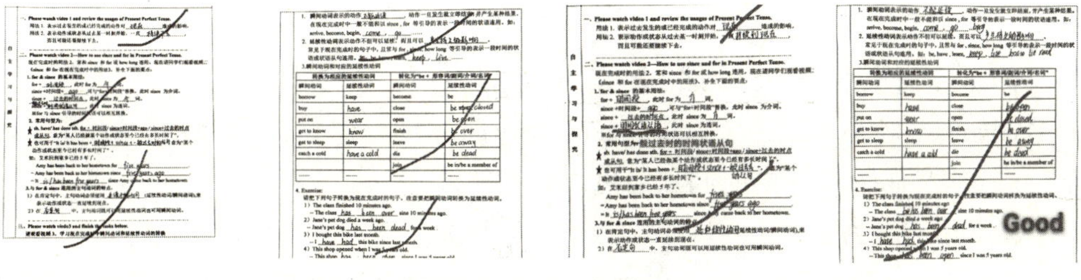

图 2　线上练习批改

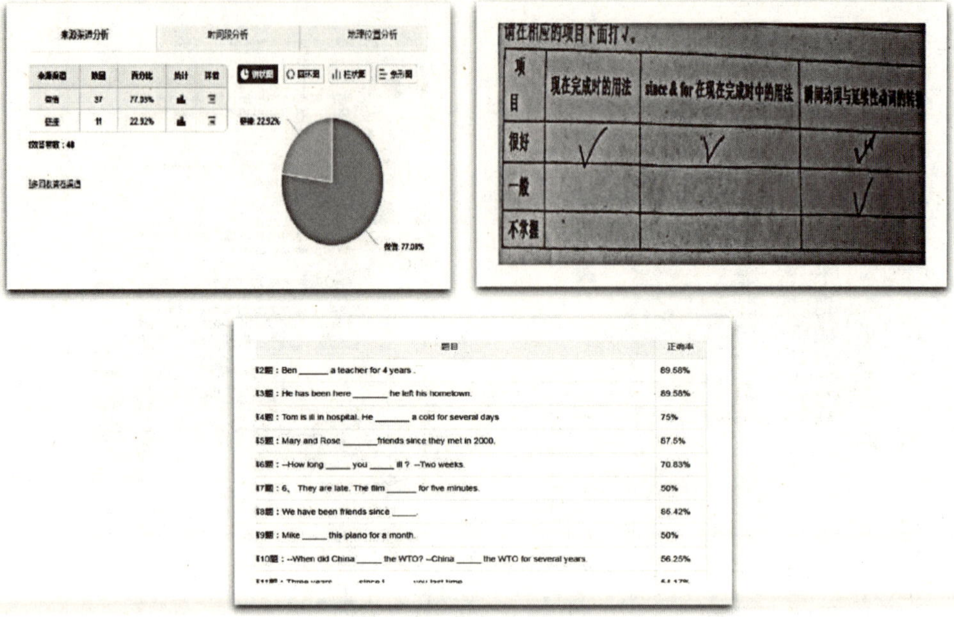

图3　自我评价与测试反馈

（八）教学过程

1. 线上课堂是按导学案的流程开展的，导学案如下：

（1）请观看视频1并复习现在完成时的用法。

用法1：表示过去发生的或已经完成的动作对____________造成的影响。

用法2：表示动作或状态从过去某一时刻开始，一直____________，而且可能还要继续下去。

（2）请观看视频2——《since 和 for 在现在完成时的用法》。

现在完成时的用法2，常和 since 或 for 或 how long 连用。现在请同学们观看视频二《since 和 for 在现在完成时中的用法》，补全下面的要点：

①for 和 since 的基本用法：

for + ____________，此时 for 为____________词。

since + 时间段 + ____________，可与“for + 时间段”替换，此时 since 为介词。

since + 过去的时间点，此时 since 为____________词。

since + ____________，此时 since 为连词。

※for 与 since 引导的时间状语可以相互转换。

②常用句型为：

“sb. have/ has done sth. + <u>for + 时间段</u>/<u>since + 时间段 + ago</u>/<u>since + 过去的</u>

时点或从句”，意为“某人已经做某个动作或保持某个状态至今已经有多长时间了”。

“It is/ It has been +”，意为“某个动作或状态至今已经有多长时间了”。

如：艾米回到家乡已经5年了。

Amy has been back to her hometown for ________________.

= Amy has been back to her hometown since ________________.

= It ________________ since Amy came back to her hometown.

③与 for 和 since 连用的主句动词的特点：

(a) 在肯定句中，主句动词必须使用________（延续性动词/瞬间动词），来表示动作或状态一直延续到现在。

(b) 在________中，主句动词既可以用延续性动词也可用瞬间动词。

(3) 请观看视频3并完成以下任务。

请观看视频3，学习现在完成时中瞬间动词和延续性动词的转换。

①瞬间动词表示的动作________，动作一旦发生就立即结束，并产生某种结果。在现在完成时中一般不能和 since，for 等引导的表示一段时间的状语连用。如：arrive，become，begin，________，________……

②延续性动词表示动作不但可以延续，而且可以________________。常见于现在完成时的句子中，且常与 for，since，how long 等引导的表示一段时间的状语或状语从句连用。如：be，have，learn，________，________……

③瞬间动词和对应的延续性动词：

转换为相应的延续性动词		转化为“be + 形容词/副词/介词/名词”	
瞬间动词	延续性动词	瞬间动词	延续性动词
borrow	keep	become	be
buy		close	
put on		open	
get to know		finish	
get to sleep	sleep	leave	
catch a cold		die	
		join	be in/be a member of
……	……	……	……

④练习。请把下列句子转换为现在完成时的句子。注意要把瞬间动词转换为延续性动词。

(a) The class finished 10 minutes ago.

— The class ____________ ____________ ____________ since 10 minutes ago.

(b) Jane's pet dog died a week ago.

— Jane's pet dog ____________ ____________ ____________ for a week .

(c) I bought this bike last month.

— I ____________ ____________ this bike since last month.

(d) This shop opened when I was 5 years old.

— This shop ____________ ____________ ____________ since I was 5 years old.

(4) 自我评价。请在相应的项目下面打"√"。

项目	现在完成时的用法	since 和 for 在现在完成时中的用法	瞬间动词与延续性动词的转换
很好			
一般			
未掌握			

(5) 反馈。请打开老师所发的链接，一起来测试一下吧！

2. 结合线上的相关知识点开展的线下课堂，教学过程如下：

起止时间 ('"—'")	学生活动	教师活动	媒体资源设计意图
0'14"—1'45"	观看视频	把学生所带的旧东西拍成视频，播给学生们看	收集学生的旧物制作成视频，激发学生对新课学习的兴趣，同时为引出新课作好铺垫（准备介绍的旧物是线上布置的作业）
0'50"—6'15"	总结线上所学的知识点	要求学生回顾线上所学的知识，并板书重点内容	引导学生总结回顾线上课堂的知识点，为线下课堂的听说奠定基础

（续上表）

起止时间 （'"—'"）	学生活动	教师活动	媒体资源设计意图
6'16"— 15'45"	（1）通过“I have had… for/ since…”来学习新的单词 （2）看同伴的作业视频回答问题 （3）看外国的 yard sale 视频，初步了解外国的 yard sale 文化	（1）带领学生复习句型“I have had … for/ since …”，并用此句型呈现新词，教新单词 （2）播放线上布置的作业——请用“I have had … for/ since …”描述你拥有的一件物品，制作成视频，并要求学生看后回答问题 （3）播放有关 yard sale 的视频给学生看，由此导入新课	（1）图文结合，给学生创设真实情境，同时遵循“词不离句”的教学原则，让学生在句型中运用新词，更有利于学生对新知识的掌握 （2）把学生线上的作业联系起来，既是对学生作业的检查反馈，同时也能紧扣线下听说所用到的目标语言，为接下来的听说任务扫清障碍 （3）用视频更真实生动地向学生介绍 yard sale，有助于学生对听力材料的理解
15'46"— 24'04"	听力任务 任务 1： 活动 1b：听并画出你所听到的内容 任务 2： 活动 2a，听并画出 Amy 一家要捐赠的东西，圈出他们要保留下来的东西	（1）引导学生在听力之前注意使用合适的听力技巧 （2）播放录音 （3）要求学生展示并校对答案	（1）听力练习能检测出学生是否熟练掌握线上所学的语法点，考验学生能不能听出现在完成时的相关信息点 （2）学生在听前根据题干和图片对听力内容进行预测，这更能使其在听的过程中准确地提取有用信息，提高听力的效率

（续上表）

起止时间（’”—’”）	学生活动	教师活动	媒体资源设计意图
24’05”—40’32”	（1）先根据课本主题图片进行简单的对话，为下面的小组活动作语言准备 （2）小组成员用从线上课堂积分换来的优惠券和小组同伴进行小组之间的 classroon sale，可从同伴手中“买”下你喜欢的物品 （3）讨论并选择一件从同伴那里“买”的旧物品捐赠给班集体 （4）捐赠仪式：每组派代表上台捐赠物品，介绍要捐赠的物品并说说他们的理由，最后由班长代表班集体接受捐赠物品	（1）引导学生从小组同伴带来的旧物品中，找出自己最想了解的那一个，跟同伴展开对话 （2）教师加入各组的活动，进行必要的指导 （3）要求每一个小组从同伴带来的旧物品中选出一件能捐赠给班集体的物品并上台展示，说说选择的理由	（1）基于小组合作学习的教学设计，是通过“合作—探究—展示”三个环节，使学生积极主动投入到课堂学习中来的。小组合作使我们的课堂“活”起来，学生“动”起来，训练“实”起来 （2）教师在学生小组活动的过程中起到引导、答疑的作用，这充分体现了以学生为主体、教师为主导的教学模式
40’32”—40’43”	学生总结今天学了什么内容	和学生一起总结今天学了什么内容	使学生对所学知识形成整体、系统的感知
40’43”—41’00”	作业二选一完成	题目二选一： （1）利用今天所学的单词和句型，向同学描述你是如何处理你的旧物品的 （2）收集与描述旧物品相关的美文美句，如：Old things bring back sweet memories	根据“多元智能”理论，教师设置个性化作业，尊重学生的个体差异

（九）教学反思

从实践的角度来看，教学是一门有遗憾的艺术。只有不断地反思，才会有进步。本节课混合式教学案例在实践中取得了不错的效果，但仍有一些地方可再进一步完善。

第一，由于汕头市澄海中学是寄宿制学校，学生能进行线上学习的时间只有周末，这就要求老师针对线上的授课内容精心编排导学案，充分设计教学流程，做好每个教学环节的过渡，预设与学生互动交流的问题，以及做好线上教学可能出现的突发情况的预案等。如何让学生更高效地进行线上学习以匹配5天在校的线下活动，这是值得我思考的地方。

第二，线上教学有别于传统的教学模式，师生双方是隔空对话的，学生的学习状态、听讲精神，老师没法实时了解到。课前课后要如何让学生在没有老师指导的情况下，不会借线上学习之名行玩手机之实，在这一方面是否需要反馈机制或技术手段支持，这也是需要我花时间进一步探索的。

第三，在混合式教学模式中，信息技术的运用起着不可估量的作用，而本人对多媒体、网络等信息技术的运用不够熟练，在开展本案例的过程中遇到了不少挫折，因此接下来我将继续学习更多有助于教学的多媒体信息技术，来辅助我们的英语课堂教学，使我们的英语课堂更优质、高效。

第四，如何设计出一个更合理的线上线下有机结合的教学模式，让我们的课堂成为高效的课堂，使不同层次的学生都能在课堂上发挥他们的主观能动性并找到实现其价值的地方，不仅让基础较好的学生"吃得好，吃得饱"，健康优秀地发展，而且让基础较弱的学生也能正确认识和合理地评价自己，从而培养出具有自主学习能力和终生学习能力的学生，这需要我认真钻研。

四、取得的成效及体会

开展线上线下混合式教学模式是本校教学教研工作的一项新的尝试。本人在学校智慧教室，为全校老师开设了一节人教版初中八年级英语下册"I've had this bike for three years"第一课时线上线下混合式教学的公开课，其效果良好，受到听课老师的一致好评！以下我将分享在开展本案例的过程中取得的一些成效与体会。

在本案例中，一方面，学生能够利用线上资源做好课前的预习工作，同时也能通过微视频的讲解化解线下教学的部分难点，为线下学习做好充分的准备。另一方面，学生可以带着线上问题进入线下课堂，在线下课堂与教师进行面对面的交流，这更加充分调动学生学习的积极性，提高教学效率及质量。

本案例结合了翻转课堂的特点，由任教老师亲自录制形象生动的微课向居家学习的学生们介绍本节课的语法知识，让学生在家也能感受到老师熟悉亲切的声音，现场感较强。同时，教师通过微信学习群发布微课任务，并在特定的时间为学生在线答疑，开展在线测试，及时了解掌握学生的学习情况。课后，教师利用线上得来的反馈指导线下课堂的准备工作，这样才能更有针对性地引导学生进一步对话题或知识点进行思考，促进学生的深度学习。

对于本案例，我经过精心思考与设计，将枯燥的语法知识通过简短有趣的微课进行讲解，并为学生提供了相应的导学案，使学生带着任务进行自主的探究学习，整个线上课堂教学目标非常明确，教学线索也非常清晰，教学重难点突出，讲、演、练三者合理结合使大部分学生能通过自主学习基本掌握新知识。

本案例的线上学习任务是通过微信群发布的，测试是通过问卷星发布的，操作简便容易，为以后继续开展类似的课程学习做了很好的示范。

混合式教学对我来说是一个挑战。在开展这个案例教学的前期，我查阅了大量的资料，准备了很多资源。单从线上课堂来说，从设计微教案、导学案，到精心制作课件、录制视频，工作量比平时多了几倍。但是，通过这次学习与研究、尝试与实践，我对于混合式教学模式从陌生，甚至开始有点排斥，再慢慢地逐渐适应，到现在基本熟悉了它的操作流程。在学习的路上不断地开拓自己思维和视野的过程中，我的业务水平也得到了相应的提高。从自身教学感受与学生学习反馈来说，我也能看出学生很喜欢并能很快接受这种新的学习方式。作为老师，我们更要欣然接受这个时代的变化，不断更新自己的知识储备，提升专业素养、人文素养、思政高度、时事意识，树立“终身学习”的心态，以便更好地帮助学生成长，把学生培养成一个具有国际视野，能适应社会发展的新型创造性人才。

五、专家点评

陈丽霞老师的这节“I've had this bike for three years”课，依托希沃白板，围绕“线上让学生自主学习语法知识，线下通过小组合作运用知识”这一目标进行设计，线上以微课为载体，进行知识点讲授，线下开展“捐赠自己的旧物，为班级文化添砖加瓦”主题活动，应用知识，注重理论联系实际，培养学生的英语核心素养。

在课程设计方面，陈老师把皮亚杰的建构主义理论作为课程架构，围绕“基于问题的学习”和“自主探究学习”开展线上线下教学；根据加德纳的多元智能理论，设置个性化作业。课程整体以理论为导向，结构清晰，讲、演、练三者合理结合，不仅让基础较好的学生“吃得好，吃得饱”，健康优秀地发展，还让基础较弱的学生能正确认识、评价自己，实施分层教学，照顾到全体学生。

物理《带电粒子在匀强磁场中的运动》

毛　敏

（汕头市澄海实验高级中学）

一、课程基本情况

课程名称：带电粒子在匀强磁场中的运动

面向年级：高二年级

使用教材：《物理·选修3-1》（人教版）

依托在线教育平台：钉钉云课堂、钉钉沟通平台

新冠肺炎疫情期间，学校响应教育部“停课不停学”的号召，利用网络平台进行线上授课，让学生进行网络学习，待返校后回归传统课堂，学校安排线上线下衔接课程。

磁场为高考重点考查内容，本章内容的知识线索为：磁场的性质→磁场性质的定量描述→磁场对电流的作用（安培力）→磁场对运动电荷的作用（洛伦兹力）→带电粒子在匀强磁场中的运动。这体现较合理的知识结构，符合学生的学习规律。这一章涉及分析、推理及推导的内容较多，在一定程度上增加了教材的难度，我们要克服这些困难，不断提高学生的分析、推理和推导能力，提升他们综合运用知识的能力。

在“带电粒子在匀强磁场中的运动”一节中，我首先通过实验让学生直接观察。当带电粒子的初速度方向和磁场方向垂直时，粒子在匀强磁场中做的是匀速圆周运动。然后引导学生自己分析推理粒子为何会做匀速圆周运动。在已经知道结论的情况下独立思考这一问题，学生会比较容易接受。授课过程分以下几步进行引导：①让学生回忆有关的力学知识，如根据粒子的初速度和受力情况能够确定粒子的运动轨迹和速度变化等。②启发学生分析，根据粒子受的洛伦兹力 F 和速度 v 都在与磁场方向垂直的平面内，得出粒子总在这一平面内运动的结论。③引导学生根据 $F_{总}$ 与 $v_{垂直}$ 的特点得出速度大小不变，方向变的结论。④让学生回忆质点做匀速圆周运动的条件，得出粒子做匀速圆周运动的结论。

本节设计了先实验探究，再理论分析与推导的课程顺序。学生带着实验得到

的感性认知，再用学过的知识进行理论分析，从理论的高度推导出实验现象的必然性。这样先实验观察再理论论证比较符合一般的认知过程，也降低了学习的难度，使学生既有丰富的感性认知，又有清晰的理论依据，让学生在这一学习过程中对理论与实践相结合的研究方法有所体会，并且在学习过程中尝到成功的喜悦。

二、教学改革思路

近几年利用线上微课辅助课堂教学是一个热门的话题，旨在借助信息技术来提高教学效果，但是传统课堂在师生交流和课堂感染力度方面具有优势，我尝试将线上微课和线下传统课堂结合起来授课，探讨混合式教学的有效性。

在线上学习，教师能随时通过答题数据了解学生的知识掌握情况，能够充分发挥以学生为主体、教师为引导的教学模式，提高学生的主观能动性，学生能够自主学习，提高自己的学习效率，同时学习测试、评价、反馈。另外线上学习不受空间限制，在学习上更加人性化，更有利于提高学生的学习效率。

线下教学回归传统课堂，教师能够面对面和学生沟通，发现问题，现场用三角板、圆规手把手指导学生找圆心、作轨迹图，缩短了师生互动的时间，增强了教学互动的有效性。教师帮助学生理解带电粒子在匀强磁场中的圆周运动是因为洛伦兹力提供向心力，所以洛伦兹力需要指向圆心，学生们理解了这一思想后作轨迹图就能找到突破口，也能顺利得出方程，体会到解决该类问题的一般思路。

通过线上预习、回播微课、测试反馈、学习评价、线上互动、线下师生面对面互动解决线上遗漏的问题，混合式教学形成了教师“教”与学生“学”有机结合、融为一体的优势，也提高了教学效率。

随着时代的发展和网络技术的提升，现代信息化教学会逐步深入基础教学课堂，我们要与时俱进，更多地和同事沟通学习，摸索出一套更加合理的设计方案，才能更好地发挥线上线下混合式教学的优势，不断改善不足，相信这种教学模式以后会被更多的教师和学生接受。

三、混合式教学案例设计

（一）前言

面对突如其来的新冠肺炎疫情，教育部提出“停课不停学”的号召，各地学校响应号召利用网络平台进行线上授课，学生进行网络学习。我也尝试在“带电粒子在匀强磁场中的运动”一课中应用线上微课来进行辅助教学，探讨线上线下混合式教学的有效性。同时，带电粒子在匀强磁场中的运动问题是高考的一个热点问题，原因是该问题不仅能考查学生对运动学和电磁学基础知识的掌握程度，还能考查学生有序化的严谨思维能力，非常受命题人的青睐。也正因如此，带电粒子在匀强磁场中的运动问题对学生而言是个难点，为此我选用这一“难啃的骨头”实施线上线下混合式教学来对比传统课堂模式，以探讨混合式教学的有效性问题。

（二）教学内容

带电粒子在匀强磁场中的运动。

（三）学时

2 课时。

（四）教学目标

1. 知识与技能：理解洛伦兹力对粒子不做功；理解当带电粒子的初速度方向与磁感应强度的方向垂直时，粒子在匀强磁场中做匀速圆周运动；会推导带电粒子在匀强磁场中做匀速圆周运动的半径、周期公式，知道它们与哪些因素有关。

2. 过程与方法：通过带电粒子在匀强磁场中的受力分析，灵活解决有关磁场的问题。

3. 情感态度与价值观：通过本节知识的学习，充分了解科技的巨大威力，体会科技的创新与应用历程。

（五）教学重难点

1. 教学重点：带电粒子在匀强磁场中的受力分析及运动轨迹。

2. 教学难点：带电粒子在匀强磁场中的受力分析及运动轨迹。

（六）教学准备

教学环境：硬件环境：个人计算机、平板电脑、手机等设备；软件环境：线上教学平台——钉钉云课堂、钉钉沟通平台。

教学工具：“带电粒子在匀强磁场中的运动”导学案、“带电粒子在匀强磁场中的运动”测试题。

教学资源：线上教学课程（微课、课件）、电子教材、课程中涉及的教学范例。

（七）线上部分内容简介

线上部分内容为本章第 5 节《运动电荷在磁场中受到的力》，在课程中，学生知道洛伦兹力的大小 $F = qvB$，其方向与带电粒子速度垂直，可以用左手定则来判断。让学生理解洛伦兹力不做功，只能改变粒子运动的方向，不能改变速度的大小。

（八）教学过程

线上教学实践

1. 采用的技术及平台。

采用钉钉在线直播课堂进行授课，选用屏幕分享模式与学生进行课堂互动。

2．教学方法。

讲授法、演示实验法、探究式教学法、讨论法。

3．网课实践。

（1）在线上演示洛伦兹力演示仪，学生通过屏幕能够更清晰地看到实验现象和实验结果。

①沿着与磁场垂直的方向射入磁场的带电粒子，在匀强磁场中做圆周运动；

②磁场强度不变，粒子射入的速度增加，轨道半径也增大；

③粒子射入速度不变，磁场强度增大，轨道半径减小。

图1 洛伦兹力演示仪

（2）理论推导带电粒子在匀强磁场中运动的半径、时间与哪些因素有关。

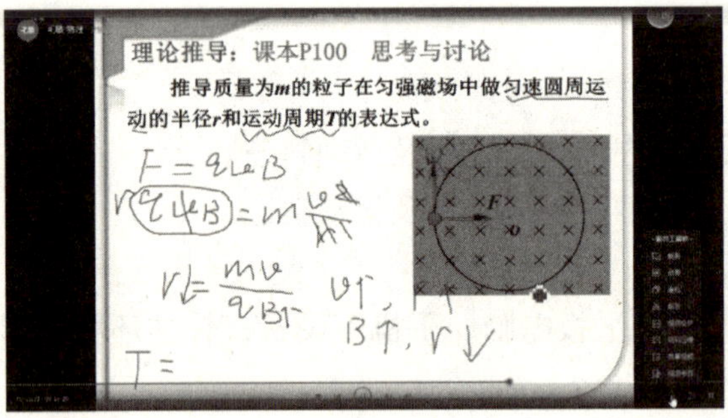

图2 课堂截屏

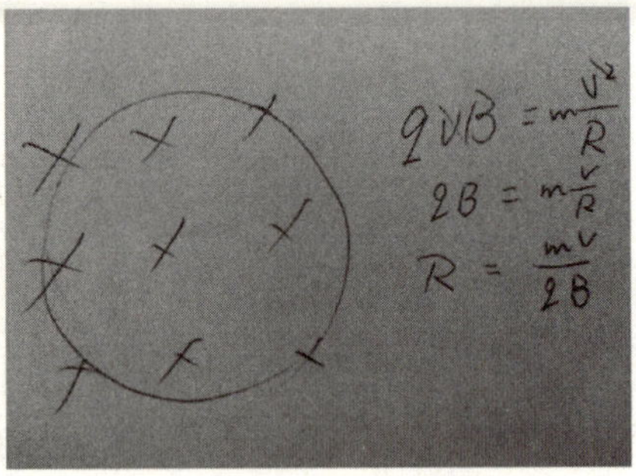

图3 学生线上互动答题情况

通过思考和教师引导相结合，多数学生能够顺利推导出和实验现象一致的理论结果，学生在这一学习过程中对理论与实践相结合的研究方法有所体会，并且在学习过程中尝到成功的喜悦。

（3）例题解答分析。学生在获取一定知识储备后，小试牛刀。实践是检验真理的唯一标准，同时也是提高自身能力不可或缺的方式。

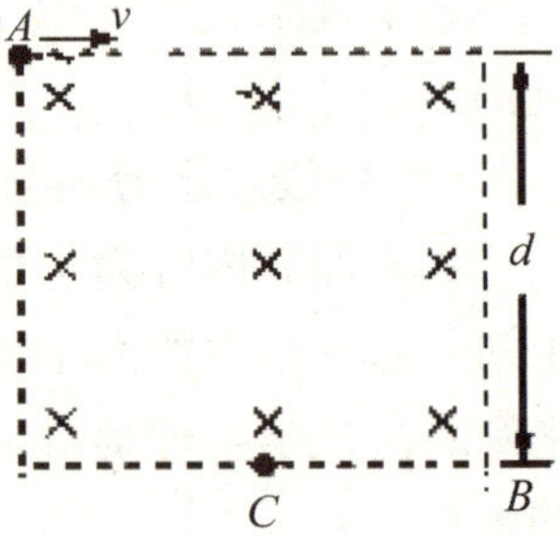

图4

例题：如图4所示，已知正方形匀强磁场区域边长 $d=8$ m，一带负电粒子从 A 点以 $v=10^6$ m/s 的速度平行上边界射入，最后粒子从底边中点 C 射出。

求：

①找圆心，画出粒子运动轨迹；

②轨道半径 R；

③磁感应强度 B；

④粒子在磁场中运动的时间。

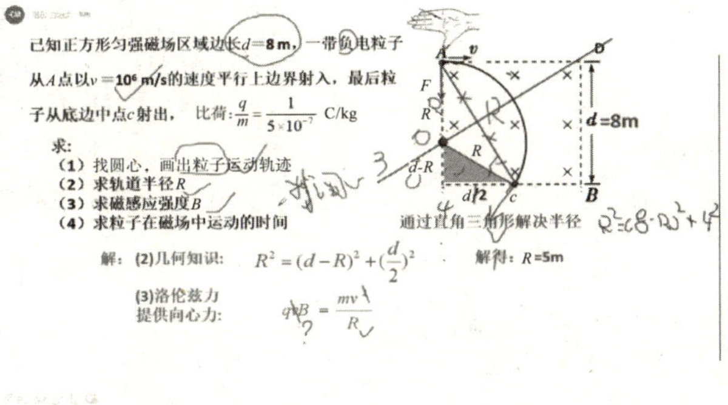

图 5　课堂截屏

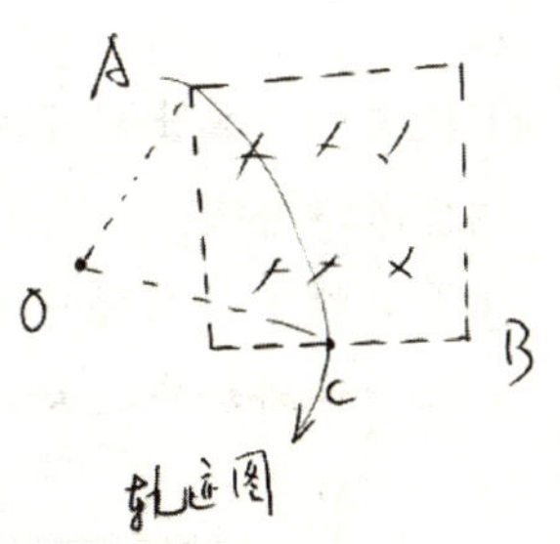

图 6　学生线上课堂错误答卷

通过学生的课堂典型答卷，可以了解到学生在画轨迹图时出现困难，老师按照常规思路慢慢引导学生掌握正确的轨迹作图方法，并总结解题步骤，让学生形成初步解题思路。

①解决带电粒子在匀强磁场中的运动问题的突破口在于画出粒子运动轨迹；

②画出粒子运动轨迹的突破口在于找圆心，而圆心一般通过速度的垂线和弦的中垂线来确定；

③列方程求解。

(4) 当堂练习。

如图 7 所示，一束电子（电量为 e）以速度 v 垂直射入磁感应强度为 B、宽度为 d 的匀强磁场中，穿透磁场时速度方向与电子原来入射方向的夹角是 30°，则电子的质量是多少？穿透磁场的时间又是多少？

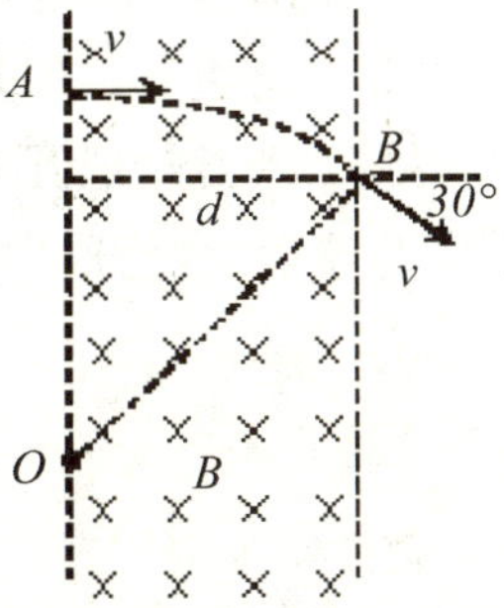

图 7

$$evB = m\frac{v^2}{r}$$

$$\frac{d}{r} = \sin 30°，得 r = 2d$$

可得电子质量：$m = \dfrac{2Bed}{v}$

运动周期：$T = \dfrac{2\pi r}{v}$

运动时间：$t = \dfrac{T}{12} = \dfrac{\pi d}{3v}$

图 8　参考答案

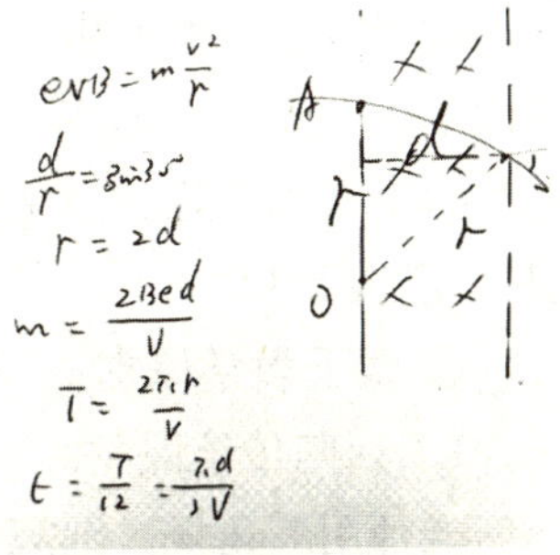

图 9　学生答卷情况

从学生的答卷情况，老师可以了解到大部分学生基本已形成正确的解题思路，课堂目标基本能达到。

（5）课后作业。

已知正方形磁场区域边长 $d=8$ m，一带负电粒子从中点 C 垂直于下边界射入，其射出情况如图 10 所示。已知 $B=0.1$ T，$\frac{q}{m}=\frac{1}{5\times10^{-7}}$ C/kg，

求：

①找圆心，画出粒子运动轨迹；

②轨道半径 R；

③带电粒子射入的速度；

④粒子在磁场中运动的时间。

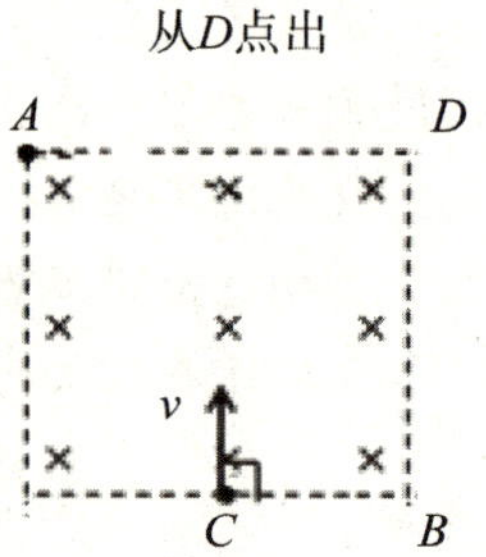

图 10

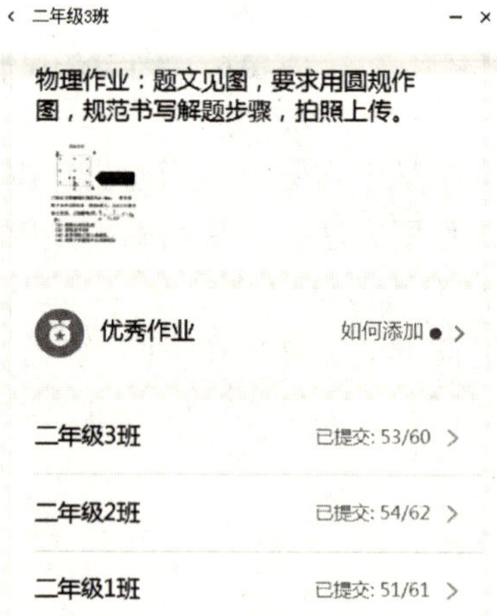

图 11　作业布置情况截图

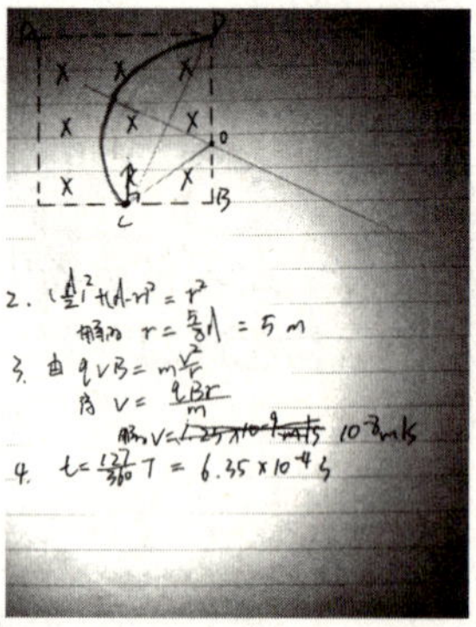

图 12　学生典型错误答卷

从学生的作业完成情况看，仍有部分学生对“找圆心”存在困难，容易陷入出题老师设置的陷阱，课后作业题用的是和例题相似的正方形磁场边界，但是更改了入射点和出射点。学生如果不加思考容易因“对称思维”想当然把圆心的位置平移到右边，造成错误。老师在线下教室课堂会继续引导学生避开“陷阱”，找到出口。

线下教学课堂

1. 回归传统课堂。

老师用三角板、圆规手把手指导学生找圆心作轨迹图，实际上就是帮助学生理解带电粒子在匀强磁场中的圆周运动是因为洛伦兹力提供向心力，所以洛伦兹

力需要指向圆心。学生们理解了这一思想，作轨迹图就能找到突破口，也能顺利得出方程。

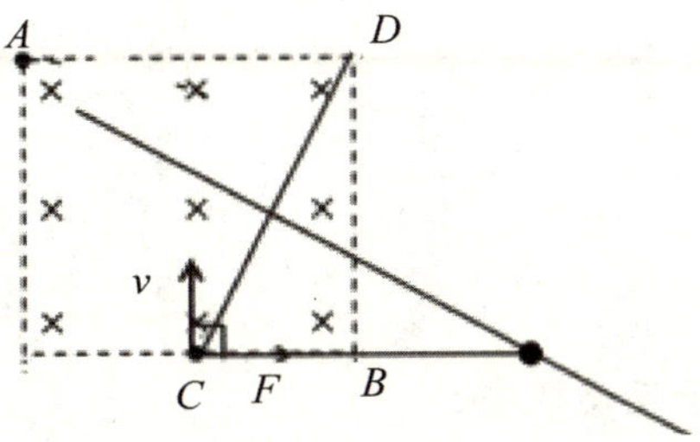

已知正方形磁场区域边长 $d=8$ m，一带负电粒子从中点 C 以不同的速度射入，其射出情况如图所示。已知 $B=0.1$ T，$\frac{q}{m}=\frac{1}{5\times10^{-7}}$ C/kg

求：

① 找圆心，画出粒子运动轨迹；

② 轨道半径 R；

③ 带电粒子射入的速度；

④ 粒子在磁场中运动的时间。

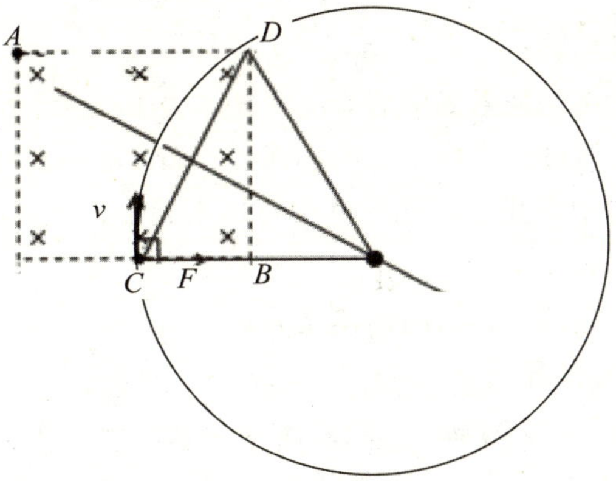

已知正方形磁场区域边长 $d=8$ m，一带负电粒子从中点 C 以不同的速度射入，其射出情况如图所示。已知 $B=0.1$ T，$\frac{q}{m}=\frac{1}{5\times10^{-7}}$ C/kg

求：

① 找圆心，画出粒子运动轨迹；

② 轨道半径 R；

③ 带电粒子射入的速度；

④ 粒子在磁场中运动的时间。

已知正方形磁场区域边长 $d=8$ m，一带负电粒子从中点 C 以不同的速度射入，其射出情况如图所示。已知 $B=0.1$ T，$\frac{q}{m}=\frac{1}{5\times10^{-7}}$ C/kg

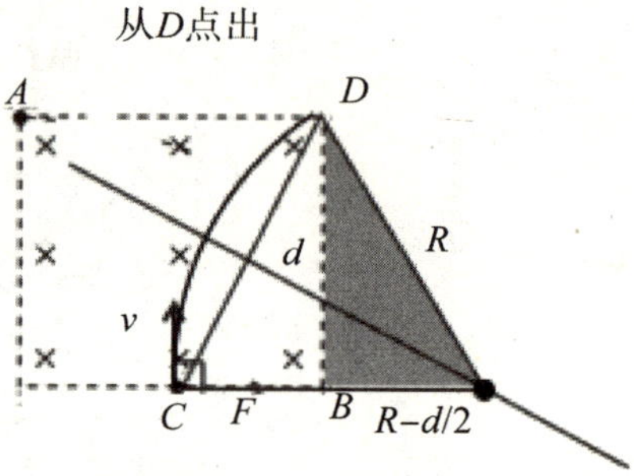

求：

① 找圆心，画出粒子运动轨迹；

② 轨道半径 R；

③ 带电粒子射入的速度；

④ 粒子在磁场中运动的时间。

$$R^2=d^2+\left(R-\frac{d}{2}\right)^2 \quad 解得：R=10\ \text{m}$$

$$qvB=\frac{mv^2}{R} \quad 解得：v=\ldots$$

$$T=\frac{2\pi R}{v}=\frac{2\pi m}{qB} \quad t=\frac{\theta}{2\pi}T$$

图 13 线下课堂

进一步规范解题思路。

①解决带电粒子在匀强磁场中的运动问题的突破口在于画出粒子运动轨迹；

②画出粒子运动轨迹的突破口在于找圆心，而圆心一般通过速度的垂线（洛伦兹力方向）和弦的中垂线（同样经过圆心）来确定；

③列方程求解；

④如果求时间，应该将其与周期建立关系。

2. 趁热打铁能力提升。

带电粒子在磁场中运动的临界问题是该知识块的一个难点，同时也是常考点。学生在解决此类问题画运动轨迹时经常会遇到障碍，我尝试让学生思考此类问题的解决方法。

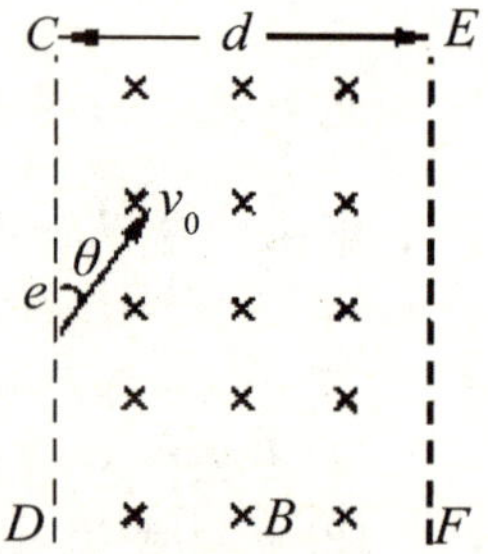

图 14

例题精讲。如图 14 所示，匀强磁场的磁感应强度为 B，宽度为 d，边界为 CD 和 EF。一电子从 CD 边界外侧以速率 v_0 垂直匀强磁场射入，入射方向与 CD 边界间夹角为 θ。已知电子的质量为 m，电荷量为 e，为使电子能从磁场的另一

侧 EF 射出，求电子的速率 v_0 至少多大？

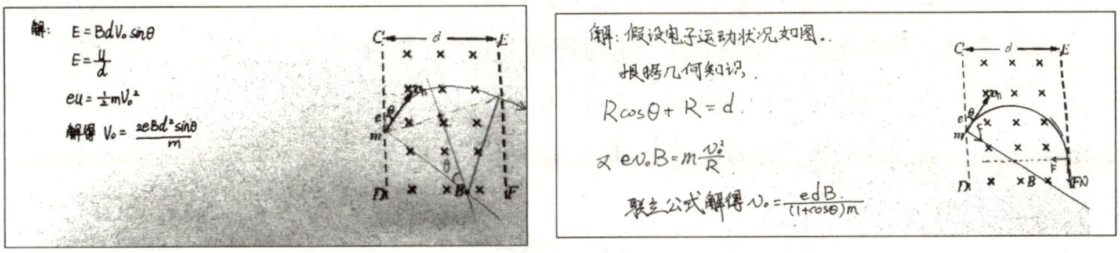

图 15　学生答题情况

从答题情况看，很多学生受定势思维的影响，通过洛伦兹力方向和弦的中垂线来确定圆心，而该题并没有给出出射点。学生通过题中“至少多大?”想当然认为出射点在入射点的右方对称位置，然后作出了错误的轨迹图，导致解题失败，其原因是没有利用手上的有效工具——圆规去作图。教师用圆规演示作图，让学生感受圆规作图给解题带来的便捷。

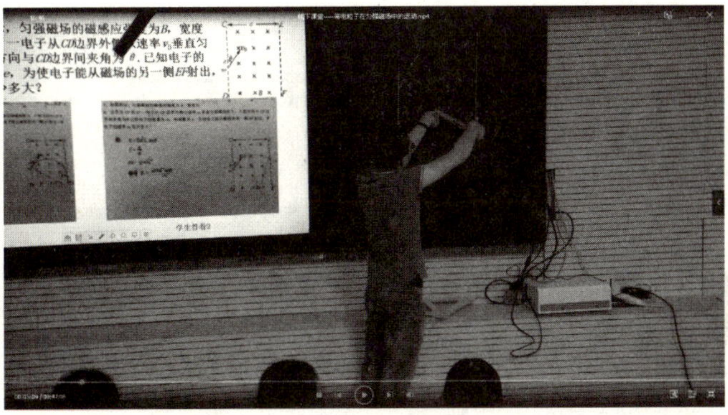

图 16　教师演示作图

解析：当入射速率 v_0 很小时，电子会在磁场中转动一段圆弧轨迹后又从 CD 侧射出，速率越大，轨道半径越大，当轨道的边界与 EF 相切时，电子恰好不能从 EF 射出，如图 17 所示。

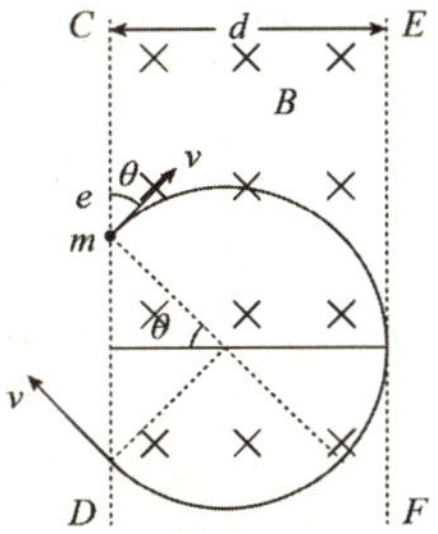

图 17

粒子进入磁场后做匀速圆周运动，有：$qv_0B = m\dfrac{v_0^2}{r}$　①

电子恰好射出时，由几何知识可得：$r + r\cos\theta = d$　②

由①②得，电子要射出磁场时，速率至少应为：$v_0 = \dfrac{Bed}{m(1+\cos\theta)}$

3．在变化中摸爬滚打。

学生初次获取一些解题的体会和方法时容易飘飘欲仙，以为已练成盖世神功，但是到实战的时候往往会被打得遍体鳞伤，郁郁不得志。我们在教学时一定要把握住学生这一瞬间的心态，进行题型变型，可以由矩形边界变成三角形边界或者圆形边界，诸如此类，让学生在变化中进行思维碰撞，此时很容易擦出灵感，得到升华。

变型1　在一底边长为$2L$，$\theta=45°$的等腰三角形区域内（O为底边中点）有垂直纸面向外的匀强磁场。现有一质量为m，电量为q的带正电粒子从静止开始经过电势差为U的电场加速后，从O点垂直于AB进入磁场，不计重力与空气阻力的影响。

求：

（1）粒子经电场加速射入磁场时的速度是多少？

（2）磁感应强度B为多少时，粒子能以最大的圆周半径偏转后打到OA板？

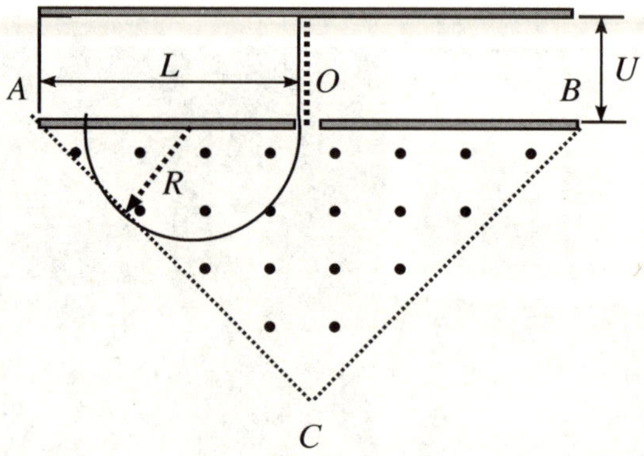

图18

解：

（1）依题意，粒子经电场加速射入磁场时的速度为v。

由 $qU=\dfrac{1}{2}mv^2$　　①　　（3分）

得 $v=\sqrt{\dfrac{2qU}{m}}$　　②　　（2分）

（2）要使圆周半径最大，则粒子的圆周轨迹应与AC边相切，设圆周半径为R，由图中几何关系得：

$R+\dfrac{R}{\sin\theta}=L$　　③　　（3分）

由洛伦兹力提供向心力：

$qvB=m\dfrac{v^2}{R}$ ④ （2 分）

联立②③④解得 $B=\dfrac{(1+\sqrt{2})\sqrt{2Uqm}}{qL}$ ⑤ （2 分）

变型2 如图19所示，相距为 d、板间电压为 U 的平行金属板 M、N 间有垂直纸面向里、磁感应强度为 B_0 的匀强磁场；在其右侧有一半径为 r 的圆形区域，区域内有方向垂直纸面向里、磁感应强度为 B 的匀强磁场。一负离子沿平行于金属板、垂直于磁场方向射入两板间并做匀速直线运动，从 A 点进入圆形磁场区域后，从 C 点射出且射出方向与原入射方向呈 $\theta=60°$。离子重力不计。

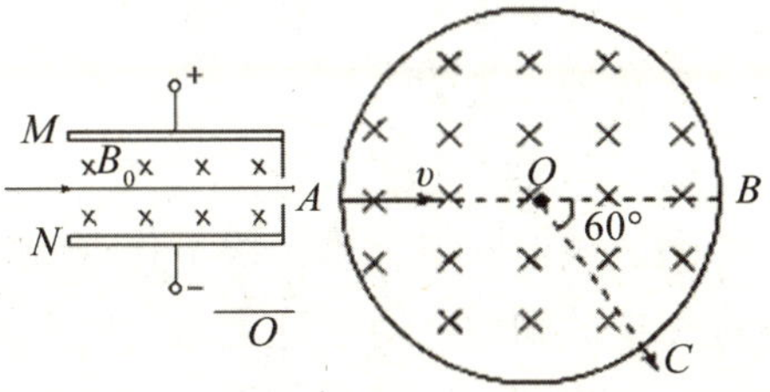

图19

求：

（1）离子在平行金属板间的运动速度；

（2）离子的荷质比 $\dfrac{q}{m}$ 是多少？

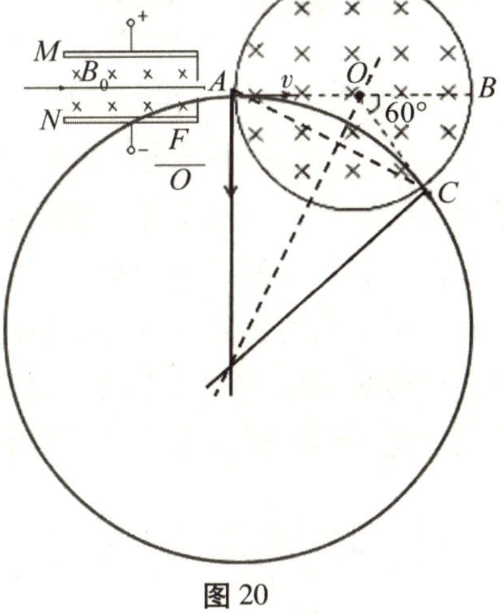

图20

解：

（1）粒子在速度选择器中

$qvB_0=q\dfrac{U}{d}$

解得：$v=\dfrac{U}{B_0d}$

（2）粒子在圆形磁场区域中

$qvB=m\dfrac{v^2}{R}$

$\tan 30°=\dfrac{r}{R}$

解得：$\dfrac{q}{m}=\dfrac{U\tan 30°}{BB_0dr}$

图21 学生课堂解答

老师再次引导学生总结解题思路：

①解决带电粒子在匀强磁场中的运动问题的突破口在于画出粒子运动轨迹；

②画出粒子运动轨迹的突破口在于找圆心，而圆心一般通过洛伦兹力方向和弦的中垂线来确定。画轨迹时圆规起到关键作用；

③列方程求解。

（九）教学反思

通过线上网络课堂，线下作业提交、教室课堂教学，多种方法齐下，使学生掌握相应的知识。对于这道能力提升题，学生能够很轻松地找到圆心，并作出轨迹图、完成解答，其学习情况能够达到预期的学习目标。

1. 混合式教学优势：能够充分发挥以学生为主体、教师为引导的教学模式，提高学生的主观能动性，学生能够自主学习，提高自己的学习效率；使老师"教"与学生"学"能够有机结合融为一体；线上线下互为帮助，相辅相成，线上预习、回播微课、测试反馈、学习评价都是线上的优势，以线下传统课堂为主体、以线上为辅助的授课模式提高了教学效率。

2. 混合式教学存在的问题：线上平台受到网络和终端设备等因素的影响，容易出现卡顿、死机等问题；教师教学设计工作量大幅度增加，需要付出更多耐心和精力；因学习平台不成熟，教师批改作业的方式不够人性化，影响工作体验。

随着时代的发展和网络技术的进步，现代信息化教学会逐步深入基础教学课堂，我们要与时俱进，更多地和同事沟通学习，摸索出一套更加合理的设计方案，才能更好地发挥线上线下混合式教学的优势，不断改善不足，相信以后这种模式会被更多的教师和学生接受。

四、取得的成效及体会

其一，网络授课平台种类繁多，钉钉直播免费、流畅、操作简单、容易上手，值得推荐；

其二，课程设计当以学生为主体来推进，考虑学生长时间观看屏幕会对眼睛造成伤害，一节课应以不超过 25 分钟为宜，其他时间可以安排学生解题思考，避免学生眼睛过度疲劳；

其三，课程设计尽量分阶段推进，让学生能够在两学习阶段间独立思考和有效沟通；

其四，课件回播视频应当及时发给学生，这样学生能线下反复观看复习，提高效率，更能体现线上教育的优势；

其五，线上作业的反馈和学习评价尤为重要，钉钉的学习评价平台功能相对单一，可以通过微信或者 UMU 等其他平台来辅助完成学习评价。

五、专家点评

毛敏老师通过线上“钉钉平台直播”和线下回归传统课堂相结合的模式来完成本节课例。在线上演示洛伦兹力演示仪，借助多媒体技术，使得传统很难讲述的问题变得轻松。他指导学生线上预习、微课学习，进而获得学生的反馈和评价信息，使得线下课堂的教学安排更具有针对性。在线下，他通过尺规作图指导学生找圆心作轨迹图，使学生理解当带电粒子在匀强磁场中做圆周运动时，洛伦兹力指向圆心这一特点，从而推导出隐含的知识要点。他将理论与实践相结合，践行了科学思维、科学探究的学科核心素养。其课堂总的教学方法是：“引导—探究—总结”的形式；以学生为主体，引导他们的思维，探究知识的本质；重难点把握得当，教学环节紧扣知识点，教学思路清晰。

化学《离子键》

郑苏珠

（汕头市潮阳区金堡中学）

一、课程基本情况

课程名称：离子键

面向年级：高一年级

使用教材：《化学·上》（沪科版高一年级）

依托在线教育平台：钉钉平台

本节课是沪科版高一《化学·上》第三章《探索原子构建物质的奥秘》第二节《离子键》第一课时的内容。本节课程涉及的化学基本概念较多且内容抽象，对于电子式的书写需要多加练习来加以巩固。因此，在本课程线上开课前，教师把准备好的学案、微课视频、探究实验提前发到此次采用的线上网络学习平台软件——钉钉平台上，让学生先独立完成学案和观看视频，做好充分的预习。开课前30分钟，教师利用软件的考勤功能发起签到，全班同学提前签到，若发现有未签到的同学，教师及时通知其就位。全班同学签到后，教师发起在线直播授课。钉钉平台软件强大的考勤功能可以记录每个学生在每次网课学习了多少分钟，特别方便于教师的统计、跟踪和督促。直播授课视频能无限次暂停和循环回看，学生可以及时弥补在直播过程错过的知识，从而有针对性地咨询任课老师。课程结束后，教师发起作业布置，可以选择全班学生上交，也可以指定某些学生上交。作业上交后，教师进行网络作业批改，对于需要修改的作业，教师可以选择退回让学生重新写好补交；对于完成优秀的作业，教师可以上传到班群，让全班学生学习效仿。对课程内容存有疑问的学生，可以私发问题给教师，教师在线答疑，不限时间和地点，方便及时。疫情期间网络课程的开展，虽考验了学生对学习的自觉自律性，但更能锻炼学生的独立学习能力。

二、教学改革思路

对于本节课的设计，线上线下的教学思路基本一致。第一，在导入上，都用一则谜语："来自海洋地下，炼得洁白无瑕；调味离不开它，长期为人服务。"作为导入，让学生更全面地了解含有离子键的典型物质——氯化钠在日常生活中的用途，实现化学与生活的紧密联系。第二，对氯化钠形成的宏观实验和微观探析展开讨论。通过观察金属钠与氯气反应的实验现象和分析探究 NaCl 的微观形成过程，培养学生科学探究、宏观辨识和微观探析的核心素养；通过播放模拟动画构建模型认知，理解离子键的本质——静电作用，即不同微粒之间的相互排斥和吸引，化抽象为具体，培养学生利用构建模型进行推理论证以及利用变化观念理解平衡的核心素养。在教学过程中，诊断并发展学生运用证据推理的认知水平和运用水平，同时发展学生从微观探究角度理解反应本质的能力。第三，引出离子键、离子化合物的概念，通过习题归纳"两个一定"和"两个不一定"，提炼答题技巧，符合学生接受学习的规律。第四，电子式书写，包括原子、离子、简单离子化合物以及离子化合物形成过程的电子式书写。通过对电子式书写方法的学习和书写化学符号准确性的要求，培养学生探究学习新方法的创新意识以及坚持科学精神的核心素养。线下教学过程中，通过小组内对电子式书写的实践交流与点评，诊断学生对化学符号准确性书写的认知水平，培养学生小组合作学习的团队意识，同时发展学生探究学习新方法的能力；线上授课过程中，学生通过课前预习学案、课堂学习课程视频、课后课件完善笔记、完成暗线作业和专题练习，培养化学学科核心素养内涵——自觉自律的必备品格和独立学习的关键能力。第五，在板书设计上，线上线下都采用了思维导图方式进行归纳，条理清晰，一目了然，便于学生对课堂知识的理解与巩固。

三、混合式教学案例设计

（一）前言

"离子键"这节课的线下教学现场视频为 2019 年度汕头市"一师一优课、一课一名师"活动的市级优课，也是 2020 年疫情期间网上授课的内容。该课程因能培养学生"宏观辨识与微观探析""证据推理与模型认知"等化学核心素养和考查学生学科核心素养内涵的关键能力和必备品格而成了近年来学考和高考中的新宠儿。本节课正是以培养学生化学核心素养和践行学科核心素养内涵为教学目标展开的。

（二）教学内容

"离子键"这节课是沪科版高一年级《化学·上》第三章《探索原子构建物

质的奥秘》第二节《离子键》第一课时的内容，离子键属于物质结构中的一部分。“化学键”在高中是一个重要的知识点，起着承上启下的作用，承接着初中学过的物质是由原子、分子或离子构成的知识点，也为引导学生从微观的角度理解物质的组成和化学反应的实质提供理论支持。而离子键是一种重要的化学键，该课程因能培养学生“宏观辨识与微观探析”“证据推理与模型认知”等化学核心素养和考查学生学科核心素养内涵的关键能力和必备品格而成了近年来学考和高考中的新宠儿，因此掌握离子键，势在必行。

（三）学时

1 课时。

（四）教学目标

1．教学目标。

（1）通过观察金属钠与氯气反应的实验现象和分析探究 NaCl 的微观形成过程，培养学生科学探究、宏观辨识和微观探析的核心素养。

（2）通过播放模拟动画构建模型认知，理解离子键的本质——静电作用，即不同微粒之间的相互排斥和吸引，化抽象为具体，培养学生利用构建模型进行推理论证以及利用变化观念理解平衡的核心素养。

（3）通过对电子式书写方法的学习和书写化学符号准确性的要求，培养学生探究学习新方法的创新意识以及坚持科学精神的核心素养。

2．评价目标。

（1）通过对 NaCl 的宏观形成实验观察和微观形成过程分析，诊断并发展学生运用证据推理的认知水平和运用水平，同时发展学生从微观探究角度理解反应本质的能力；

（2）通过小组内对电子式书写的实践交流与点评，诊断学生对化学符号准确性书写的认知水平，培养学生小组合作学习的团队意识，同时发展学生探究学习新方法的能力。

（五）教学重难点

1．教学重点：离子键、离子化合物的概念；电子式的书写。

2．教学难点：离子键的概念；原子、离子以及离子化合物电子式的书写。

（六）教学准备

1．分小组。

2．线下提前印发学案和课后专题练习。

3．线上提前发送学案、微观视频和探究实验。

（七）线上部分内容简介

授课前提前发送的课前学案：

第三章　探索原子构建物质的奥秘《离子键》学案

班级：　　　　　姓名：　　　　　座位号：

【学习目标】

（1）理解离子键和离子化合物的概念。

（2）掌握原子、离子、离子化合物以及离子化合物形成过程的电子式书写。

【学习重难点】

（1）重点：离子键、离子化合物的概念；电子式的书写。

（2）难点：离子键的概念；原子、离子以及离子化合物电子式的书写。

【情景导入】猜一猜：

来自海洋地下，炼得洁白无瑕；

调味离不开它，长期为人服务。

——（打一化学物质）

【思考问题】以上化学物质可由哪两种单质化合而成？

【宏观实验】通过观察 NaCl 形成宏观实验，完成表格。

实验装置	实验现象	实验结论
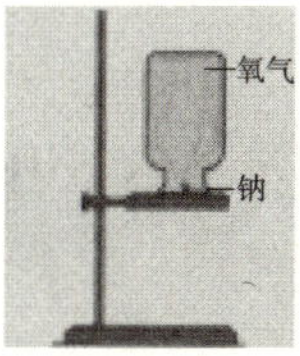	钠在氯气中__________燃烧，产生__________火焰，集气瓶中有__________产生	金属钠和氯气反应生成了__________，反应的化学方程式是______________________

【微观探析】结合以下漫画的提示，根据钠和氯的原子核外电子排布，分析 NaCl 的微观形成。

图 1　NaCl 的微观形成

【思考问题】

（1）在氯化钠中，Na^{+}和Cl^{-}间存在哪些作用力？

（2）阴阳离子结合在一起，彼此的电荷是否会被中和？

【课堂新知】

1．离子键

概念：

（1）成键微粒：

（2）成键本质：

（3）成键元素：

特例：

2．离子化合物

概念：

【思考】常见离子化合物有哪些呢？

（1）活泼的金属元素（ⅠA、ⅡA）和活泼的非金属元素（ⅥA、ⅦA）之间的化合物（如：CaO、Na_2O_2）。

（2）金属阳离子（或铵根离子）和酸根离子形成的盐（如：K_2CO_3、NH_4NO_3）。

（3）金属阳离子与OH^{-}形成的强碱（如：NaOH）。

【小结归纳】常见离子化合物：

【巩固练习1】下列物质中属于离子化合物的是（　　）。

A．H_2O　B．$CaCl_2$　C．NaOH　D．H_2SO_4　E．Na_2O　F．NH_4Cl

【巩固练习2】下列说法正确的是（　　）。

A．离子键就是使阴、阳离子结合成化合物的静电引力。

B．所有金属与非金属原子之间都能形成离子键。

C．完全由非金属元素形成的化合物一定不是离子化合物。

D．含离子键的化合物一定是离子化合物。

【提出质疑】化学反应中一般是原子的最外层电子发生变化，因此化学反应中需要表示出最外层电子的变化，那么用什么来表示呢？

3．电子式

概念：

【探究】观察以下示例，归纳电子式的书写规则？

原子	离子	离子化合物
$K\cdot$ $\cdot Mg\cdot$	Na^{+} Mg^{2+}	$Na^{+}[:\underset{\cdot\cdot}{\overset{\cdot\cdot}{Cl}}:]^{-}$
$\cdot\underset{\cdot\cdot}{\overset{\cdot\cdot}{O}}\cdot$ $:\underset{\cdot\cdot}{\overset{\cdot\cdot}{Cl}}\cdot$	$[:\underset{\cdot\cdot}{\overset{\cdot\cdot}{O}}:]^{2-}$ $[:\underset{\cdot\cdot}{\overset{\cdot\cdot}{Cl}}:]^{-}$	$Na^{+}[:\underset{\cdot\cdot}{\overset{\cdot\cdot}{O}}:]^{2-}Na^{+}$

【适时归纳】电子式书写要点：

（1）原子的电子式：

（2）阳离子的电子式：

（3）阴离子的电子式：

（4）简单离子化合物的电子式：

【分组实践】

写出下列微粒的电子式：

①S^{2-}、Na_2S；

②Cl^-、$CaCl_2$；

③K^+、KCl。

【继续归纳】电子式书写要点：

（5）用电子式表示离子化合物的形成过程。

例：NaCl

$MgBr_2$

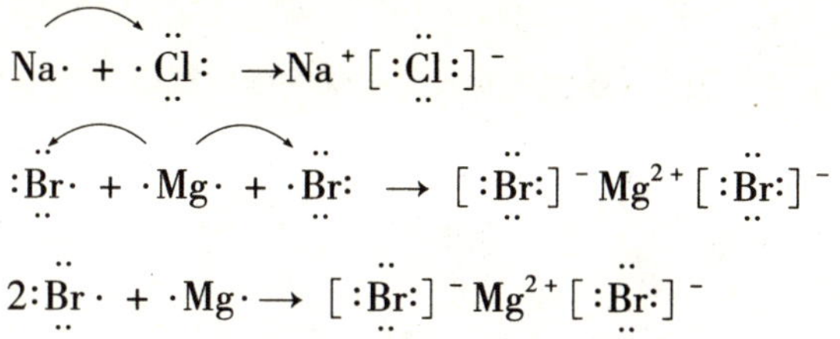

【书写要点】

【分组实践】

（1）用电子式表示 MgO 的形成过程。

（2）用电子式表示 K_2S 的形成过程。

【回顾小结】

【课后作业】完成下面的暗线作业以及离子键的专题练习。

（1）写出下列原子的电子式：

Al　　Si　　P　　S

（2）写出下列离子的电子式：

Ca^{2+}　　Br^-　　K^+　　F^-

（3）用电子式表示下列离子化合物的形成过程：

①CaO；

②Na_2O；

③$CaCl_2$。

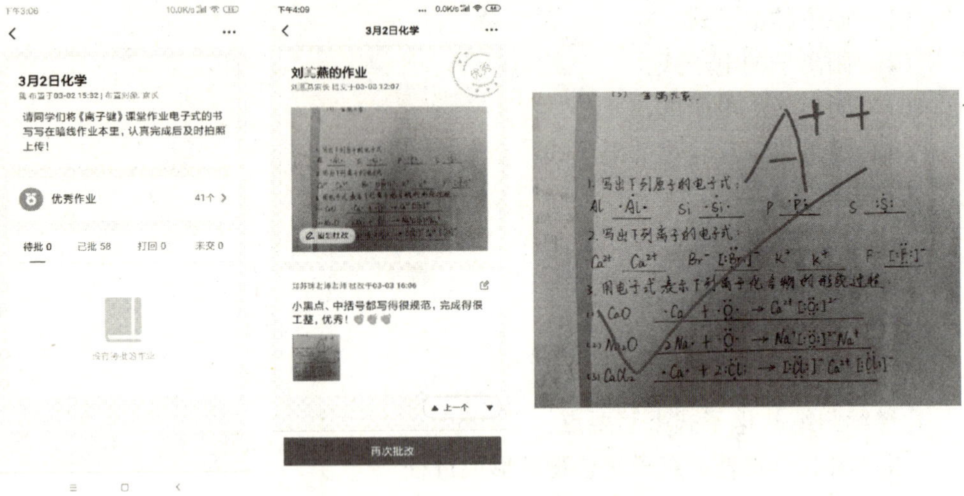

图 2　线上作业布置及优秀作业截屏

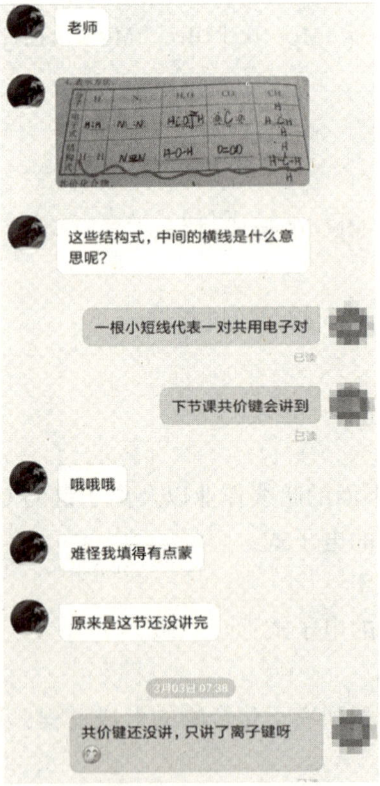

图 3　线上课堂课后师生交流截屏

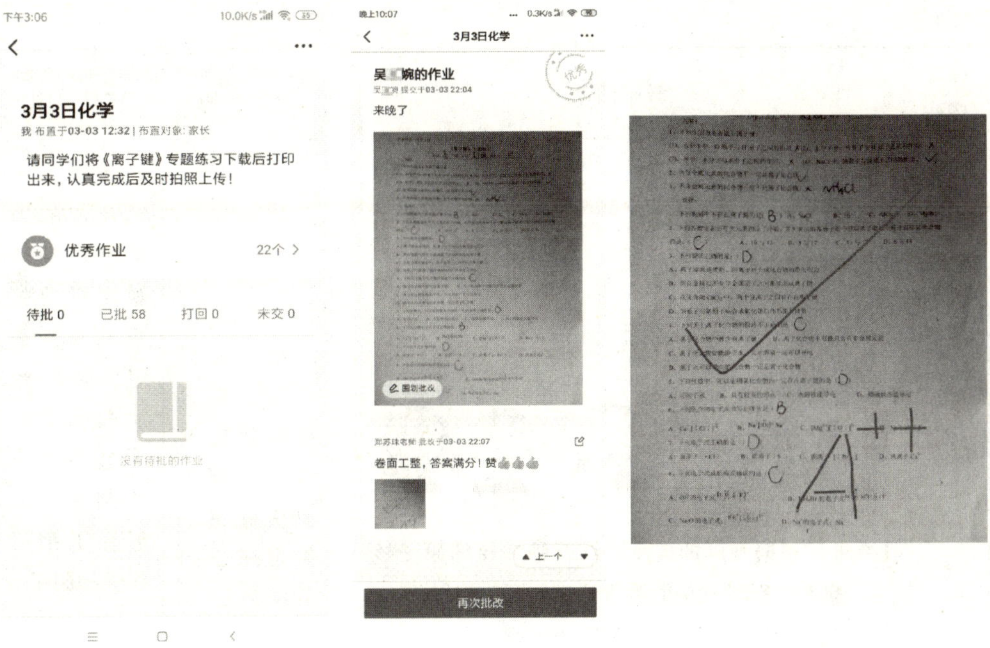

图 4　线上课后专题作业布置及优秀作业截屏

（八）教学过程

课堂环节	教师活动	学生活动	设计意图
情景导入	【展示谜面】猜一猜： 来自海洋地下，炼得洁白无瑕； 调味离不开它，长期为人服务。（打一化学物质） 【提问】NaCl 可以通过哪两种单质化合而成？	猜谜语并解释 【回答】NaCl 可以通过 Na 和 Cl_2 化合而成	创设情境，吸引学生注意力，激发学生学习欲望
宏观实验	【播放视频】要求学生观察金属钠与氯气反应的实验，完成表格 <table><tr><th>实验装置</th><th>实验现象</th><th>实验结论</th></tr><tr><td>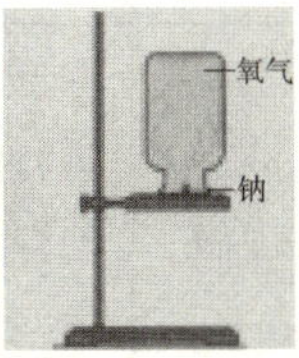</td><td>钠在氯气中______燃烧，产________燃烧，产生____________火焰，集气瓶中有__________产生</td><td>金属钠和氯气反应生成了________，反应的化学方程式是______________</td></tr></table>	观看视频并集体回答表格问题	培养学生科学探究、宏观辨识的核心素养

（续上表）

<table>
<tr><th>课堂环节</th><th>教师活动</th><th>学生活动</th><th>设计意图</th></tr>
<tr><td>微观探析</td><td>【展示漫画】

【要求】根据漫画的提示，结合钠和氯的原子核外电子排布，对氯化钠的微观形成展开小组讨论
【汇总】从微观结构探究 NaCl 的形成：
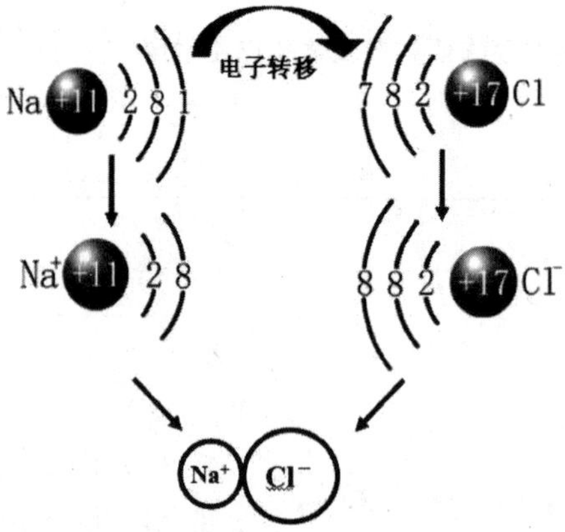

【讲解、播放动画】播放 NaCl 的微观形成视频，加深学生对离子间的相互作用的理解，该作用既包括静电吸引也包含静电排斥，最终达到静电平衡，引出离子键的概念</td><td>【小组讨论】小组内分析讨论、并派两组代表到讲台上利用黑板做关于微观形成的分享交流

【思考问题】
1. 在氯化钠中，Na^+和Cl^-间存在哪些作用力？
2. 阴阳离子结合在一起，彼此的电荷是否会被中和？

观看视频，理解、掌握</td><td>培养学生小组合作的团队意识和微观探析的核心素养。小组代表上台演练既检验了组内讨论的结果，又锻炼了小组代表的胆量

利用模型构建，化抽象为具体，培养学生推理论证以及利用变化观念理解平衡的核心素养

小组代表上台演练后进行汇总，最后再播放微观动画，加深学生对离子键的理解，突破了本节课的难点</td></tr>
<tr><td>讲授新课</td><td>【讲授】离子键的概念。利用概念分析离子键的成键微粒、本质、成键元素
特例：AlX_3（如 $AlCl_3$）——不含离子键
铵盐（如 NH_4Cl）——含离子键</td><td>思考、理解、做备注</td><td>对教材概念进行解读，培养学生善于发现问题的能力</td></tr>
</table>

（续上表）

课堂环节	教师活动	学生活动	设计意图
知识推进	【讲授】 活泼金属原子 $\xrightarrow{\text{失去电子}}$ 阳离子 活泼非金属原子 $\xrightarrow{\text{得到电子}}$ 阴离子 阳离子、阴离子 $\xrightarrow[\text{离子键}]{\text{静电作用}}$ 离子化合物 引出离子化合物的概念并要求学生在教材中找到并画出 【引导】常见离子化合物有哪些呢？ 1. 活泼的金属元素（ⅠA、ⅡA）和活泼的非金属元素（ⅥA、ⅦA）之间的化合物（如：CaO、Na_2O_2、NaH） 2. 金属阳离子（或铵根离子）和酸根离子（或 Cl^-）形成的盐（如：K_2CO_3，NH_4NO_3） 3. 金属阳离子与 OH^- 形成的强碱（如 $NaOH$） 【归纳】常见离子化合物：强碱、活泼金属氧化物、过氧化物和氢化物、大多数盐	集体回答 画下划线、做记录 思考、听讲，领悟常见的离子化合物，做笔记	使学生加深对离子键的理解及自然地引出离子化合物的概念 分点讲解再小结归纳，便于学生透彻理解概念，并做重点理解
学以致用	【巩固练习】 1. 下列物质中属于离子化合物的是（　　） A. H_2O　B. $CaCl_2$　C. $NaOH$ D. H_2SO_4　E. Na_2O　F. NH_4Cl 2. 下列说法正确的是（　　） A. 离子键就是使阴、阳离子结合成化合物的静电引力 B. 所有金属与非金属原子之间都能形成离子键 C. 完全由非金属元素形成的化合物一定不是离子化合物 D. 含离子键的化合物一定是离子化合物 【要点归纳】理解离子键和离子化合物中的2个“一定”和2个“不一定” 离子化合物一定含离子键 含离子键的化合物一定是离子化合物 离子化合物不一定含有金属元素 含金属元素的化合物不一定是离子化合物	【完成练习】思考、完成，并分析原因 理解、归纳、记录	巩固学生对离子键和离子化合物重要概念的理解 培养学生探索方法、善于总结的学习习惯

（续上表）

<table>
<tr><th>课堂环节</th><th>教师活动</th><th>学生活动</th><th>设计意图</th></tr>
<tr><td>提出质疑</td><td>【过渡】化学反应中一般是原子的最外层电子发生变化，因此化学反应中需要表示出最外层电子的变化，那么用什么来表示呢？</td><td>【回答】通过预习回答——电子式</td><td>引出电子式</td></tr>
<tr><td>讲授新课</td><td>【讲授】电子式的概念
【探究】观察以下示例，归纳电子式的书写规则
<table>
<tr><th>原子</th><th>离子</th><th>离子化合物</th></tr>
<tr><td>$K\cdot$
$\cdot Mg\cdot$</td><td>Na^+
Mg^{2+}</td><td>$Na^+[:\underset{\cdot\cdot}{\ddot{Cl}}:]^-$</td></tr>
<tr><td>$\cdot\underset{\cdot\cdot}{\ddot{O}}\cdot$
$:\underset{\cdot\cdot}{\ddot{Cl}}\cdot$</td><td>$[:\underset{\cdot\cdot}{\ddot{O}}:]^{2-}$
$[:\underset{\cdot\cdot}{\ddot{Cl}}:]^-$</td><td>$Na^+[:\underset{\cdot\cdot}{\ddot{O}}:]^{2-}Na^+$</td></tr>
</table>教师详细讲述各微粒电子式的书写方法，突破本节课难点
【适时归纳】电子式书写要点：
（1）原子的电子式：常把其最外层电子数用小黑点“.”（非金属）或小叉“×”（金属）来表示（建议全部都用小黑点）
（2）阳离子的电子式：就是其离子符号，要求画出离子最外层电子数
（3）阴离子的电子式：不但要画出最外层电子数，而且要应用括号“[]”括起来，并在右上角标出“n－”电荷字样
（4）简单离子化合物的电子式：
AB 型　NaCl　$Na^+[:\underset{\cdot\cdot}{\ddot{Cl}}:]^-$
A_2B 型　Na_2O　$Na^+[:\underset{\cdot\cdot}{\ddot{O}}:]^{2-}Na^+$
AB_2 型　$CaBr_2$　$[:\underset{\cdot\cdot}{\ddot{Br}}:]^-Ca^{2+}[:\underset{\cdot\cdot}{\ddot{Br}}:]^-$
【书写要点】离子化合物由阴、阳离子的电子式组成，但相同离子不能放一起，一般对称排列</td><td>专注、听讲、对比、理解、掌握

集体朗读

听讲、思考、理解、掌握</td><td>从探究示例到归纳书写要点，符合学生的认知规律，便于学生掌握规律，突破难点

讲解由教师展开，再由学生集体朗读书写要点，进一步加深学生对电子式书写的理解与掌握</td></tr>
</table>

（续上表）

课堂环节	教师活动	学生活动	设计意图
分组实践	写出下列微粒的电子式 ① S^{2-}、Na_2S ② Cl^-、$CaCl_2$ ③ K^+、KCl	【小组讨论】小组内对学案的作答进行讨论后，派代表上台完成学案并做分析	培养小组相互讨论再分工合作的团队精神，诊断学生对微粒电子化学符号准确性书写的认知水平
继续讲授新课	【继续归纳】电子式书写要点： （5）用电子式表示离子化合物的形成过程 例：NaCl　Na· + ·C̤̈l： →Na^+[:C̤̈l:]$^-$ $MgBr_2$　:B̤̈r· + ·Mg· + ·B̤̈r: → [:B̤̈r:]$^-$ Mg^{2+} [:B̤̈r:]$^-$ 2:B̤̈r· + ·Mg· → [:B̤̈r:]$^-$ Mg^{2+} [:B̤̈r:]$^-$ 【书写要点】 ①原子 A 的电子式 + 原子 B 的电子式→化合物的电子式 ②不能把“→”写成“ = ”，电子转移箭头可标也可不标 ③反应物相同，原子可合并；生成物相同，离子不可合并，一般对称排列	专注、听讲、理解、掌握	从例子到小结书写要点，便于学生理解和掌握形成过程
分组实践	（1）用电子式表示 MgO 的形成过程 （2）用电子式表示 K_2S 的形成过程	【小组讨论】小组内对学案作答进行讨论后，派代表上台完成学案并做分析	培养小组相互讨论再分工合作的团队精神，诊断学生对化合物形成过程的电子式符号准确性书写的认知水平

（续上表）

<table>
<tr><th>课堂环节</th><th>教师活动</th><th>学生活动</th><th>设计意图</th></tr>
<tr><td>回顾小结</td><td>【回顾小结】
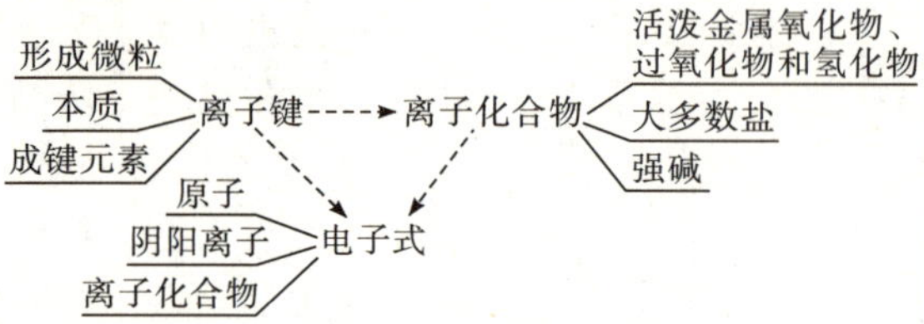
</td><td>思考、回顾本节课学到的知识</td><td>锻炼学生提炼、归纳总结知识点的能力</td></tr>
<tr><td>作业布置</td><td>完成离子键小专题</td><td>课后完成小专题练习</td><td>锻炼学生知识应用能力</td></tr>
<tr><td>板书设计</td><td>【板书】以思维导图的模式呈现：
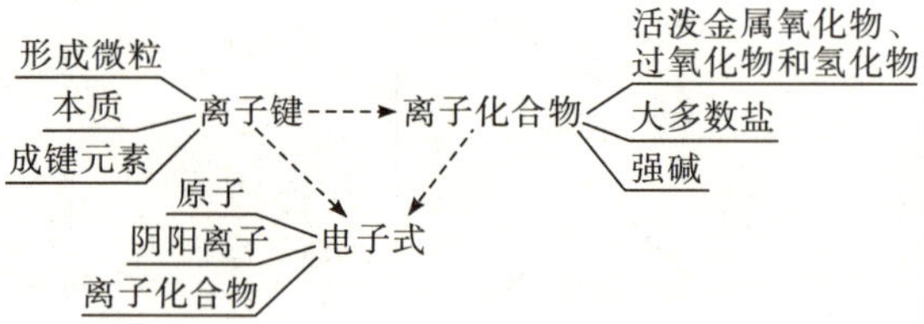
</td><td>理解、掌握、记录</td><td>以思维导图模式回顾呈现，让学生更清晰明确本节课的学习目标，培养学生及时提炼新方法的科学核心素养</td></tr>
</table>

（九）教学反思

通过这次授课方式的调整，我们看到了未来教育模式的转变。线上教育可以让人们足不出户随时随地学习知识，同时还可以利用管理系统进行数据化分析和教务管理来达到高效教学的目的。线上教育的便利性和其与科技的融合给学习者带来学习的趣味性。但是如果是太小的学生或者是自制力差的学生过早地接触了电子产品，会容易造成注意力分散、学习碎片化的问题，因而线下教育具有线上教育所达不到的优势。线下教育可以营造学习氛围，“面对面”教学方式优势突出，使得学生和老师之间的“互动性”“体验感”更强，更容易保证教学质量。我想，发展线上教育，促进线上和线下教育相结合，这样教育才会变得更美好。

通过这次疫情的网络授课，作为教师的我对“授人以鱼，不如授人以渔”这句话的感受又再一次加深了，本人授课班级中的小明同学通过各种网络途径已提前全部自学完整本教材内容，包括完成配套练习，其自信心满满。如今汕头各中小学已全面复课，为了结合线下授课与线上平台的优势及做好线上线下课程的衔接，线下授课前，我还是会提前发一下学案、视频动画给学生预习，授课完后，会发当堂课件让需要的学生完善笔记，再布置作业巩固课堂知识，让学生顺利度过由疫情到返校的心理调适期。

四、取得的成效及体会

基于线上线下教学的不同特点，本节课程的设计在实施过程中略有不同，现对比体会如下：

线下的教学有现场互动的优势，最大亮点在于分组活动的加入，有两个环节进行了小组的交流。第一，是在对氯化钠的微观探析上，结合提供的漫画，根据钠和氯原子核外电子排布，展开小组讨论，最后请小组代表到讲台上边演练边分析，展示小组的交流成果。第二，是在电子式的书写上，通过每个学生事先在学案上的作答，先小组内进行交流讨论，再确定一个更为合理的答案作为小组的讨论结果，最后请代表上讲台分享。通过这两个小组讨论的环节，培养学生分工合作、交流分享的团队意识，也锻炼学生探究学习新方法的创新意识，实现了培养化学核心素养的教学目标。由于教学效果明显，该教学现场视频荣获 2019 年度汕头市“一师一优课、一课一名师”活动的县级优课和市级优课。

线上的网络授课采用的是钉钉平台，一个好的平台对网课起到重要作用。钉钉平台不但可以建设课程资料，而且可以发起课前签到、直播授课、回看在线课程和布置课后作业，最强大的是它的考勤功能，每次网课每个学生学习了多少时间，系统都有记录，特别方便于教师的统计、跟踪和督促。线上授课有资源快捷共享的优势，其最大亮点在于课前学案、微课视频、探究实验的提前发送，让学生能进行充分的预习，使其在比线下理解更为深刻的状态下进行课程的学习，同时网络视频能无限次循环回看，虽考验了学生对学习的自觉自律，但更能锻炼学生的独立学习能力。课程结束后，学生可以私聊发问题给教师，教师在线答疑，不限时间和地点，方便及时。在内容上，由于氢化物（如 NaH）在近几年高考模拟大考中时常出现，因此线上课程比之前的线下授课，在讲解常见离子化合物类别中增加了活泼金属氢化物（视频中可体现）。

“离子键”这节课利用了问题启示法、知识归纳法、讲练相结合等教学方法，教师耐心详尽完整地进行授课，在授完课后布置暗线作业和小专题练习。全班 58 人，上交暗线作业 58 份，优秀作业 41 份，优秀率达 70% 以上；上交小专题练习 58 份，满分优秀作业 22 份，优秀率接近 40%，这样的成绩对于普通高中的学生来讲，教学效果是喜人的。

五、专家点评

郑苏珠老师的这节“离子键”课能有效了解学情，她运用恰当的教法，充分运用线上教学资源并熟练使用教学平台。依托在线教育平台——钉钉平台进行授课，她利用平台管理系统进行数据化分析和教务管理。郑老师在体会到线上教育的便利性和科技性的同时，也体会到线下教育的优势——师生之间的互动性和体验感。因此，在线下课程中，郑老师设置了学生分组活动，让学生进行小组间交流讨论，并展示小组交流成果，最后由其他小组进行评价。

本节课通过观察金属钠与氯气反应的实验现象来探究 NaCl 形成的微观过程；通过小组讨论、展示评价、播放模拟动画等方法构建模型认知，有效突破教学重难点，很好地体现了宏观辨识与微观探析、证据推理与模型认知等化学核心素养。

线下课程如果能基于线上课程的结果反馈设计教学环节，有针对性地设计小组实验探究，则更能体现混合式教学的特点和实验探究与创新意义的化学核心素养。

化学《原子核外电子的排布》

林　鑫

（汕头市潮阳区金堡中学）

一、课程基本情况

课程名称：原子核外电子的排布

面向年级：高一年级

使用教材：《化学·必修二》（人教版高中）

依托在线教育平台：潮阳教育云平台、钉钉平台

《原子核外电子的排布》是人教版高中《化学·必修二》第一章第二节元素周期律第一课时的内容。通过回顾原子的结构，学习原子的核外电子能量高低与分层排布的关系，总结原子核外电子排布的规律，体会化学核心素养中的模型认知和微观辨析。线上的网络授课采用的是钉钉平台软件，其最大亮点在于课前学案、微课视频、探究实验的提前发送，让学生可以进行充分的预习，在理解更为深刻的状态下进行课程的学习，虽考验学生对学习的自觉自律，但更能锻炼学生的独立学习能力。教师可以提前半个小时利用考勤功能发起签到，学生提前签到，教师如果发现有未签到的学生能及时通知，全班学生签到完毕，教师开始在线直播授课，学生观看视频，而教师可查询学生观看情况，并统计每个学生的学习时间，这些数据系统后台都有记录，特别方便于教师的统计、跟踪和督促。学生观看视频可以选择暂停或回看，教师布置课后作业，可以选择全班提交作业，也可以选择指定学生上交作业；同时，教师可进行线上批改作业，对于优秀作业，系统会自动上传到群上提醒全班学生，让全班学生学习，起到引领示范作用。课程结束时，针对在学习过程中产生的问题，学生可以发在群里共同讨论，同学在线讨论，教师在线答疑，学生也可以私聊发问题给教师，教师进行单独的答疑，方便、及时且有针对性。本节课设计思路清晰流畅，简单易懂，知识层层递进，步步为营，过渡自然，重点突出，学生基本上能够掌握本节课的知识，能够理解重难点，学习效果良好。

二、教学改革思路

高一的学生具有一定的思维能力和想象力，能够接受以下的教学设计。第一，复习引入原子的构成，介绍人类发现原子的过程，总结出科学道路的曲折与漫长性，对学生进行科学精神和社会责任的教育，体现了现代教育中的化学核心素养。第二，通过分析稀有气体元素的原子核外电子排布，得出排布规律，由于线上没有互动性，教师自己总结推理过程，直接总结规律；而线下采用了合作探究的方法，师生共同研究，通过分析原子核外排布的规律，采用证据推理的思路，突破难点，突出重点，总结出排布的规律，体现了现代教育中的“宏观辨识与微观探析”“证据推理与模型认知”等化学核心素养，培养了学生善于发现问题、总结规律的关键能力和必备品格。第三，掌握了重要规律和理论后，采用习题检验学生运用知识的能力，题目设计由易到难，层层递进，考查学生对知识的掌握程度以及运用程度，先学会判断常见原子或离子结构示意图的正误，然后学会正确书写常见原子或离子结构示意图，培养学生微观辨析的化学核心素养，最后提升拓展，预测第八周期有多少种元素，培养学生探究学习新方法的创新意识以及坚持科学精神的化学核心素养。第四，归纳总结概念，巩固对电子层概念的理解，加强对原子核外电子排布规律的理解，区分能量规律和数量规律，更好地巩固本节课所学的内容。采用表格的形式，一目了然，便于记忆，体现了模型认知等化学核心素养。

三、混合式教学案例设计

（一）前言

《原子核外电子的排布》是人教版高一《化学·必修二》第一章第二节元素周期律第一课时的内容。本节课承接了上一节元素周期表的内容，在上一节中，学生已经学习了核素，初步掌握了原子的构成、不同原子的特点，进一步研究元素周期律。在这一节中，我们会通过元素周期表元素的原子排布，学习原子核外电子的排布，得出规律，掌握规律，运用规律。

（二）教学内容

本节课先采用复习原子的结构作为引入，介绍原子结构的发现史，了解科学知识的发现道路是曲折艰辛的，提出电子层及电子能量高低情况。再展示 1 ～ 18 号元素的原子结构示意图，展示稀有气体原子的各层电子分布情况，请学生通过问题交流讨论，总结归纳出原子核外电子在各层中的排布规律。接着运用规律书写原子结构示意图，拓展离子结构示意图的书写，通过习题判断书写的正误，锻炼学生书写原子（离子）结构示意图的能力。最后以两道拓展题作为能力提升题，让学生完成，在课堂结束前进行课堂小结，回顾本节课的重点知识。

（三）学时

1 课时。

（四）教学目标

1. 教学目标：利用微观探析的化学核心素养了解元素原子核外电子的排布；掌握元素原子核外电子排布的基本规律；能用原子结构示意图表示原子的核外电子排布；能用离子结构示意图表示离子的核外电子排布；能根据简单的原子核外电子排布推断其元素种类。

2. 评价目标：通过科学史的介绍培养学生的科学精神和社会责任；通过微观探析了解元素原子核外电子排布的基本规律，评价学生分析、处理数据的能力，尝试运用比较、归纳等方法对信息进行加工；发挥学生的抽象思维能力和想象力，利用模型认知和证据推理，让学生学会用原子（离子）结构示意图表示原子（离子）的核外电子排布。

（五）教学重难点

了解原子核外电子的排布规律；书写原子（离子）结构示意图。

（六）教学准备

编写学案、录制视频、选编习题。

（七）线上部分内容简介

本节课采用复习引入，温故知新：什么是原子？原子由什么微粒构成？教师在录制视频的时候可稍作停顿，让学生先思考，然后回答问题，接着通过具体的例子复习微粒的结构。

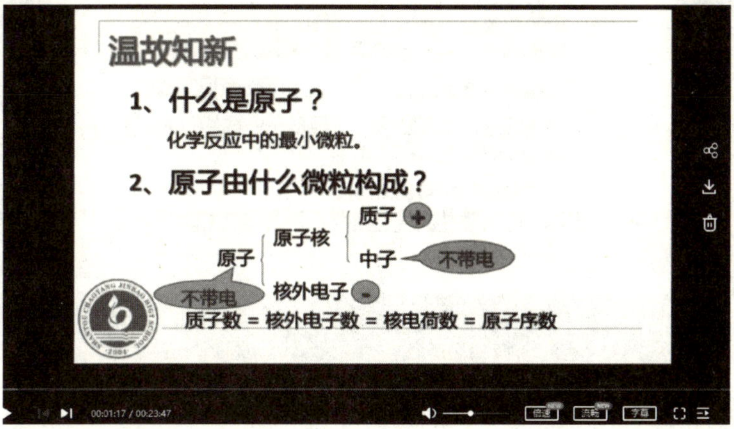

图 1 复习引入

介绍人类认识原子结构的历史。通过历史来说明科学知识的发现是一个漫长而又曲折的过程，以此激励学生要好好学习。

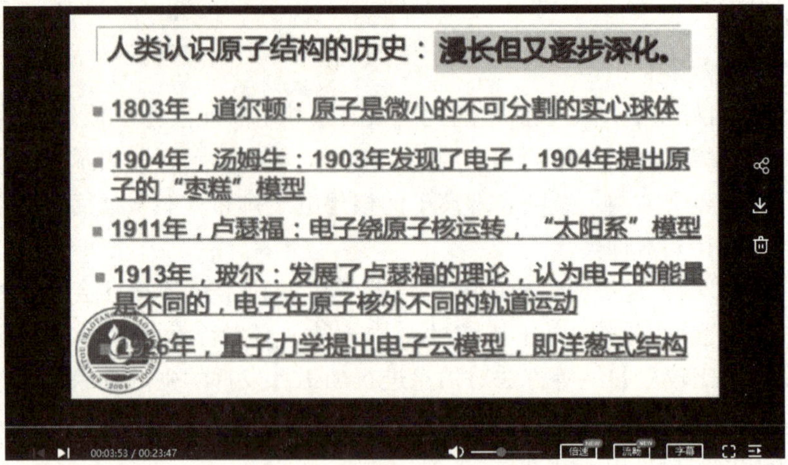

图 2　人类认识原子结构的历史

分析核外电子运动的特点。一是高速运动；二是运动没有确定的轨道；三是在多电子的原子里，电子的能量是不同的。因为电子的能量是不同的，所以我们把不同的区域简化为不连续的壳层，称为电子层。然后分析各层电子的排布规律。

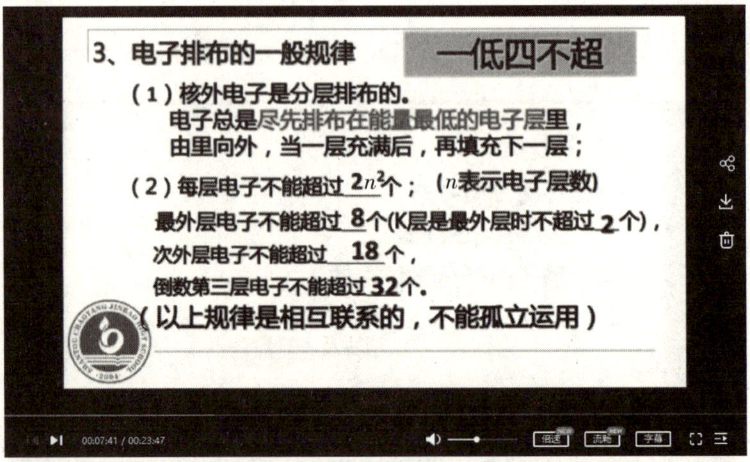

图 3　核外电子运动的特点

掌握了原子核外电子的排布规律，我们应该如何来表示原子核外电子的排布呢？下面以钠原子为例讲解原子核外电子排布的示意图，列举习题进行练习巩固。

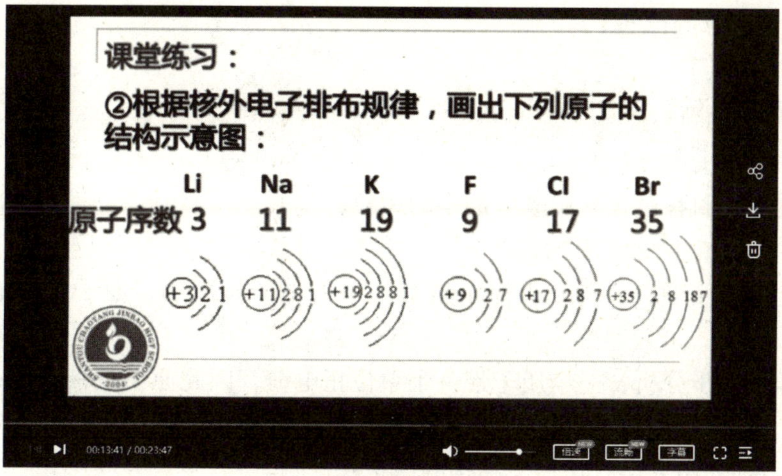

图 4　课堂练习

通过习题巩固，教师进一步拓展习题，提升能力。然后进行课堂小结：对于电子层，有“一低四不超”的规律。其中，“一低”是能量由低到高；“四不超”是每一电子层最多填充的电子数为 $2n^2$ 个；最外层电子数都不超过 8 个（K 层是最外层时不超过 2 个）；次外层电子数不超过 18 个；倒数第三层电子数不超过 32 个。最后，布置作业，发布作业模板。

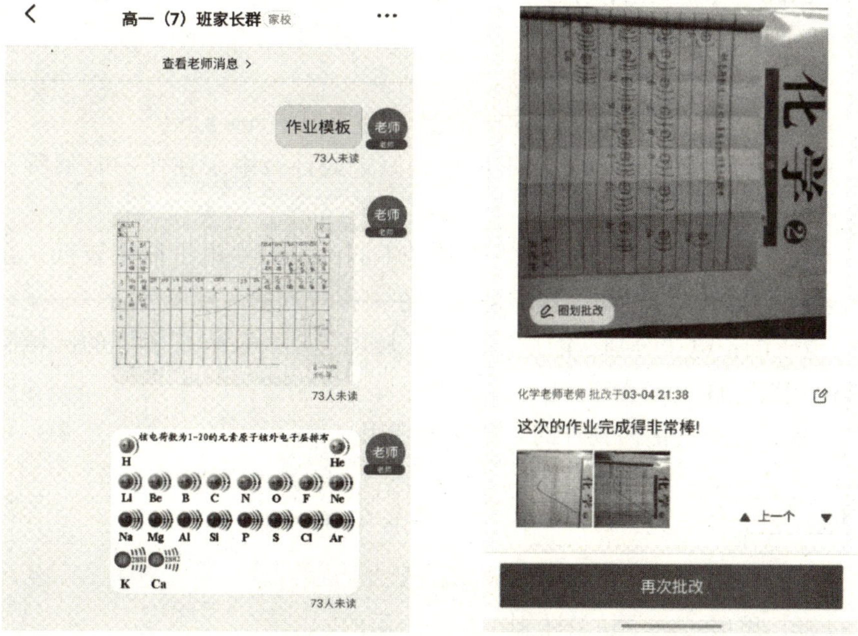

图 5　布置作业、批改作业

（八）教学过程

【复习引入】

1. 温故知新：

（1）什么是原子？

学生一起回答：化学反应中最小的微粒。

（2）原子由什么微粒构成？

学生一起回答：原子是由原子核和核外的电子构成的，原子核内有质子和中子。

教师进一步分析：一个质子带一个单位正电荷，因此原子核带正电；一个电子带一个单位的负电荷，由于原子中的质子数等于电子数，因此原子不带电。

2. 教师介绍人类认识原子结构的历史：

1803 年，道尔顿：原子是微小的不可分割的实心球体；

1904 年，汤姆生：1903 年发现了电子，1904 年提出原子的“枣糕”模型；

1911 年，卢瑟福：电子绕原子核运转，提出了“太阳系”模型；

1913 年，玻尔：发展了卢瑟福的理论，认为电子的能量是不同的，电子在原子核外不同的轨道运动；

1926 年，量子力学提出电子云模型，即洋葱式结构。

通过历史，让学生们感受科学道路上的历程是漫长的、艰辛的，同时也是不平凡的，以此培养学生的科学精神。

【新课】原子核外电子的排布

1. 核外电子运动的特点：

（1）高速运动（运动的速度接近光速，约为 108 m/s）。

（2）运动没有确定的轨道，不能精确测定或计算电子在任一时刻所在的位置，也不能描绘出其运动轨迹。

（3）多电子的原子里，电子的能量是不同的。有些电子能量较低，在离核较近的区域里运动；有些电子能量较高，在离核较远的区域里运动。

2. 电子层：电子分别在能量不同的区域内运动，我们把不同的区域简化为不连续的壳层，称为电子层。

其表示方法——由内到外的电子层分别用

n = 1，　2，　3，　4，　5，　6，　7 来表示，

K，　L，　M，　N，　O，　P，　Q

能量　低——————→高

【过渡】思考：电子是怎样排布在电子层的？

3. 电子排布的一般规律：

（1）核外电子是分层排布的。电子总是尽可能先排布在能量最低的电子层

里，由里向外，当一层充满后，再填充下一层；

（2）每层电子不能超过 $2n^2$ 个。最外层电子不能超过 8 个（K 层是最外层时不超过 2 个），次外层电子不能超过 18 个，倒数第三层电子不能超过 32 个。

【过渡】思考：如何表示原子核外电子的分层排布？

4. 原子结构示意图：

Na

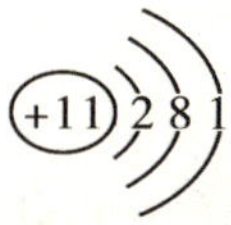

5. 原子结构示意图的书写步骤（掌握 1 ～ 20 号元素）。

（1）判断元素的核电荷数（ = 原子序数）。

（2）判断原子（离子）的电子总数。

（3）根据核外电子排布规律判断电子层数和各层电子数。

（4）按照规范的模式进行书写。

【课堂练习】

（1）判断下列原子结构示意图是否正确。

（2）根据核外电子排布规律，画出下列原子的结构示意图。

（3）写出下列离子的离子结构示意图。

【拓展练习】

（1）113 号元素原子核外有几个电子层？最外层电子有多少？此元素在周期表中的位置在哪？

（2）将来如果填满第 8 周期，此周期将有多少种元素？

【课堂总结】

（1）电子层。

（2）一低四不超。

能量规律：能量由低到高。

数量规律：每一电子层最多填充的电子数为 $2n^2$ 个；最外层电子数都不超过 8 个（K 层是最外层时不超过 2 个）；次外层电子数不超过 18 个；倒数第三层电子数不超过 32 个。

【作业】写出 1 ～ 20 号元素的原子结构示意图和离子结构示意图。

【板书设计】

原子核外电子的排布

1. 核外电子运动的特点。

2. 电子层。

3. 电子排布的一般规律。

4. 原子结构示意图。

5. 原子结构示意图的书写步骤（掌握 1 ～ 20 号元素）。

（九）教学反思

本节课是第一章第二节的内容，第一节内容是元素周期表，在第一节中，学生已经学习了核素，初步掌握了原子的构成、不同原子的特点。在本节课中，学生进一步通过周期表中的元素排布去研究元素原子的特点，掌握元素周期律，从中去体会宏观辨识与微观探析的化学核心素养。

1. 重难点突破反思。

本节课在设计时采用复习引入回顾之前学习的内容，为寻找原子中的电子规律打下基础，在课堂上学生们的回答很好，说明对于上节课的内容学生掌握得很牢固，在分析微观粒子的内部结构时，需要学生们利用化学核心素养的微观探析来进行分析。例如，在寻找 1 ～ 18 号原子的电子排布特点时，学生能够很快找出最外层电子由 1 逐步到 8，但表达不出最外层电子不超过 8，这需要教师的引导和提示。而教师一旦说出这样的结论后，学生能够很快地明白并赞同，这说明同一个事实，在表达的方法和方式上，每个人是不同的。教师应该认识到这种差异性，做到因材施教，进行个性化教学，以达到每位学生都能够掌握好知识的目的。在突破难点时，教师借助证据推理与模型认知来进行分析，例如，在寻找稀有气体元素原子核外电子排布规律时，学生发现第一层的电子最多为 2 个，第二层的电子最多为 8 个，第三层的电子最多为 18 个，第四层的电子最多为 32 个，通过这 4 个数字，让学生寻找个数与层数的关系。由于知识上的跨度比较大，需要跨学科的相关知识，特别是数学的相关知识，教师在设计之初认为学生很难总结出这里面的规律，但最终通过教师的引导，师生共同努力，学生还是能够总结出每层电子数最多为 $2n^2$，因此不能小看学生的创作力和想象力。教师应该发掘学生的潜力，而学生应该发散思维，不能定格在某一科目，而应该综合利用所学的知识来解决问题。

2. 习题的反思。

本节课设计的习题由易到难，层层递进，在考察的方式上也有所不同，有判断题和填空题。其中，判断题难度偏低，学生根据课堂总结的核外电子排布规律，基本可以很快准确地判断出来，并指出其中的错误。在书写原子的电子排布时，教师采用个别学生上讲台书写的教学方式，一可以展示学生的学习效果；二可以引领学生学习，营造良好的学习氛围。虽然上讲台书写的答案都是正确的，但作为教师，还是要严格要求学生，提醒学生书写的规范性，保持页面的整洁性，体现科学精神和社会责任。最后的拓展题由于难度比较大，需要学生们分析出 113 号元素原子核外电子的排布，才会知道该原子有几个电子层？最外层电子有多少？该元素在周期表中的位置在哪？课堂上采用师生共同完成的方式，如果条件允许，可以采用学生自主探究、小组合作的方式，学生通过发现问题，解决问题，提升其学习的自主性，感受团队的合作精神。

本节课由于时间仓促，在设计问题以及过渡上的处理略显得粗糙。通过此次教学和学生在课堂上的表现，我在课后进行总结反思，争取下次能采用更好的教学方式，能有更佳的教学效果。

四、取得的成效及体会

2020 年是特殊的一年，全国都在抗击新冠肺炎疫情。2019—2020 学年第二学期前几个月各校都停了课，于 2020 年 5 月 11 日开始广东高中非毕业班的学生开学，本节课是在 6 月 16 日线下录制的。之前作为高一年级教师的我们一直都是“停课不停学”的，我们利用潮阳教育云平台和钉钉平台进行网上授课。对比线上和线下授课的不同，线下的教学有现场互动的优势，其最大亮点在于习题可以当堂检测，并让学生上讲台在黑板上书写，师生一对一交流，进行体验式学习。针对本节课的重难点突破，我采用了师生共同分析探究的方法，培养了学生探究学习新方法的创新意识。以下是我体会深刻的几点：

1. 学生参与体验式教学。

学习是指从阅读、听讲、研究、实践中获得知识或技能的过程。这一过程只有通过亲身体验才能最终有效地完成。体验是指教师以课堂为舞台、以任何可用感官接触的媒质为道具、以学生为主体，通过创造出值得学生回忆的记忆，让学生有所感受，留下难忘印象的语言活动。不难看出，线上的教学对学生来说，就是观看、接受、掌握，而线下的体验式学习更像是在生活中，通过老师和学生在形体、情绪、知识上共同参与的知识传授。这种学习方式的开展需要通过实践与反思的结合，学生才能获得期望的知识、技能和态度，能够更加容易理解知识，更加容易地接受知识，更加牢固地掌握知识，更加自如地运用知识。

在讲解书写原子结构示意图后，教师指定了几位学生上讲台在黑板上书写原子结构示意图，进而分析原子核外电子的稳定性，得出离子结构示意图，也指定了几位学生上讲台在黑板上书写离子结构示意图展示给大家看。这一方面可以检验学生的学习效果，另一方面可以让学生展示个人的风采，真正体验学习的过程。如果有出现小错误，教师可以当堂指出，帮助学生解决问题，同时也可以借此机会告诫其他同学。

2. 学生参与探究式教学。

探究式教学是指学生在学习概念和原理时，教师只是给他们一些事例和问题，让学生自己通过阅读、观察、实验、思考、讨论、听讲等途径去主动探究，自行发现并掌握相应的原理和结论的一种方法。在教师的指导下，以学生为主体，让学生自觉地、主动地探索掌握认识和解决问题的方法和步骤，研究客观事物的属性，发现事物发展的起因和事物内部的联系，从中找出规律，形成概念，建立自己的认知模型和学习方法架构。

为了提高学生对本节内容的学习兴趣，在课堂引入中除了复习之前学过的内容外，我还创设情境，介绍原子的发现史，增强学生对微观世界的好奇心，让他们了解科学真理的发现道路是漫长和曲折的，激发学生的自主探究欲望。为了突破重难点，探究原子核外电子的排布规律，我列举了稀有气体原子的核外电子排布，开放课堂，让学生讨论探究，发掘里面的规律，同时也适时点拨，诱导探究的方向，最后师生共同完成了问题的探究，得出了原子的核外电子排布规律。通过这种课堂上的合作探究，我训练了学生的主动学习能力，也激励学生主动学习，让他们感受到学习上的收获，获得成就感。

3. 学生参与互动式教学。

互动式教学就是通过营造多边互动的教学环境，在教学双方平等交流探讨的过程中，达到不同观点的碰撞交融，进而激发教学双方的主动性和探索性，最终达成提高教学效果目的的一种教学方式。这种方法主题明确，条理清楚，探讨深入，能充分调动学员的积极性、创造性。

在整节课的教学过程中，学生全程参与，互动频繁。教师创设情境，提出问题，学生能够跟随教师的思路回答问题，同时也能够进行思考，对知识提出质疑。教师在学生的问题中，得以了解本班学生的学习弱点，从而进行有针对性的回答，因地制宜，因材施教。

五、专家点评

林鑫老师的这节课备课充分，教学目标明确。依托潮阳教育云平台和钉钉平台进行线上部分授课，他巧妙利用平台的优势提前发送学案、微课视频，进行课前签到、授课和在线答疑，充分培养学生的独立学习能力。在线下部分，他通过创设情境、合作探究、巧妙设问和总结推理等方法，有效达成教学目标。

本节课通过向学生展示人类发现原子的曲折与漫长过程，激励学生努力学习科学文化知识，培养学生的科学精神与社会责任的化学核心素养。通过师生推理研究，分析原子核外排布的规律并建立模型认知，突破难点，突出重点，体现了“宏观辨识与微观探析”“证据推理与模型认知”等化学核心素养。同时，在授课过程中能有效引导和提示学生，注重学生的差异性，做到因材施教，进行个性化教学，如学生参与的体验式教学、探究式教学和互动式教学，其习题设置层次分明，充分体现了林老师的用心。

线下课程设计若能有效和线上课程衔接，从多个角度深化，利用线上习题反馈，不讲解学生掌握的点，将更多的时间交给学生自主探索，更加突出学生的主体性，则效果更优。

化学《难溶电解质的溶解平衡》

杜浣绫

（汕头市澄海实验高级中学）

一、课程基本情况

课程名称：难溶电解质的溶解平衡

面向年级：高二年级

使用教材：《化学·选修四》（人教版高中）

依托在线教育平台：钉钉、问卷星

课程网址：

图1　线下教学视频二维码　　　　图2　线上课后练习二维码

本课程采用了“线上＋线下混合式教学模式”。在线下教学中，借助了科大讯飞的“畅言智慧课堂”平板教学平台，将信息技术应用到化学教学中，增加了课堂的互动性和趣味性，提高了学生学习的积极性，让学生真正参与到课堂学习中。在课后的教学反馈中，则利用问卷星平台发布课后练习，并通过钉钉班级群发送给学生完成，从而高效地对学生的做题数据进行分析，及时了解学生的知识掌握情况。通过线上和线下教学的相互结合，能更好地提高教学效率和质量。

二、教学改革思路

信息技术与学科的深度融合是教学改革的一大创新点和关键点。在《普通高中化学课程标准（2017 年版）》中，明确提出要在化学教学中发展学生的化学核心素养，这就要求教师主动学习新的教育理念，打破传统教学模式，积极尝试新的教学模式。信息技术与化学教学的融合就是一种值得尝试的新教学模式，有利于学生主动、生动地学习，从而活跃思维，提高学习化学的兴趣和科学探究的能力；有利于促进课堂教学由教师“教”转向学生“学”，深入推动教学改革，全面提升教育质量。

三、混合式教学案例设计

（一）前言

信息技术与化学教学的融合是一种新的教学模式，有利于学生主动、生动地学习，从而活跃思维，提高学习化学的兴趣和科学探究的能力。因此，“难溶电解质的溶解平衡”这节课，我采用了“线上＋线下混合式教学模式”。在线下教学中，我借助科大讯飞的“畅言智慧课堂”平板教学平台，将信息技术应用到化学教学中，从而打造出了一个智慧化学课堂，有助于学生直观生动地理解知识，提高学习效率。在课后的教学反馈中，我利用问卷星平台发布课后练习，并通过钉钉班级群发送给学生完成，能及时高效地了解学生的知识掌握情况和存在的问题，从而不断调整和改进教学内容，提高教学质量。

（二）教学内容

本节选自人教版高中《化学・选修四：化学反应原理》的第三章第四节《难溶电解质的溶解平衡》，是继化学平衡、电离平衡、盐类水解平衡之后又一个重点，进一步探讨了水溶液中离子平衡的问题，是化学平衡学习的延伸与拓展，也是对化学平衡理论体系的丰富、完善和综合运用。本节内容的教学可安排两个课时。本节课（第一课时）主要通过实验探究，认识难溶电解质在水溶液中存在的溶解平衡，感受沉淀溶解平衡在生产、生活和社会发展中的应用价值。

（三）学时

1 课时。

（四）教学目标

1．通过实验探究，认识难溶电解质在水溶液中存在沉淀溶解平衡。

2．通过微观图示，能正确书写难溶电解质的溶解平衡方程式。

3．通过“宏观—微观—符号”三重表征，构建沉淀溶解平衡的模型，使学生更加透彻地理解沉淀溶解平衡的实质。

4. 通过创设生产生活情境，让学生体会沉淀溶解平衡在生产、生活和社会发展中的应用价值，形成辩证唯物主义世界观。

（五）教学重难点

1. 认识难溶电解质在水溶液中存在溶解平衡；

2. 书写难溶电解质的溶解平衡方程式；

3. 理解沉淀的生成、溶解和转化。

（六）教学准备

1. 教具准备：教案、课件、学案。

2. 硬件准备：平板电脑。

3. 实验用品：0. 1mol/L $AgNO_3$溶液、0. 1mol/L NaCl 溶液、0. 1mol/L KI 溶液、0. 1mol/L Na_2S 溶液、试管、胶头滴管。

（七）线上部分内容简介

利用问卷星平台发布课后练习，并通过钉钉班级群发送给学生完成，从而高效地对学生的做题数据进行分析，及时了解学生的知识掌握情况。

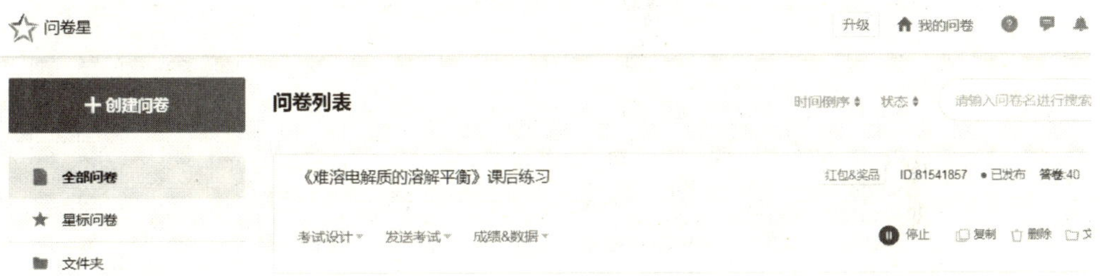

图 3　运行平台示意图

《难溶电解质的溶解平衡》课后练习

*姓名：

*座位号：

*1. 下列说法中正确的是（ ）

○ A. 物质的溶解性为难溶，则该物质不溶于水

○ B. 不溶于水的物质溶解度为0

○ C. 绝对不溶解的物质是不存在的

○ D. 某粒子被沉淀完全是指该粒子在溶液中的浓度为零

*2. 有关AgCl沉淀的溶解平衡说法正确的是（ ）

○ A. AgCl沉淀生成和沉淀溶解不断进行，但速率相等

○ B. AgCl难溶于水，溶液中没有Ag^+和Cl^-

○ C. 说明AgCl没有完全溶解，所以AgCl是弱电解质

○ D. 向AgCl沉淀中加入NaCl固体，AgCl沉淀的溶解度不变

*3. 将一定量的硫酸钡放入水中，有关的叙述正确的是(　　)

A. 硫酸钡中加了水，硫酸钡固体质量不会改变

B. 最终会得到$BaSO_4$的极稀的饱和溶液

C. 因为$Ba^{2+}+SO_4^{2-}=BaSO_4\downarrow$很容易发生，所以不存在

$BaSO_4(s)\rightleftharpoons Ba^{2+}(aq)+SO_4^{2-}(aq)$的过程

D. 因为$BaSO_4$难溶于水，所以改变外界条件也不会改变$BaSO_4$的溶解性

○A

○B

○C

○D

*4. (双选)石灰乳中存在下列平衡：$Ca(OH)_2(s)\rightleftharpoons Ca^{2+}(aq)+2OH^-(aq)$，加入下列溶液，可使$Ca(OH)_2$减少的是（　　）

A. Na_2CO_3溶液　　B. $AlCl_3$溶液　　C. NaOH溶液　　D. $CaCl_2$溶液

□A

□B

□C

□D

*5. 某些盐能溶解沉淀，利用下表三种试剂进行实验，相关分析不正确的是(　　)

编号	①	②	③
分散质	$Mg(OH)_2$	HCl	NH_4Cl
备注	悬浊液	$1\ mol\cdot L^{-1}$	$1\ mol\cdot L^{-1}$

A. 向①中加入酚酞溶液显红色，说明物质的"不溶性"是相对的

B.分别向少量$Mg(OH)_2$沉淀中加入适量等体积的②、③，沉淀均能快速彻底溶解

C. ①③混合后发生反应：$Mg(OH)_2(s)+2NH_4^+(aq)\rightleftharpoons Mg^{2+}(aq)+2NH_3\cdot H_2O(l)$

D. 向①中加入②，$c(OH^-)$减小，$Mg(OH)_2$溶解平衡正向移动

○A

○B

○C

○D

图4　线上课后练习示意图

（八）教学过程

1. 创设情境问题。

【学习任务1】回顾利用沉淀法除杂的实验方法，并且认识难溶电解质在水溶液中存在沉淀溶解平衡。

【评价任务1】诊断与发展学生的实验探究水平、实验操作技能以及结合实验现象、数据等证据分析实验问题的能力；通过认识难溶电解质的溶解平衡，诊断与发展学生的微粒观、平衡观和守恒观。

师生活动	设计意图
创设情境： 在创文大行动中，老王的工厂受到警告： ①排放的污水中重金属离子超标，污染环境（含 Ag^+） ②锅炉中有很厚的水垢，存在安全隐患 如何利用化学知识帮助他？	利用真实情境素材，自然地引出本节课的学习目标，让学生带着目标进行学习

2. 实验探究1。

【学习任务2】探究除去污水中 Ag^+ 的方法并检验沉淀后的溶液是否存在 Ag^+。

【评价任务2】诊断并发展学生分析问题、实验设计、实验操作、观察现象的能力以及合作学习的水平和实事求是的科学态度。

师生活动	设计意图
问题探究1：如何除去工厂排放的污水中含量超标的 Ag^+？ 提出新问题：加入足量 NaCl 溶液沉淀 Ag^+ 后，溶液中是否还存在 Ag^+？ ①设计实验方案并预测实验现象 ②分小组实验，观察并记录实验现象，解释原因 ③引出“难溶电解质”的概念	通过实验探究，感受沉淀法在处理杂质离子中的应用；通过实验现象，真切感受沉淀在水溶液中确实存在沉淀溶解平衡

3. 构建“沉淀的溶解平衡”模型。

【学习任务3】通过氯化银的溶解平衡微观图示，认识溶解平衡的实质，并能正确书写难溶电解质的溶解平衡方程式，学会分析“当条件改变时，平衡如何移动”的问题，构建沉淀溶解平衡的模型。

【评价任务3】诊断与发展学生“宏观辨识与微观探析”“证据推理与模型认知”的化学核心素养以及化学符号表征能力。

师生活动	设计意图
①利用 AgCl 的溶解平衡微观图示，分析 AgCl 的溶解平衡，写出 AgCl 的溶解平衡方程式 ②分析：当条件改变时，平衡如何移动？	①从微观角度认识沉淀溶解平衡的实质，并以此为基础写出方程式，从符号的角度认识溶解平衡 ②根据已学的勒夏特列原理分析条件改变时，沉淀溶解平衡的移动，并引出问题探究 2

4. 实验探究 2。

【学习任务 4】通过实验探究，认识沉淀转化的方法和实质。

【评价任务 4】诊断并发展学生进行实验设计、实验操作、实验观察以及基于实验证据进行分析推理和归纳总结的能力。

师生活动	设计意图
问题探究 2：沉淀的转化需要什么条件？ ①回顾：向 NaCl 溶液和 $AgNO_3$ 溶液混合后所得的固体混合物中滴加 3 滴 0.1mol/L KI 溶液，从微观分析 AgCl 转化为 AgI ②小组实验：向新得固体混合物中滴加 3 滴 0.1mol/L Na_2S 溶液，观察并记录实验现象，分析原因	通过实验探究，认识沉淀之间可以相互转化，使学生印象深刻

5. 利用“沉淀的溶解平衡”模型解决实际问题。

【学习任务 5】通过创设生活情境，让学生体会沉淀溶解平衡在生产、生活和社会发展中的应用价值，形成辩证唯物主义世界观。

【评价任务 5】诊断与发展学生对化学价值的认知水平、解决实际问题以及小组交流、协作的能力。

师生活动	设计意图
提出问题：如何除去锅炉里的水垢？ 学生根据建立起来的“沉淀的溶解平衡”模型思考问题，进行小组讨论、设计解决方案并进行小组交流互评	学以致用，检验学生对新知识的吸收程度；从生产生活中常见的例子出发，引导学生在生活中发现化学，体现化学的实用性和生活性

6. 课堂小结。

【学习任务 6】通过分享在本节课中的收获，梳理归纳本节课的知识点，形成脉络。

【评价任务 6】诊断与发展学生的归纳小结能力和表达能力。

师生活动	设计意图
请学生分享本节课的收获，在分享中对本节课的知识进行小结	梳理总结，形成脉络

7. 布置线上课后练习。

在课后，学生通过钉钉班级群点击问卷星平台的课后习题链接，完成课后习题，以巩固本节课所学知识。

（九）教学反思

“难溶电解质的溶解平衡”这节课能较好地完成教学目标，取得了良好的教学效果，主要存在以下三个亮点：

1. 创设生活情境。一开始就利用“汕头创文行动”这一真实情境素材，合理自然地引出本节课的学习目标，吸引了学生的注意力，也激发了学生进行探索的兴趣和积极性。在学完本节课的知识后，引导学生解决本节课一开始设下的问题情境，让学生真切体会沉淀溶解平衡在生产、生活和社会发展中的应用价值，形成辩证唯物主义世界观。

2. 善用实验探究来突破重难点。在本节课中，总共创设了两个实验探究。一方面，学生通过动手实验，观察实验现象，对实验现象进行比较、讨论和总结，深刻地感受到沉淀在水溶液中确实存在沉淀溶解平衡，也更加透彻地理解了沉淀的生成、转化和溶解的实质。另一方面，分组实验能激发学生的学习兴趣，活跃课堂气氛，也培养了学生的实验技能和团队合作精神。

3. 采用了“线上＋线下混合式教学模式”，成功将信息技术与化学教学进行了融合。一方面，丰富了学生的知识接收渠道，有利于学生主动、生动地学习，从而活跃思维，提高学习化学的兴趣和科学探究的能力。另一方面，有助于教师及时了解学生的知识掌握情况，并进行相应的调整，提高了教学效率和质量。

但本节课也存在需要改进的地方，比如教师的引导还是过多，留给学生自由思考和讨论的时间不够充足。因此，在接下来的教学中，我会继续学习，努力改进，提升自己的教学水平，构建以学生为主体的高效课堂，以期达到更好的教学效果。

四、取得的成效及体会

（一）线下教学中融入信息技术的成效分析

在“难溶电解质的溶解平衡”这节课的课堂实施中，主要用了平板教学中的四个功能，分别是：屏幕广播、分组互动、全班作答和抢答。下面将具体分析这四个功能的应用以及取得的成效。

1. 第一个功能是“屏幕广播”，在整节课中都有应用这个功能。在传统的课堂中，学生们看课件都是通过黑板上的显示屏，因此坐在最前面的学生就要仰着头，坐在最后面的学生会看不清楚，坐在两边的学生有时会因为反光也看不清，这都不利于学生吸收老师课件上的知识。利用信息智慧课堂的“屏幕广播”功能，将老师的平板画面实时同步到学生的平板，学生直接看自己的平板，就可以很清楚地看到老师课件上的内容。当需要学生与老师进行交流或者看老师进行板演时，老师可以选用“锁屏”功能，这时候学生的平板就会黑屏，学生们就收到了“信息”，纷纷抬起头与老师进行互动。“屏幕广播”和“锁屏”功能之间的切换，使师生互动更具灵活性。

图5　学生在使用平板

2. 第二个功能是“分组互动”，在学生进行分组实验探究的环节应用了这个功能。在传统的化学实验课堂中，学生进行分组实验后，如果想看到其他小组的成果，就会跑到其他小组那里，这在一定程度上给还在进行实验的小组带来安全隐患，也影响了课堂秩序。在信息智慧课堂中，每个小组在完成实验之后可以将实验成果拍照上传。学生们可以直接通过平板看到其他小组的实验成果，将自己小组的实验成果和其他小组的进行对比，觉得好的还可以点赞，这不仅加强了生生之间的互动，也让实验课堂更加有序、安全。

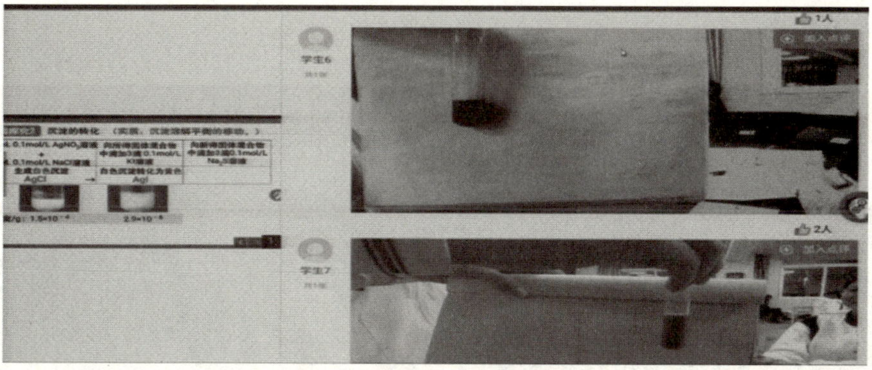

图 6　学生上传的实验成果

3. 第三个功能是“全班作答”，在让学生写练习时应用了这个功能。在传统课堂中，老师如果想检测学生的学习效果或者展示个别典型答案，就得让学生在黑板上写出来。但由于时间以及黑板空间有限，只能展示极少数学生的答案。在信息智慧课堂中，老师通过“全班作答”的功能，将练习题推送到每个学生的平板，而学生直接在平板上做题提交或者在草稿纸上写后拍照提交。老师可以及时看到已提交的答案以及答题所用时间，对典型答案也能及时进行点评，有利于了解大多数学生的学习情况以及把握课堂进度。当然，生生之间也可以进行互评，实现不同层次生生之间的学习交流。

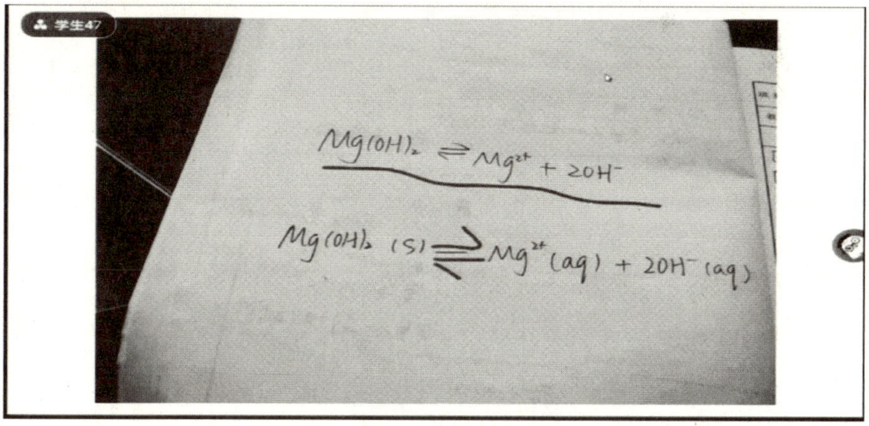

图 7　教师点评学生的答案

4. 第四个功能是“抢答”，在提问学生时应用了这个功能。不同于传统课堂上直接提问某位学生，在信息智慧课堂中，老师发布抢答任务后，学生可以用自己的平板像抢红包一样，靠网速和应变能力来抢答问题。当学生回答正确时，老师可以对学生进行点赞表扬。“抢答”既可以培养学生的竞争意识，也可以增加课堂的趣味性。

图 8　教师给学生点赞

（二）线上教学的成效分析

教师利用问卷星平台的考试功能发布课后练习，并通过钉钉班级群发送给学生完成。学生点击链接完成答卷并提交后，就会得到一个分数，还能看到自己在班里的排名和详细的解析。教师可以在后台看到班里每一位学生的完成情况，快速了解学生对本节课知识的掌握程度，这大大提高了教师的办公效率。

第1题： 姓名：［填空题］

查看详细信息

第2题： 座位号：［填空题］

查看详细信息

第3题： 下列说法中正确的是（）［单选题］

正确率： 77.5%

选项	小计	比例
A. 物质的溶解性为难溶，则该物质不溶于水	4	10%
B. 不溶于水的物质溶解度为0	2	5%
C. 绝对不溶解的物质是不存在的（答案）	31	77.5%
D. 某粒子被沉淀完全是指该粒子在溶液中的浓度为零	3	7.5%

第4题： 有关AgCl沉淀的溶解平衡说法正确的是（ ） [单选题]

正确率： 77.5%

选项	小计	比例
A. AgCl沉淀生成和沉淀溶解不断进行，但速率相等 (答案)	31	77.5%
B. AgCl难溶于水，溶液中没有Ag^+和Cl^-	5	12.5%
C. 说明AgCl没有完全溶解，所以AgCl是弱电解质	3	7.5%
D. 向AgCl沉淀中加入NaCl固体，AgCl沉淀的溶解度不变	1	2.5%

第5题： 将一定量的硫酸钡放入水中，有关的叙述正确的是(　　) [单选题]

A. 硫酸钡不溶于水，硫酸钡固体质量不会改变

B. 最终会得到$BaSO_4$的极稀的饱和溶液

C. 因为$Ba^{2+}+SO_4^{2-}=BaSO_4\downarrow$很容易发生，所以不存在

$BaSO_4(s)\rightleftharpoons Ba^{2+}(aq)+SO_4^{2-}(aq)$的过程

D. 因为$BaSO_4$难溶于水，所以改变外界条件也不会改变$BaSO_4$的溶解性

正确率： 82.5%

选项	小计	比例
A	3	7.5%
B (答案)	33	82.5%
C	2	5%
D	2	5%

第6题： (双选)石灰乳中存在下列平衡：$Ca(OH)_2(s)\rightleftharpoons Ca^{2+}(aq)+2OH^-(aq)$，加入下列溶液，可使$Ca(OH)_2$减少的是（　　）[多选题]

A. Na_2CO_3溶液　　B. $AlCl_3$溶液　　C. NaOH溶液　　D. $CaCl_2$溶液

正确率： 80%

选项	小计	比例
A (答案)	36	90%
B (答案)	36	90%
C	8	20%
D	1	2.5%

第7题：某些盐能溶解沉淀，利用下表三种试剂进行实验，相关分析不正确的是(　　) [单选题]

编号	①	②	③
分散质	$Mg(OH)_2$	HCl	NH_4Cl
备注	悬浊液	$1\ mol\cdot L^{-1}$	$1\ mol\cdot L^{-1}$

A. 向①中加入酚酞溶液显红色，说明物质的"不溶性"是相对的

B.分别向少量$Mg(OH)_2$沉淀中加入适量等体积的②、③，沉淀均能快速彻底溶解

C. ①③混合后发生反应：$Mg(OH)_2(s)+2NH_4^+(aq) \rightleftharpoons Mg^{2+}(aq)+2NH_3\cdot H_2O(l)$

D. 向①中加入②，$c(OH^-)$减小，$Mg(OH)_2$溶解平衡正向移动

正确率：60%

选项	小计	比例
A	4	10%
B (答案)	24	60%
C	9	22.5%
D	3	7.5%

图9　课后习题分析

（三）心得体会

经过这节课的课前准备、课中实施以及课后反馈，我深刻地感悟到：信息技术在课堂中可应用的功能有很多，需要教师不断去尝试和应用。但是在选择信息技术功能时，切记不能为了用而用，而是要基于所授课的设计和学生的特点，根据不同类型的课以及不同特点的学生，选用合适的信息技术。这样才能更好地弥补传统课堂教学的不足，真正为课堂教学带来便利，为学生提供多元的知识吸收渠道，提高教学效果和学生学习的质量。

五、专家点评

杜浣绫老师在本节课中采用了线下新授课和线上习题巩固相结合的混合式教学模式。线下借助科大讯飞"畅言智慧课堂"平台进行授课，线上通过问卷星创建课后练习并运用钉钉发布。将信息技术与化学教学深度融合，有效提高了学生学习的主动性、积极性，同时提高了教学质量和效率。

杜老师在本节课中通过汕头创文活动引出澄海玩具厂"老王的困惑"，引导学生进行小组交流，设计实验方案，进行小组汇报并实验探究。对实验现象进行微观探析，利用教材溶解度数据进行证据推理以建立模型认知，引导学生利用沉淀溶解平衡解决生产生活中的问题，很好体现了化学五大核心素养。同时，杜老师敢于学习新的教育理念并积极尝试新的教学模式，较好地完成教学目标，取得了良好的教学效果。但课后练习依赖电脑和智能手机，教师在课程实施过程中如何做好有效引导，形成家校合力，这值得探索和研究。

政治《实现人生的价值》

黄文希

（揭阳市揭东区蓝田中学）

一、课程基本情况

课程名称：实现人生的价值

面向年级：高二年级

使用教材：《思想政治·必修四：生活与哲学》（人教版高中）

依托在线教育平台："学习通"平台

课程网址：

可下载注册"超星学习通"App 观看课程，扫描班级二维码加入课程学习。

图 1　班级二维码

"实现人生的价值"这一课程的学习是分为两个阶段完成的，包括线上课程学习和线下课堂教学。第一阶段的线上课程学习是在新冠肺炎疫情这个特殊期间完成的。在教育部提出"停课不停学"的背景下，学生通过线上课程学习完成了本课学习，总共用了 3 个课时。线上课程学习以"如何实现人生价值"这一总议题为主线，结合三个子议题贯穿整个学习过程。学生自主学习 8 个基础知识点的微课视频，观看两个情境短视频，围绕议题在讨论区展开讨论，实现生生与师生互动，而教师可以通过线上测试及时监测学生的学习情况。线上课程学习阶段具体情况如下：两个班级总共 63 名学生，参与学习率达到 100%，参与讨论 216 次，提交心得体会 56 份，测试平均分为 82 分（总分 100 分）。线上课程学习从学生参与过程、动态生成的学习成果以及线上测试的结果来看是比较理想的。第二阶段是线下课堂教学，这是学生回校上课后完成的。线下课堂教学环节侧重强化学生对知识的应用和培养学生创新能力，设置了课前测试、议题追问和课堂总结三个环节，取得了超预期的效果。

二、教学改革思路

2014 年教育部研制印发《关于全面深化课程改革落实立德树人根本任务的意见》指出学生应具备能够适应终身发展和社会发展需要的必备品格和关键能力。随着《中国学生发展核心素养》研究成果的发布和《普通高中思想政治课程标准（2017 年版）》的颁布，我国高中思想政治教学进入了“核心素养”新时代。

《教育信息化 2.0 行动计划》指出面向新时代和信息社会人才培养需要，以信息化引领构建以学习者为中心的全新教育生态，实现公平而有质量的教育，促进人的全面发展。《普通高中思想政治课程标准（2017 年版）》要求高中思想政治课教学要反映时代的要求，反映先进的教育思想和理念，关注信息化环境下的教学改革，关注学生个体化、多样化的学习和发展需求，促进人才培养模式的转变。教育信息化已成为促进传统教育变革的重要途径。

在新的教育改革的背景下，高中思想政治课如何实施素养教学，落实“立德树人”的根本任务成为我们关注的焦点。在“核心素养”的背景下，以教育信息化发展为契机，有利于更新教育理念，构建优质教育资源，创造信息化的学习环境，创新学习方式和教学模式，落实核心素养。我们要着力发展学生的核心素养，培养学生政治认同、科学精神、法治精神和公共参与的能力，培养学生思想政治学科核心素养，围绕议题设计活动型学科课程来进行教学。

本课依据课程标准的要求，实施基于 SPOC 高中思想政治活动型混合式教学模式（具体如图 2 所示）。本课以真实情境作为背景，在此基础上，拟定争论性议题，让学生直面社会情境冲突，用辩证思维思考问题，将现代信息技术与高中思想政治课深度融合。其目的是在学科核心素养时代，将以教师为中心的传统教学模式向以学生为中心的资源极大丰富的个性化数字化学习模式转变，实现立德树人的目标，真正落实思想政治学科核心素养，帮助学生树立正确的世界观、人生观和价值观。

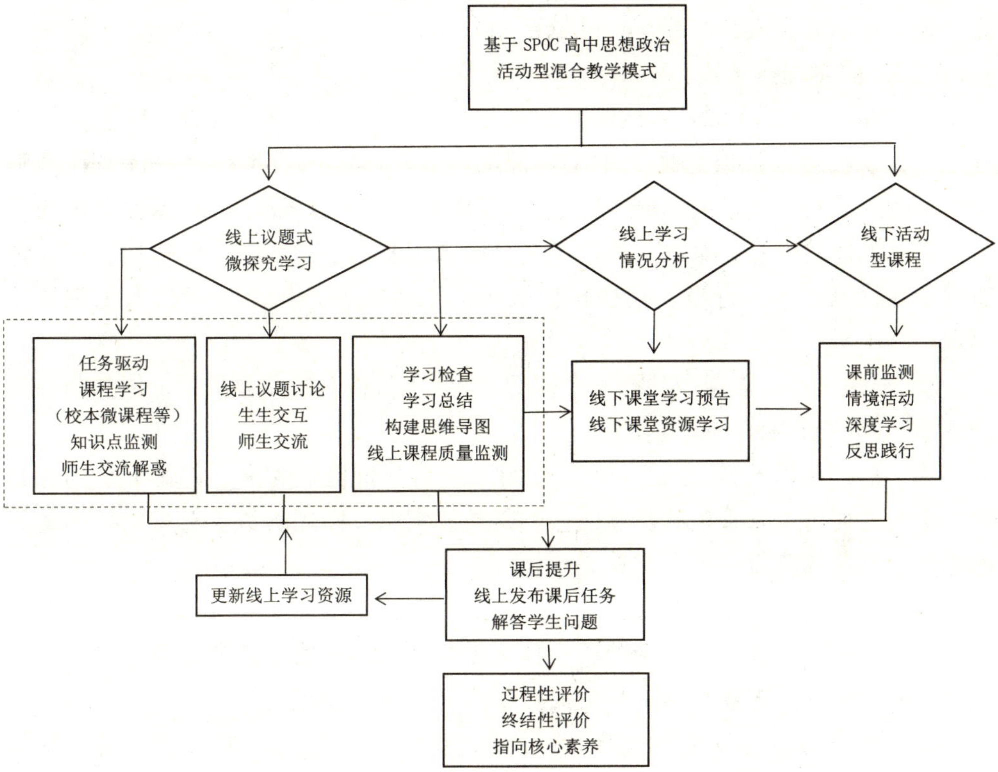

图 2　基于 SPOC 高中思想政治活动型混合式教学模式

三、混合式教学案例设计

（一）前言

基于 SPOC 高中思想政治活动型混合式教学模式是一种线上学习与线下面对面教学混合的教学模式。它借助互联网教学平台，为学习者提供教学资源和自主学习空间，在线上实现生生和师生交互；在线下以检验学习者自主学习效果为主线，讨论拓展学习内容。混合式教学实现以生生互动、师生互动为主的课堂教学，对学生形成评价性结果。

本课设计的总体思路就是依据课程标准，基于线上课程学习和线下课堂教学的不同特征，构建"在线课程＋线上议题讨论＋课堂实践"的基于 SPOC 高中思想政治活动型混合式教学模式，实现学生个性化学习，进行议题式教学，落实学科核心素养。

本课在线课程包括八个基础知识的微课视频和两个议题情境短视频；线上议题讨论采用启发性、争论性议题导向式学习，学生围绕议题结合主干知识展开讨论，帮助学生进行知识内化，落实高中思想政治核心素养；课堂实践环节侧重强化学生对知识的应用和培养学生的创新能力。

（二）教学内容

1．本课地位。本课是人教版高中《思想政治·必修四：生活与哲学》第二单元“认识社会与价值选择”中第六课的内容。本课内容承接上一课，在理解价值观的形成与时代和环境密切相关的基础上，进一步探讨如何实现人生的价值。学习本课的内容，有助于我们了解价值观的驱动、制约和导向作用，明确价值判断和价值选择的标准，把握价值实现的正确途径，树立正确的人生观和价值观。

2．本课内容。本课中共有三个框的内容：“价值与价值观”“价值判断与价值选择”和“价值的创造与实现”。

第一框“价值与价值观”，主要介绍了价值和价值观含义，讨论分析为什么对一个人的评价主要看他的贡献，而不是他的索取。阐述价值观对人的行为的导向作用，培育和践行社会主义核心价值观。

第二框“价值判断与价值选择”，主要介绍了价值判断的含义、价值判断与价值选择的社会历史性，讨论分析为什么进行正确的价值判断和价值选择就要自觉遵循社会发展的客观规律，自觉站在最广大人民的立场上。

第三框“价值的创造和实现”，主要讨论分析人生的价值要在弘扬劳动精神、个人与社会的统一、砥砺自我中创造和实现。

（三）学时

本课共 4 个课时（包括线上课程学习 3 课时，课堂教学 1 课时）。

（四）教学目标

1．科学精神：正确理解价值观对人的行为的导向作用，正确理解实现人生价值的途径。

2．公共参与：践行社会主义核心价值观。

（五）教学重难点

1．价值观对人的行为具有导向作用。价值观在人的活动中发挥目标选择、情感激发、评价标准和行为导向的重要作用。

2．关于人在社会生活中的价值与意义的问题。“人的价值在于奉献”，人应该在对社会的贡献中实现和表现自己的价值。从根本上说，人与社会的关系决定了人只有在社会中，并且只有通过社会才能实现自己的个人价值。

3．关于自觉践行社会主义核心价值观的问题。社会主义核心价值观的生命力在于实践，在于每一个社会成员自觉行动。每一个社会成员要从身边小事做起，从点滴做起，把社会主义核心价值观的要求当作日常生活的基本遵循，增强自觉奉行和日常践行的觉悟。

（六）教学准备

1. 采用 Camtasia Studio 录屏软件录制系列微课并在“学习通”平台构建课程，列出学习任务单。主要包括《人的价值》《价值观及其导向作用》《价值判断与价值选择的关系》《价值判断与价值选择的特点》《价值判断与价值选择的标准》《在劳动和奉献中创造价值》《在个人与社会的统一中实现价值》和《在砥砺自我中走向成功》8 个微课视频。

2. 提供《武汉 24 小时》和《黄旭华：一生只属于祖国》两个议题情境短视频。

3. 学生线上自主收集分享防疫抗疫感人事迹。

4. 根据学生情况、教学目标和教学内容，确定线上议题，组织学生在线上发表自己的观点。

5. 线上质量监测试题。

6. 全班分成若干小组，分别围绕学生在线上议题讨论的情况进行整理、总结，确定线下课堂汇报代表。

（七）线上部分内容简介

1. 线上课程资源。

表 1　实现人生价值线上课程资源

视频名称	视频时长	随堂练习题数	讨论题数
人的价值	0:04:12	2	1
价值观及其导向作用	0:07:09	2	1
价值判断与价值选择的关系	0:03:49	2	0
价值判断与价值选择的特点	0:07:37	2	0
价值判断与价值选择的标准	0:05:29	2	0
在劳动和奉献中创造价值	0:05:56	2	0
在个人与社会的统一中实现价值	0:03:54	2	1
在砥砺自我中走向成功	0:05:01	2	0
武汉的 24 小时	0:02:30	0	0
黄旭华：一生只属于祖国	0:14:30	0	0

图3　线上教学课程平台实景图

2. 线上议题讨论。

（1）线上议题一：人的价值如何体现？

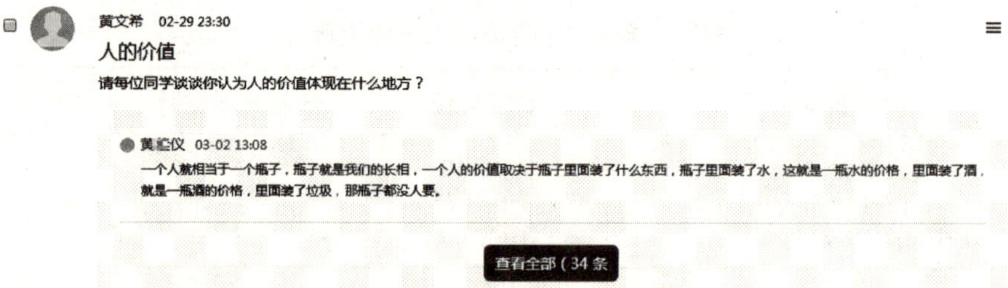

图4　线上议题讨论截图

（2）线上议题二：如何作出正确的价值判断和价值选择？

议题情境：李兰娟院士说："从这次疫情以后，希望国家给青年一代树立正确人生导向，高薪留给才德兼备的科研、军事人员。希望控制娱乐圈'明星'动辄上千万的片酬。只有少年强则国强，为祖国未来发展培养自己的栋梁之材。"你赞同这样的观点吗？请每一位同学说说你的看法。

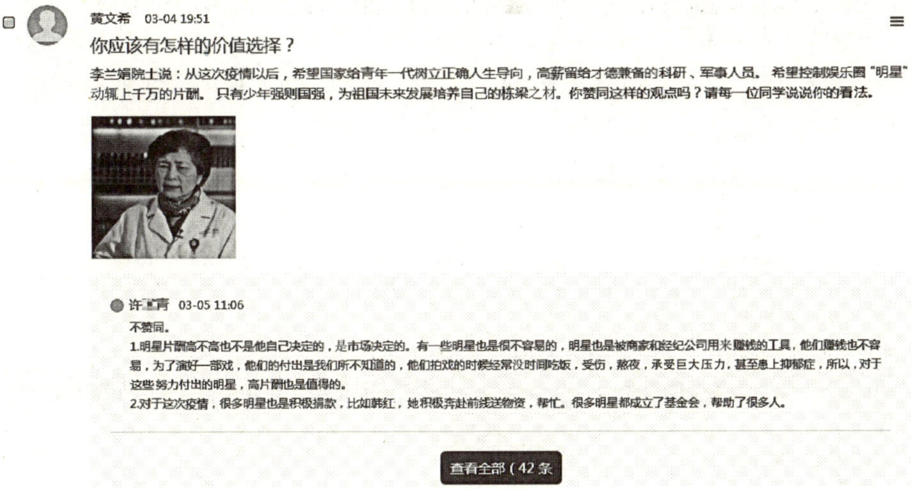

图 5　线上议题讨论截图

（3）线上议题三：如何创造和实现价值？

议题情境：视频《黄旭华：一生只属于祖国》

图 6　线上议题讨论截图

3．线上作业布置及限时训练。

“实现人生的价值”一课共有 3 个课时，针对每一课时都安排相应的线上作业并进行限时训练，及时地落实和测试线上教学的效果。在本课作业布置中，除了知识的落实测试之外，还布置了学生在学习本课内容后进行反思总结，对自身的人生价值作出思考，落实核心素养。

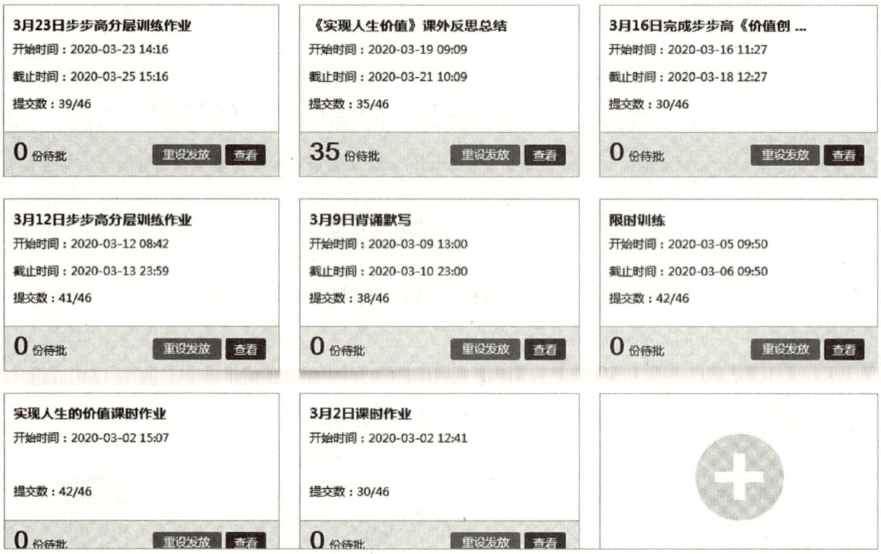

图 7　线上作业、测试总体情况截图

（八）教学过程

总议题：如何实现人生价值？

线上课程学习

1．自主学习，掌握基础。

【学习任务】自主学习本课 8 个基础知识的微课视频。（见表 1 前 8 个视频）

【设计意图】学生通过自主学习本课时 8 个基础知识点，并完成随堂训练，掌握基础知识。

2．材料收集，发表感想。

【学习任务】学生收集防疫抗疫期间发生的感人的人与事，谈谈自己的感想，并在讨论区与老师和同学分享。

【设计意图】学生通过自主收集防疫抗疫期间发生的感人的人与事，谈谈自己的感想并进行分享，使学生对如何实现人生价值有初步的想法。

3．议题论证，理性认识。

【线上子议题一】人的价值如何体现？

【议题情境】短视频《武汉的24小时》。

【议学活动】学生观看短视频后，在讨论区发表感受，谈谈人的价值如何体现，在线上进行生生和师生互动。

【设计意图】学生通过观看武汉在疫情爆发期间，各行各业的人为抗疫所付出的难以想象的艰辛以及所做出的贡献的视频，深刻理解人的价值在于自己的活动满足社会、他人和自己的需要，其主要在于对社会的贡献。人既是价值的创造者，也是价值的享受者。对一个人价值的评价归根到底是看他的贡献。

【线上子议题二】如何做出正确的价值判断和价值选择？

【议题情境】李兰娟院士说："从这次疫情以后，希望国家给青年一代树立正确人生导向，高薪留给才德兼备的科研、军事人员。希望控制娱乐圈'明星'动辄上千万的片酬。只有少年强则国强，为祖国未来发展培养自己的栋梁之材。"你赞同这样的观点吗？请每一位同学说说你的看法。

【议学活动】学生辩论李兰娟院长的观点，在讨论区发表自己的意见。

【设计意图】以"议题辩论"形式，培养学生的思辨思维，学生在辩论中深入理解各种价值判断和价值选择都不是凭空产生的，而是社会存在在不同人的头脑中的反映，是在社会实践的基础上形成的。我们应该思考如何做出正确的价值判断和价值选择。

【线上子议题三】如何创造和实现价值？

【议题情境】短视频《黄旭华：一生只属于祖国》。

【议学活动】学生观看短视频后，谈谈对黄旭华院长一生为国的看法，对自身的人生价值作出思考，谈谈如何创造和实现价值，并撰写一篇心得体会。

【设计意图】对于高中生来说，爱国主义是一门必修课，只有把爱国与自己的人生理想、价值有机结合，才能成长为对家庭、对社会、对国家有用的人才，如何创造和实现价值是人在规划和行动素养中必须回答的问题。思想政治学科是落实"立德树人"的关键课程，落实学科素养并回归本课议题：如何实现人生价值。

线下课堂教学

1. 课前测试。

【设计意图】根据学生在线上测试的答题情况，有针对性地对重难点和易错点知识进一步测试，检验学生的学习效果。

(1) 一位社会学家就"为什么我会成功"在一千位成功人士中做过调查，结果没有一个人认为成功是因为自身有才华。他们中的绝大多数人认为，成功的重要因素在于"诚信"。这告诉我们（　　）

A. 个人素质高低并不影响人生价值的实现

B. 主体自身条件是实现人生价值的前提

C. 顽强拼搏、自强不息是实现人生价值的必要条件

D. 正确的价值观有利于实现人生价值

（2）习近平指出，各级党委和政府要牢固树立安全发展理念，坚持人民利益至上，始终把安全生产放在首要位置，切实维护人民群众生命财产安全。上述讲话的哲学依据是（　　）

①主要矛盾在事物发展中起决定作用，要把握重点

②部分的功能及其变化对整体的功能起决定作用

③人民群众是社会历史的主体，要坚持群众观点和群众路线

④价值观对人们认识世界和改造世界的活动具有促进作用

A. ①②　　B. ①③　　C. ③④　　D. ②④

（3）近代以来，西方社会有人推崇消费主义，强调消费可推动经济增长，鼓励人们无节制消费，把消费和占有更多物质财富作为人生成功的标志。消费主义导致了资源的浪费和环境的恶化。这启示我们（　　）

①价值观对人的行为起着重要的导向作用

②正确的价值判断和价值选择必须自觉遵循客观规律

③事物是否具有价值，取决于人们的价值判断

④事物价值的变化是因为其属性和功能具有不确定性

A. ①②　　B. ①③　　C. ②④　　D. ③④

（4）某校学生会向全校学生发出倡议："不要问长辈能为自己做些什么，但要问自己为长辈做了些什么；不要问别人能为自己做些什么，但要问自己能为别人做些什么；不要问社会与国家为我们做了什么，但要问自己为社会与国家做了些什么。"该倡议体现了（　　）

①实现人生价值需要正确价值观的指引

②人生价值是在个人与他人、社会之间的关系中实现的

③有价值的人生无须考虑个人利益

④实现人生价值需要一定的客观条件

A. ①②　　B. ②③　　C. ①③　　D. ②④

（5）小狮子问母狮子："妈妈，幸福在哪里？"母狮子说："幸福就在你的尾巴上。"于是小狮子不断追着尾巴跑，但始终咬不到。母狮子笑道："幸福不是这样得到的。只要你向前走，幸福就会一直跟随着你。"这则寓言蕴涵的哲学道理是（　　）

①幸福观对人生具有重要导向作用

②价值判断和价值选择具有社会性

③要充满信心，在顽强拼搏中追求幸福

④对幸福的正确理解决定着人生价值的实现

A. ①②　　B. ③④　　C. ①③　　D. ②④

2. 议题追问。

在“议题追问”的环节中，全班分成若干小组。在课堂上展示学生在线上围绕议题展开讨论的结果，然后围绕同学的观点再分组进行自主探究、理性选择和反思践行，由小组代表汇报小组讨论结果。

通过“议题追问”这一环节，学生从各位同学在线上发表的看法、从这些开放性和生成性的答案中，由原来的感性认识上升到理性认识。具体流程如图8所示：

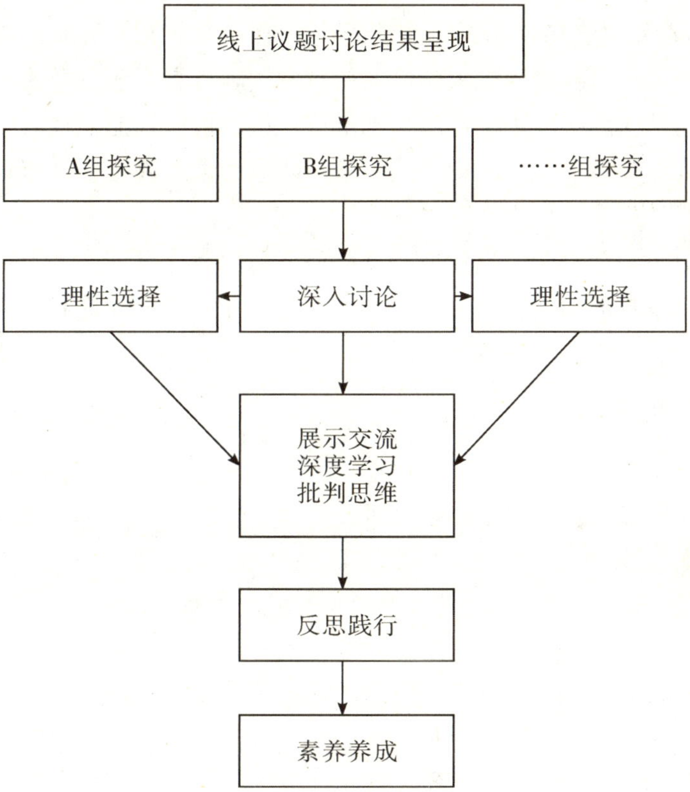

图8　课堂议题教学流程图

【子议题一追问】人的价值如何体现？

【学生活动】各小组分别围绕同学在线上议题讨论的情况进行追问、思考和总结，由小组代表汇报小组讨论结果。

【教师活动】人既是价值的创造者，也是价值的享受者。对一个人价值的评价归根到底是看他的贡献。评价一个人价值的大小，就是看他为人类、社会、国家和人民贡献了什么。

【子议题二追问】如何做出正确的价值判断和价值选择？

【学生活动】各小组分别围绕同学在线上议题讨论的情况进行追问、思考和总结，由小组代表汇报小组讨论结果。

【教师活动】我们要树立正确的价值观，作出正确的价值判断和价值选择，就必须坚持真理，遵循社会发展的客观规律，走历史的必由之路。我们要自觉站在最广大人民的立场上，牢固树立为人民服务的思想，把献身人民的事业、维护人民的利益作为自己最高的价值追求。

【子议题三追问】如何创造和实现价值？

【学生活动】学生代表分享个人心得体会。

【教师活动】弘扬劳动精神，实现人生价值。一个人在劳动中创造的财富越多，意味着他为满足社会和他人的需要所做的贡献越大，他自身的价值也越大。

在个人与社会的统一中创造和实现价值。人的价值只能在社会中实现，只有正确处理个人与集体、个人与社会的关系，才能在奉献社会中创造和实现自己的价值。

在砥砺自我中创造和实现价值。这就需要我们充分发挥主观能动性，需要顽强拼搏、自强不息的精神；需要努力增长自己的才干，全面提高个人素质；需要锤炼品德修为，不断打牢道德根基。

3．课堂总结。

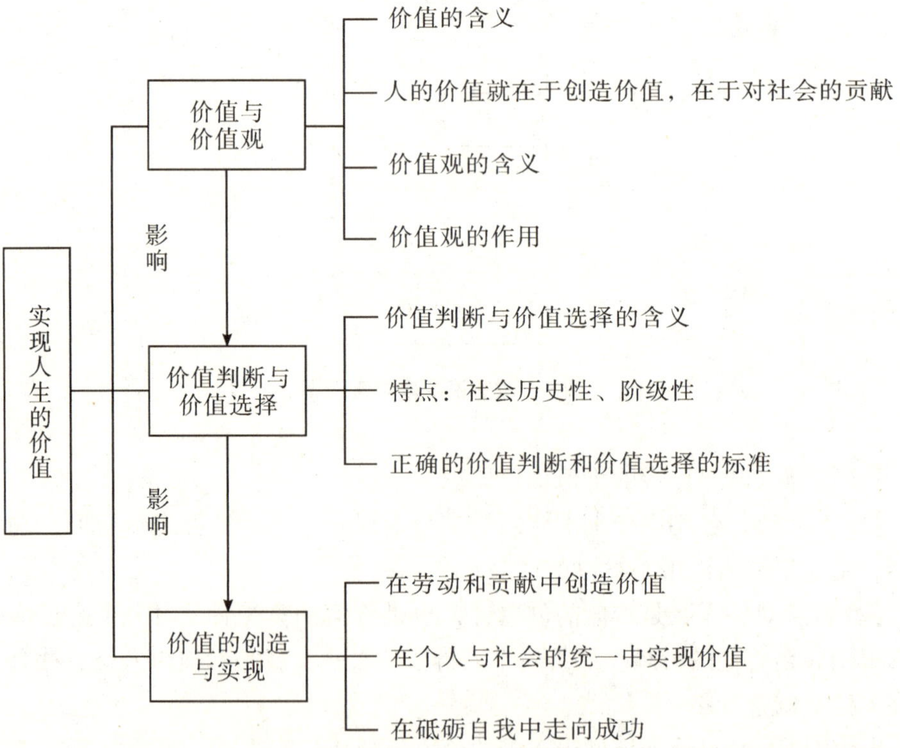

图9　课堂总结

（九）教学反思

“实现人生的价值”SPOC 高中思想政治活动型混合式教学模式，是对《普通高中思想政治课程标准（2017 年版）》中提出的议题式教学和要关注信息化环境下的教学改革的崭新尝试，将议题式教学与混合教学两者结合起来。本课从教学设计到实践过程都还有许多值得反思的地方。

1. 从课程建设和教学模式发展学生的核心素养。线上课程建设可以满足学生个性化、差异化的学习需求，学生通过知识、能力及道德体系自我建构，形成素养。采用混合式教学模式，学生在积极向上的学习环境中，自主学习，根据线上学习动态生成学习资源，循序渐进开展合作探究，促进协同发展，有利于培养学生各方面的素养。

2. 议题情境主题化。本课主要引用疫情防控期间各种真实情境，使学生围绕议题展开讨论，充分感受如何实现人生的价值。这种主题化议题情境，有利于学生形成典型的情境主线，在真实的情境中“议中学”，培养学生的学科素养。

3. 从“认知”到“践行”的素养提升路径。学生线上学习以线上议题为主线贯穿整课的基础知识学习，除学习掌握了基础知识之外，对于人的价值有了基本的认识。在线下课堂教学“议题追问”环节，学生通过集体活动，实际践行，这成为学生提升素养的有效路径之一。

四、取得的成效及体会

本课实施基于 SPOC 高中思想政治活动型混合式教学模式，它并不是简单地把信息技术与高中思想政治课程叠加起来，而是立足于“立德树人”的根本目标，落实思想政治学科核心素养，从教学设计、教学实施和学业评价三个方面综合和系统设计。这是教学法的创新，在实际实施过程中，解决了议题式教学方法在课堂实施的瓶颈，取得了一定的效果。实践效果证明，采取线上线下相结合的基于 SPOC 高中思想政治活动型混合式教学模式，可以实现在线教学和课堂教学的优势互补。相比于在线教学，教师的监督作用得到了加强，学生完成课程的比例得到大幅提高；相比于课堂教学，教师可以选取适当的内容作为线上教学课程，降低了授课过程的成本，同时还可以根据线上学习的反馈信息改进课堂教学。在课堂教学中，教师可以引入实践环节，强化学生的学习体验，提升教学效果。当然，基于 SPOC 高中思想政治活动型混合式教学模式需要在实践中进一步完善。

五、专家点评

黄文希老师对“实现人生的价值”这一课题进行了创新性教学、深层次的设计与研究。

基于 SPOC 高中思想政治活动型混合式教学模式，他在课程内容设计上，明确“如何实现人生价值”这一总议题，以微课为载体，搭建“学习通”平台，构建了围绕总议题的三个线上子议题，即“价值与价值观”“价值判断与价值选择”和“价值的创造与实现”的课程架构。在课程实施上，黄老师提出“基于 SPOC 高中思想政治活动型混合式教学模式”，实现线上课程学习和线下课堂教学的有机结合，体现了学生的学习方式、师生的互动形式、课堂的教学模式，并对学生学习成果进行有效的监测，落实并培养学生思想政治学科核心素养。总的来说，黄文希老师这一课程理念、体系的形成，得益于日常教学长期的积累，也得益于将系列微课体系化的长期实践与研究。为了更好地对本课程进行完善，建议完善课程的评价方式，采取诊断性评价，在对课程进行顶层设计前，通过“问卷星”等形式，为课程设计提供现实依据——了解学生的学情，结合学生的性格特点，调动学生学习的积极性，建设高效率的课堂与高质量的课程。

政治《永恒的中华民族精神》

李坤华

（揭阳市揭东区蓝田中学）

一、课程基本情况

课程名称：永恒的中华民族精神

面向年级：高二年级

使用教材：《思想政治·必修三：文化生活》（人教版高中）

依托在线教育平台："学习通"平台、钉钉群直播

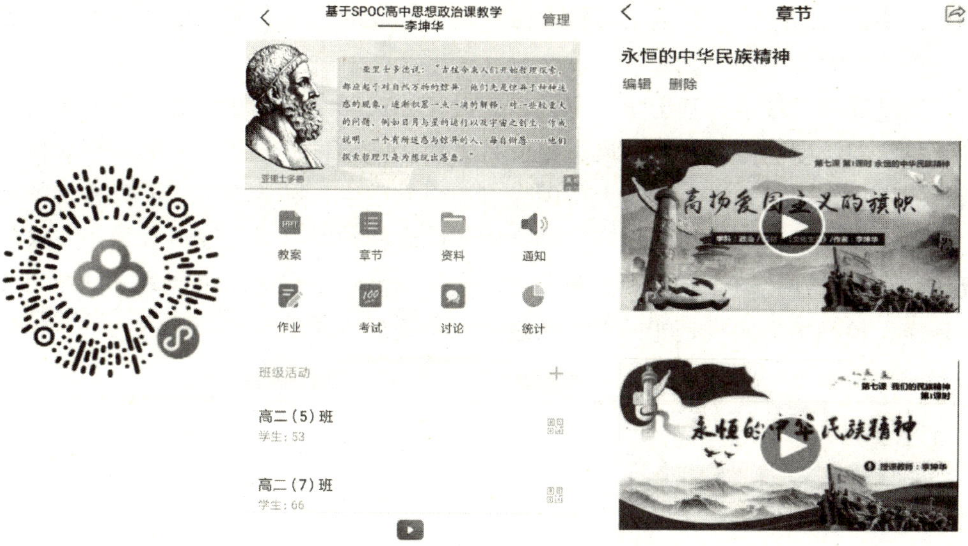

图1 课程主页

混合式教学能更好发挥线上教学的优势，弥补线下教学的不足，以最适合的方式提升教学质量。利用线上教学平台将教学资源分享给每一位学生，可以有效及时地将优质资源提供给学生，提高学习的实效性；能够和学生交流互动，及时掌握学情，帮助学生掌握学习的方法和解题技巧。学生利用网络平台资源既可以

做好预习准备，也可以课后进行巩固复习，同时提高学习的主动性和针对性。在混合式教学实践中，做到师生并肩、家校合力，教师和学生一起成长。

扫码进课堂，教师基于“学习通”平台开设网络众创云课堂及钉钉群直播授课，完成新授课教学任务，通过议题式教学开展合作探究学习和在线答疑。小测试通过问卷星、云课堂、班级微信群落实，以选择题为主，学生完成后能查看解析，反馈错误情况，并落实课后作业；全批全改，大多数学生能认真完成。通过讲练结合，在线反馈易混、易错点，进行查缺补漏，师生互动良好。认真完成视频课的录制直播，教师针对学生实际学习进度授课，课堂时效性强，节奏适中，循序渐进。通过合作探究、议题设置、问卷星加强互动反馈，培养学生自主探究学习能力，加强预习，问题引导，练习反馈。结合每课试题讲评，突破重难点，学生能及时反馈所学知识，针对性好。

二、教学改革思路

近年来，习近平总书记对弘扬爱国奋斗精神作出一系列重要指示，指出爱国主义是中华民族精神的核心，爱国主义激励着一代又一代中华儿女为祖国发展繁荣而不懈奋斗；幸福都是奋斗出来的，社会主义是干出来的，新时代是奋斗者的时代，要把爱国之情、报国之志融入祖国改革开放的伟大事业之中、融入人民创造历史的伟大奋斗之中。

通过混合式教学，基于学习主题，创设议题式教学，构建问题驱动系统，引导学生实现深度学习、自主发展，提升其思想政治学科核心素养。通过探究抗战精神的巨大作用、先进人物身上的闪光点，引导学生正确认识中华民族精神的地位和作用，高扬爱国主义的旗帜。结合中华民族精神的形成与发展及爱国主义的具体性和历史性，树立联系观点和发展观点，提高学中辩证思维能力。联系历史和现实，提高学生明辨是非的能力及透过现象把握本质的能力。

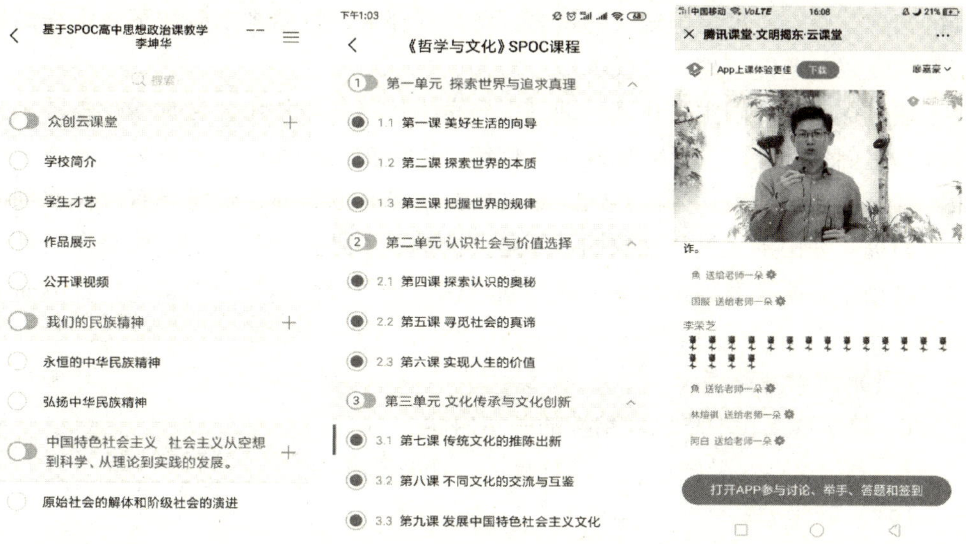

图2 课程章节

三、混合式教学案例设计

（一）前言

线上教学最大的优势是让学生真正地实现停课不停学，突破了空间上的限制，让学生在家能接收教师的教学内容，完成学习任务。混合式教学能更好发挥线上教学的优势，弥补线下教学的不足，以最适合的方式提升教学质量。利用线上教学平台将教学资源分享给每一位学生，可以有效及时地将优质资源提供给学生，提高学习的实效性，教师能够和学生交流互动，及时掌握学情，帮助学生掌握学习的方法和解题技巧。在混合式教学实践中做到师生并肩、家校合力，教师和学生一起成长。

（二）教学内容

本课在了解源远流长、博大精深的中华文化，感悟其强大生命力、凝聚力和创造力的基础上，引导学生进一步了解中华文化的精髓和灵魂——中华民族精神，让学生懂得爱国主义不是抽象的，而是具体的。从整体上看，本课是对学生进行爱祖国、爱民族文化教育链条上极其重要的一环，是全书的核心和落脚点。

（三）学时

1 课时。

（四）教学目标

通过感受抗战精神的巨大作用和先进人物身上的闪光点，增强学生对优秀民族文化、传统美德和民族精神的认同感，增强维护民族团结、社会稳定、顾全大局的情感，坚定实现祖国统一的信念。坚信在伟大民族精神的鼓舞下，中华民族的伟大复兴一定能实现。

通过探究将爱国主义付诸行动，引导学生培养参与意识，自觉践行爱国主义思想。提倡理性爱国，反对民族主义情绪，以维护国家和民族利益为出发点和着眼点，合法有序地表达爱国热情，是现代公民应有的素质，也是享有公民权利的重要前提。爱国主义不是抽象的，而是具体的；不是在口头上的，而是在行动中的。高扬主旋律、发力主战场、建功新时代，是新时代弘扬爱国奋斗精神的必然选择。

（五）教学重难点

1. 教学重点：中华民族精神的基本内涵。

2. 教学难点：爱国主义不是抽象的，而是具体的。

（六）教学准备

通过钉钉群直播授课，完成新授课教学的录制和组织在线答疑，运用议题式教学法、合作探究法、小组讨论法、对比分析法教学。通过合作探究、议题设置培养学生自主探究学习能力，加强预习、问题引导、练习反馈。小测试通过问卷星、云课堂、班级微信群落实，以选择题为主，学生完成后能查看解析，反馈错误情况，并落实课后实践作业。

（七）线上部分内容简介

理解民族精神的含义、中华文化与中华民族精神的关系、中华民族精神的作用和基本内涵，把握中华民族精神的形成和发展，爱国主义内涵的具体性和历史性，弘扬中华民族精神的必要性及意义，树立联系观点和发展观点，提高辩证思维能力。

联系历史和现实，提高明辨是非及透过现象把握本质的能力，增强对优秀民族文化、传统美德和民族精神的认同感，认同伟大的创造精神、奋斗精神、团结精神、梦想精神的民族优良品格，增强维护民族团结、社会稳定、顾全大局的情感，坚定实现祖国统一的信念。

（八）教学过程

【学习任务单】

学习任务一：

（1）亮剑精神作为一种伟大的抗战精神，为什么能激励中国人民克服一切艰难险阻、为实现中华民族伟大复兴而奋斗？

（2）亮剑精神，体现了中华民族精神的哪些内涵？

（3）不同时期的民族精神有哪些共同的内涵？你能否结合当时的背景，就其中一种精神说明它的时代作用？

学习任务二：

（1）你能用几个关键词概括黄旭华院士的闪光点吗？他身上的闪光点与中华民族精神有什么内在的联系呢？

（2）我国中宣部、中央文明办在全国范围内评选“时代楷模”“最美人物”“道德模范”“身边好人”“感动中国人物”等，这是否可有可无？与我国以经济建设为工作中心相冲突吗？

学习任务三：

（1）谈谈屈原体现了什么民族精神？我们要怎样学习屈原的爱国主义精神？

（2）爱国主义的地位和作用是什么？爱国主义有何特点？

（3）爱国，不能停留在口号上，应该表现在实际行动中。作为新时代的中学生，你怎样将爱国主义付诸行动呢？

推荐的学习资源：

（1）电视剧：《亮剑》。

（2）抗疫题材电视系列剧：《最美逆行者》。

【线上学习】

1．中华民族之魂。

（1）作用：

①中华民族精神始终是维系中华各族人民共同生活的精神纽带，是支撑中华民族生存、发展的精神支柱，是推动中华民族走向繁荣、强大的精神动力，是中华民族之魂；

②中华民族精神集中体现了中华民族的整体风貌和精神特征，体现了中华民族共同的价值追求，是中华民族永远的精神火炬。

（2）形成：

中华民族精神形成于辉煌的古代中华文化之中，也熔炼于近代中国人民救亡图强、前仆后继的奋勇抗争之中，更彰显于发展中国特色社会主义的事业之中。

实现中国梦必须弘扬中国精神。这是以爱国主义为核心的民族精神，是以改革创新为核心的时代精神。

2．伟大的民族精神。

（1）作用：为中国发展和人类文明进步提供了强大精神动力。

（2）基本内涵：

①伟大的创造精神；

含义：中国人民始终辛勤劳作，发明创造。

体现：思想巨匠、科技成果、文艺作品、伟大工程。

作用：中国人民的创造精神正前所未有迸发出来，推动我国日新月异的发展，让我国走在世界前列。

成语或典故：苟日新，日日新，又日新；别出机杼；不拘一格；等等。

②伟大的奋斗精神；

含义：中国人民革故鼎新，自强不息。

体现：建设河山、开拓海疆、开垦粮田、治理江河、战胜灾害、建设城乡、发展产业。

作用：发扬奋斗精神，我们就一定能实现创造人民美好生活的宏伟目标。

成语或典故：文王拘而演周易，仲尼厄而作春秋；屈原放逐，乃赋离骚；左丘失明，厥有国语；孙子膑脚，兵法修列。发奋图强；艰难困苦，玉汝于成；等等。

③伟大的团结精神；

含义：中国人民始终团结一心，同舟共济。

体现：历史中，中国建立了统一的多民族国家。近代以来，我国各族人民共同书写了中华民族保卫祖国、抵御外辱的壮丽史诗。今天，中国取得的令世人瞩目的发展成就，是全国各族人民同心同德、同心同向努力的结果。

作用：团结精神使中国取得令人瞩目的成就，是国家兴旺的保证，是我们事业胜利的基本保证。

成语或典故：天时不如地利，地利不如人和；同舟共济；万众一心；众志成城；等等。

④伟大的梦想精神。

含义：中国人民始终心怀梦想，不懈追求。

体现：近代以来，实现中华民族伟大复兴成为中华民族最伟大的梦想。

作用：近代以来，伟大的梦想精神使中国人民百折不挠，坚韧不拔，在自力更生的基础上屹立于世界民族之林，让中国人民在今天比任何时期都更接近也更有信心和能力实现中华民族伟大复兴。

成语或典故：盘古开天；伏羲画卦；夸父追日；精卫填海；愚公移山；等等。

3. 高扬爱国主义的旗帜。

（1）地位：创造精神、奋斗精神、团结精神、梦想精神与爱国主义息息相关。爱国主义是中华民族精神的核心。

（2）作用：爱国主义精神深深根植于中华民族心中，是中华民族的精神基因，维系着华夏大地上各个民族的团结统一，激励着一代又一代中华儿女为祖国发展繁荣而不懈奋斗。

（3）特点：爱国主义不是抽象的，而是具体的。作为中国人民千百年来形成的对祖国的最深厚感情，在不同的历史时期，爱国主义有共同的要求，也有不同的具体内涵。在当代中国，爱国主义的本质是坚持爱国和爱党、爱社会主义高度统一。

（4）主题：发展中国特色社会主义，拥护祖国统一，是新时代爱国主义的主题。

【线下学习】

【总议题】中华民族精神为什么历久弥新、永不泯灭？

【子议题一】 **从亮剑精神看中华民族之魂**

《亮剑》中的李云龙是一个不好管理的角色。但是这个李云龙对国家、对民族、对抗日大业有着无比的忠诚。这个人的“粗口”不仅不让人感觉反感，反而让人觉得亲切；这个人的大大咧咧也给人一种视死如归的大将风度。过去的战争剧常常是只有战争没有人，英雄人物被空洞化、理想化，如今英雄们终于“落地”了。亮剑精神：面对强大的对手，明知不敌，也要毅然亮剑，即使倒下，也要成为一座山、一道岭！

在中国人民抗日战争的壮阔进程中，形成了伟大的抗战精神。中国人民向世界展示了天下兴亡、匹夫有责的爱国情怀，视死如归、宁死不屈的民族气节，不畏强暴、血战到底的英雄气概，百折不挠、坚忍不拔的必胜信念。伟大的抗战精神，是中国人民弥足珍贵的精神财富，永远是激励中国人民克服一切艰难险阻、为实现中华民族伟大复兴而奋斗的强大精神动力。

1. 合作探究。

（1）亮剑精神作为一种伟大的抗战精神，为什么能激励中国人民克服一切艰难险阻、为实现中华民族伟大复兴而奋斗？

（2）亮剑精神体现了中华民族精神的哪些内涵？

（3）自主阅读课本，利用互联网等查阅相关资料，填写以下表格。

（4）你认为以下表格的这些不同时期的精神有哪些共同的内涵？你能否结合当时的背景，就其中一种精神说明它的时代作用？

时期	民族精神	主要内容
形成于古代中华文化之中		
熔炼于近代中国人民奋勇抗争之中		
彰显于发展中国特色社会主义的事业之中		

2. 思维点拨。

凝聚作用：民族精神始终是维系中华各族人民共同生活的精神纽带。各民族的积极性和创造性要由这个共同的民族精神来凝聚。

支撑作用：民族精神是支撑中华民族生存、发展的精神支柱，特别是当民族生存的物质条件遇到困难、前进发展遭受挫折的时候，这种支撑作用显得更为重要和明显。

激励作用：民族精神是推动中华民族走向繁荣、强大的精神动力，是中华民族之魂。伟大的事业需要并将产生崇高的精神，崇高的精神支撑、推动着伟大事业的发展。

3. 重点突破：理解中华民族精神与中华民族、中华文化的关系。

（1）中华民族精神是中华民族之魂，是中华民族永远的精神火炬。它集中体现了中华民族的整体风貌和精神特征，体现了中华民族共同的价值追求。

（2）中华文化的力量集中表现为民族精神的力量；中华民族精神是中华民族在长期共同生活和社会实践基础上形成的优秀文化的结晶，它渗透在整个中华文化的各个方面。中华民族精神是中华文化的精髓。

（3）中华文化的力量深深地熔铸在中华民族的生命力、创造力和凝聚力之中。

4. 判断正误。

（1）中华文化是中华民族之魂。（ × ）

（2）中华文化的力量，集中体现为民族精神的力量。（ √ ）

（3）中华民族精神深深根植于绵延数千年的优秀传统文化之中。（ √ ）

（4）民族精神和时代精神的核心是一致的。（ × ）

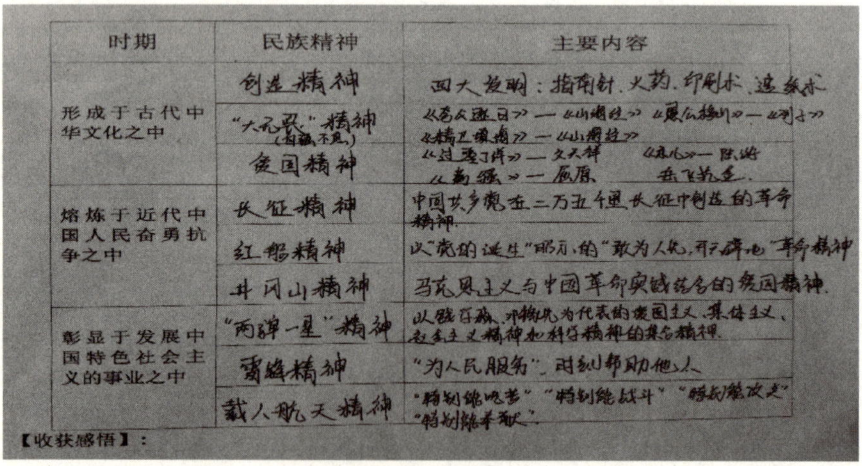

时期	民族精神	主要内容
形成于古代中华文化之中	创造精神	四大发明：指南针、火药、印刷术、造纸术
	"大无畏"精神（百折不挠）	《夸父逐日》—《山海经》《愚公移山》—《列子》《精卫填海》—《山海经》
	爱国精神	《过零丁洋》—文天祥 《示儿》—陆游 《离骚》—屈原 岳飞抗金
熔炼于近代中国人民奋勇抗争之中	长征精神	中国共产党在二万五千里长征中创造的革命精神
	红船精神	以"党的诞生"昭示的"敢为人先，开天辟地"革命精神
	井冈山精神	马克思主义与中国革命实践结合的爱国精神
彰显于发展中国特色社会主义的事业之中	"两弹一星"精神	以钱学森、邓稼先为代表的爱国主义、集体主义、社会主义精神和科学精神的集合精神
	雷锋精神	"为人民服务"、时刻帮助他人
	载人航天精神	"特别能吃苦""特别能战斗""特别能攻关""特别能奉献"

【收获感悟】：

图3 学生学习成果展示

【子议题二】 **从先进人物看中华民族精神**

黄旭华，男，原籍广东省揭阳市揭东区玉湖镇新寮村，1926年3月出生于海丰田调镇。他初中肄业于聿怀中学（抗日战争时聿怀中学搬迁揭阳五经富），解放前加入中国共产党，1949年毕业于上海交通大学造船系。他为中国核潜艇事业的发展做出了重要贡献，在核潜艇水下发射运载火箭的多次海上试验任务中，作为核潜艇工程总设计师、副指挥，开拓了中国核潜艇的研制领域，被誉为中国核潜艇之父，被授予“共和国勋章”“最美奋斗者”荣誉称号。其主要精神：热爱祖国、无私奉献、自力更生、艰苦奋斗、大力协同、勇于登攀。

2019年10月1日是中华人民共和国的70岁生日。从中华人民共和国成立到改革开放，从计划经济到社会主义市场经济，从外交孤立到一带一路，我们祖国用擎天巨手托起了一个不屈的民族，勤劳勇敢的中国人民用浩然正气绘制了壮丽的蓝图。实践证明，伟大的事业需要伟大的民族精神来支撑。查阅相关资料，收集近几年涌现的先进人物及其相关事迹。

1．合作探究。

（1）你能用几个关键词概括黄旭华院士的闪光点吗？他身上的闪光点与中华民族精神有什么内在的联系？

（2）自主阅读课本，利用互联网等查阅相关资料，简要记录于下列表格，并与同学交流分享你的成果。

先进人物	相关事迹

中华民族精神	含义	体现	作用	成语或典故
伟大创造精神				
伟大奋斗精神				
伟大团结精神				
伟大梦想精神				

（3）我国中宣部、中央文明办在全国范围内评选“时代楷模”“最美人物”“道德模范”“身边好人”“感动中国人物”等，这是否可有可无？与我国以经济建设为工作中心相冲突吗？

2. 思维点拨。

【连一连】：

创造精神	努力工作
奋斗精神	与邻为善
团结精神	五年规划
梦想精神	不断改革

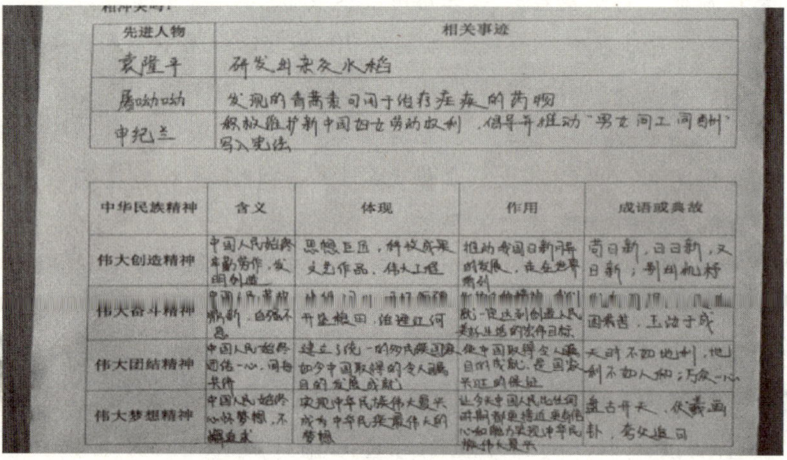

先进人物	相关事迹
袁隆平	研发出杂交水稻
屠呦呦	发现的青蒿素可用于治疗疟疾的药物
申纪兰	积极维护新中国妇女劳动权利，倡导并推动“男女同工同酬”写入宪法

中华民族精神	含义	体现	作用	成语或典故
伟大创造精神	中国人民始终辛勤劳作，发明创造	思想巨匠，科技成果，文艺作品，伟大工程	推动我国日新月异的发展，走在世界前列	苟日新，日日新，又日新；别出机杼
伟大奋斗精神	[illegible]	[illegible] 开垦粮田，治理江河	[illegible]	[illegible] 王溢于成
伟大团结精神	中国人民始终团结一心，同舟共济	建立了统一的多民族国家，如今中国取得的令人瞩目的发展成就	使中国取得令人瞩目的成就，是国家兴旺的保证	天时不如地利，地利不如人和；万众一心
伟大梦想精神	中国人民始终心怀梦想，不懈追求	实现中华民族伟大复兴成为中华民族最伟大的梦想	[illegible]	盘古开天，伏羲画卦，夸父追日

图4　学生学习成果展示

【子议题三】　　　　　从屈原看如何践行爱国主义

屈原（约前340—前278），中国战国时期楚国诗人、政治家。他出生于楚国丹阳秭归（今湖北宜昌），少年时受过良好的教育，博闻强识，志向远大。早年他受楚怀王信任，任左徒、三闾大夫，兼管内政外交大事。他提倡“美政”，对内主张举贤任能，修明法度，对外力主联齐抗秦。因遭贵族排挤诽谤，他被先后流放至汉北和沅湘流域。楚国郢都被秦军攻破后，他自沉于汨罗江，以身殉国。

什么是爱国？我们应当怎样爱国？习近平总书记谈爱国：“爱国，是人世间最深层、最持久的情感，是一个人立德之源、立功之本。孙中山先生说，做人最大的事情，‘就是要知道怎么样爱国’。我们常讲，做人要有气节、要有人格。气节也好，人格也好，爱国是第一位的。”“5 000多年来，中华民族之所以能够经受住无数难以想象的风险和考验，始终保持旺盛生命力，生生不息，薪火相传，同中华民族有深厚持久的爱国主义传统是密不可分的。”“弘扬爱国主义精神，必须坚持爱国主义和社会主义相统一。我国爱国主义始终围绕着实现民族富强、人民幸福而发展，最终汇流于中国特色社会主义。祖国的命运和党的命运、社会主义的命运是密不可分的。”

1. 合作探究。

（1）谈谈屈原体现了什么民族精神？我们要怎样学习屈原的爱国主义精神？

（2）爱国主义的地位和作用是什么？爱国主义有何特点？

（3）爱国，不能停留在口号上，应该表现在实际行动中。作为新时代的中学生，你怎样将爱国主义付诸行动？

2. 思维点拨。

提倡理性爱国，反对民族主义情绪；爱国需要理性，以维护国家和民族利益为出发点和着眼点，合法有序地表达；爱国热情是现代公民应有的素质，也是享有公民权利的重要前提。

3. 重点突破：正确理解爱国主义不是抽象的，而是具体的。

（1）在不同的历史时期，爱国主义既有共同的要求，也有不同的具体内涵。

（2）古代爱国主义：缔造、维护和捍卫国家的统一及民族团结，维护国家主权和民族独立。

（3）近代爱国主义：反对帝国主义侵略，维护民族独立和国家主权，反对封建主义压迫，推翻腐朽的封建专制制度。

（4）在当代中国，爱祖国与爱社会主义本质上是一致的。发展中国特色社会主义，拥护祖国统一，是新时代爱国主义的主题。

4. 判断正误。

（1）虽然爱国主义在不同历史时期有着共同的要求，但也有时代性。（ √ ）

（2）爱国和爱党、爱社会主义互相矛盾。（ × ）

（3）新时代爱国主义的主题是发展中国特色社会主义，全面建成小康社会。（ × ）

【知识框架】

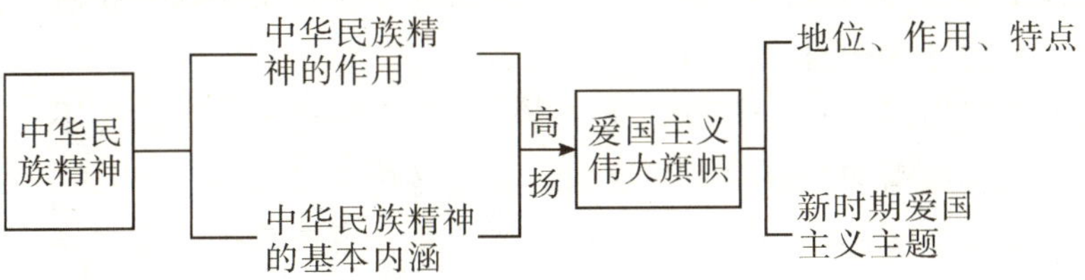

【课堂训练】

（1）我国国家领导人强调，不数既往，不能知将来；不求远因，不能明近果。以溯民族精神之源流、辟与时俱进之路径，用民族精神为中国梦“塑心”“聚能”。这一观点是基于（　　）

①中华民族精神是实现中华民族伟大复兴的强大精神动力

②优秀文化是民族在社会生活中形成的民族精神

③中华民族精神是支撑中华民族生存、发展的精神支柱

④中华民族精神贯穿中华民族历史发展全过程

A. ①③　　B. ①④　　C. ②③　　D. ②④

（2）中华优秀传统文化积淀着中华民族最深沉的精神追求，滋养了伟大的民族精神，成为中华民族生生不息、发展壮大的精神营养和强大动力。这告诉我们（　　）

①民族精神的力量集中表现为中华文化的力量

②民族精神集中体现一个民族特有的精神品质

③民族精神是民族传统文化在实践基础上的结晶

④民族精神对一个民族的生存和发展具有巨大作用

A. ①②　　B. ①③　　C. ②④　　D. ③④

（3）从诸子百家等思想巨匠、四大发明等科技成果，到震撼人心的文化遗存、气势恢宏的伟大工程，直至今天中华民族迎来了从站起来、富起来到强起来的历史性飞跃，都展示了中国人民________的神奇伟力。（　　）

A. 伟大的创造精神　　B. 伟大的奋斗精神

C. 伟大的团结精神　　D. 伟大的梦想精神

（4）与孙中山的“吾志所向，一往无前；愈挫愈奋，再接再厉”所表现的中华民族精神基本内涵一致的是（　　）

A. 书卷多情似故人，晨昏忧乐每相亲

B. 苟利国家生死以，岂因祸福避趋之

C. 寄意寒星荃不察，我以我血荐轩辕

D. 路漫漫其修远兮，吾将上下而求索

（5）每年的“中小学弘扬和培育民族精神月”，全国各地都会以爱国主义为核心，开展丰富多彩的宣传教育活动。我国有许多反映中华民族精神基本内涵的诗词格言，下列选项中对应正确的是（　　）

①伟大的梦想精神——老骥伏枥，志在千里；烈士暮年，壮心不已

②伟大的创造精神——明犯强汉者，虽远必诛

③伟大的奋斗精神——春夏耕耘，秋冬收藏，昏晨力作，夜以继日

④伟大的团结精神——千磨万击还坚劲，任尔东西南北风

A. ①②　　B. ②④　　C. ①③　　D. ③④

（6）2019 年 11 月，中共中央、国务院印发了《新时代爱国主义教育实施纲要》，各地学校积极响应号召，把爱国主义内容融入党日团日、主题班会以及各类主题教育活动之中，组织开展丰富多彩的校园文化活动，唱响爱国主义主旋律。这是因为（　　）

①爱国爱党是新时期爱国主义的主题

②爱国主义不是抽象的，而是具体的

③爱国主义精神是人们文化素养的核心

④立德树人是培养时代新人的内在要求

A. ①③　　B. ①④　　C. ②③　　D. ②④

（7）阅读材料，完成下列要求。

中华民族精神，是中国人民在长期奋斗中培育、继承、发展起来的伟大民族精神。中华民族精神已然化为中国人民的特质、天赋，不仅铸就了绵延几千年发展至今的中华文明，而且深刻影响着当代中国发展进步，深刻影响着当代中国人的精神世界。中华民族精神为中国发展和人类文明进步提供了强大的精神动力。

习近平主席强调，人民伟大，是因为人民靠奋斗创造了伟大历史；民族伟大，是因为伟大民族靠奋斗改变了寥廓命运；民族精神伟大，是因为伟大的民族精神引领了浩荡的奋斗历程。只要中国人民始终发扬伟大的民族精神，我们就一定能够实现中华民族伟大复兴。

结合材料，运用文化生活的相关知识，谈谈你对伟大的民族精神引领了中国人民的奋斗历程的理解。

【板书设计】

7.1　永恒的中华民族精神

1. 中华民族之魂。

（1）作用　　（2）形成

2. 伟大的民族精神。

（1）作用

（2）基本内涵

①伟大的创造精神　　②伟大的奋斗精神

③伟大的团结精神　　④伟大的梦想精神

3. 高扬爱国主义的旗帜

（1）地位　　（2）作用　　（3）特点　　（4）主题

【课外实践】

1. 学唱《我和我的祖国》。

2. 以小组为单位，合作制作一张宣传中华民族精神的手抄报。

要求：内容生动不空洞，无知识性错误；结构优美不呆板，要有吸引力。角度自选。

（九）教学反思

本课内容从知识点的理解程度上看难度不大，但课时内容多。如何引导学生通过议题式探究生成知识非常关键，这就要求各环节都非常紧凑，要注重激发学生的探究热情，提高学生分析问题的能力，引导学生正确看待中华民族精神的形成与发展、爱国主义的具体性和历史性，树立联系观点和发展观点，提高辩证思维能力。知识的学习是教学的重头戏，但情感态度与价值观的形成同样不能忽视，这也是思想政治学科的一个特点，因而如何设置议题、问题就非常重要。为此我设计了一个总议题：中华民族精神为什么历久弥新、永不泯灭？三个子议题：从亮剑精神看中华民族之魂；从先进人物看中华民族精神；从屈原看如何践行爱国主义。联系历史和现实，提高学生明辨是非及透过现象把握本质的能力，增强他们对优秀民族文化、传统美德和民族精神的认同感，增强维护民族团结、社会稳定、顾全大局的情感，坚定实现祖国统一的信念。

在课堂活动中，通过对日常文化生活的感悟和交流观看《亮剑》视频的感受，激起学生对民族精神的认同感。在课堂活动中，组织学生进行“暴力碍国”这一辩题的辩论时，注意引导学生“理性爱国”的意识。明确以维护国家和民族利益为出发点和着眼点，合法有序地表达爱国热情，是现代公民应有的素质，也是享有公民权利的重要前提。多与学生在情感上进行交流与沟通，课堂上注意眼神交流，让他们亲其师信其道。给不同层次学生以不同评价，以鼓励为主，培养学生学习兴趣，特别是对基础薄弱、缺乏自信的学生，给他们创造不同的展示机会。在小组合作学习中，让不同层次的学生结对帮扶，培养他们的参与意识，有利于学生锻炼合作探究与比较分析能力。

四、取得的成效及体会

1. 基于学习主题，创设议题式教学，构建问题驱动系统，引导学生实现深度学习、自主发展，提升他们的思想政治学科核心素养。无论是线下课堂还是线上教学，学生才是真正的主人，不要把重点更多地放在督促家长看管、老师如何检测上，应该更多地考虑如何激发学生的学习兴趣和学习的主动性、主体性。新课程、新高考的核心以素养为本，不应该只专注于一些细碎的知识如何落实，在把握必备知识、基本阶段特征之后，更应关注学生素养的提升途径和效果。扫码进课堂，依托超星学习通平台开设网络众创云课堂，进行混合式活动型教学。老师根据学科核心素养目标设计好教学流程，以情境设置为背景，议题为主线，丰富线上教学资源。线下课堂教学以主题活动为抓手，生生互动、师生互动，理论联系实际，进行沉浸式体验型教学，让学习内化于心、外化于形。从线上、线下两个空间进行同课异构，拓宽学生学习途径，支持学生深度学习。学期结束，将学生平时的各种互动成绩与期末考试成绩一起作为本课程的学业成绩，对学生学习进行形成性评价。学生在考勤上基本能完成上课要求，老师通过数据反馈能及时了解、询问、督促个别没及时上课的学生。通过合作探究、议题设置、问卷星加强互动反馈，培养学生自主探究学习能力，加强预习，问题引导，练习反馈。

针对部分自主学习意识和自控力不强、教学过程中不能及时完成各模块和在线测试的学生，老师加强适时督促，帮其完成知识体系建设和知识点归纳。

2. 加强微课的作用，让学生做到在课前预习、课中互动、课后巩固，以便于更好地突破教学上的重难点。提前让学生进行课前预习，以便可以跟得上老师的讲解，同时也加深自己对学习内容的认知。老师认真备课，精讲精练，讲透知识点，加强学生的练习题训练，做到讲练结合，充分发挥集体备课组的力量，实现资源共享。老师整理好知识体系，通过复印各模块的提纲分享给学生，加强学生构建知识思维导图的训练，做到讲练结合。以问题为导向，提升学生参与度。在线上的教学应该多设置问题，以问题为表述，构建课堂话语环境，改变以往的单向输出和单纯的知识点再重复，精心设计教学环节，以问题来推动线上教学，加强学生知识上的拓展和训练。除此之外，老师还准备简单的练习题，让学生进行竞答，搞活气氛，当然也不要忘记主动询问学生对本堂课知识点的掌握情况，避免有学生遗漏知识点。通过在线资源为学生提供查缺补漏的机会，让学生加强自主探究学习的能力，加强在线策略、教学进度和实效性的反馈。注重线上线下教学节奏的强度和学习思维的转变，稳扎稳打，提高学生学习的主动性，增强学生个性化学习的创新能力，丰富教师校本教研的内容，使师生能持续共同成长。

3. 重视发挥导学作用，重视目标导学，运用任务驱动，以具有层次性和开放性的问题引领，培养学生的思想政治学科核心思维。在教学过程中，突出学生的主体性，重视学生自主学习和研究性学习能力的培养，鼓励学生主动提出问题，使其能自主探索解决问题的方法，自主完成学习任务单的相关学习内容，自主运用思维导图等方法总结、归纳知识要点和结构。教师要后讲、少讲、精讲，放手让学生先学、多学、精炼，通过翻转课堂发挥线上教学的优势，促进课堂互动交流，在平等、民主、和谐、融洽的教学氛围下，实现师生深入互动、生生有效互动。老师做好答疑解惑，选择合适的方法手段及时对学生的学习困惑进行辅导答疑；认真及时批改学生的作业，重视对学生学习效果的诊断与反馈，并对学生的学习表现给予富有建设性的评价。课后，老师统计学生上线率、线上回答问题或线下交作业的次数及评价等级，并计入学习效果反馈单。学生返校后首先进行心理疏导，再做好线上教学与线下课堂教学的衔接过渡。老师适时检测网上学习效果，对学生遗漏的知识或知识盲区进行适当补充，再接着完成相关教学任务，加强知识点巩固强化训练。结合网上授课作业情况，老师进一步加强作业的布置规划，提高学生对知识的理解运用。老师每周通过改错题练习，分知识点、分专题落实考点，加强学生理论联系实际的能力和培养他们自主学习的能力。

在今后的混合式教学实践中，应不断加强理论学习，以先进适用的理论和技术指导教学实践，提高教学的自觉性和预见性，这样可以少走弯路，提高效率，更好地为学生的发展服务。把其他老师作为自己反思的一面镜子，通过对照反思，及时发现自己在教学中存在的问题。同时，要善于吸收他人的长处，但不能照搬，一定要结合自己的教学风格特点，将其有机地融入自己的教学实践中。

五、专家点评

李坤华老师分享的“永恒的中华民族精神”案例，从整体上看，有两个突出的优点：

1. 线上学习交互性强。

李老师依托“学习通”平台、钉钉群直播两个在线教育平台，开展线上教学。在线上教学的过程中，他共享学习资源，充分考虑学生的情感需求，增加师生互动，组织在线答疑。课后，他采取多种方法落实，设置查看解析、反馈错误情况等环节，激发学生的主体意识，发挥学生的主观能动性，促进师生良性的互动。

2. 线下学习落实到位。

线上教学后，学生对中华民族之魂、伟大的民族精神、高扬爱国主义的旗帜三大块内容整体上有一定的把握。李老师线下将知识点以表格、思维导图的形式呈现给学生，为学生指明方向，引导学生从线上过渡到线下，采取合作探究的形式，帮助学生完成这三大内容知识体系的构建，巩固学生的学习成果。

政治《原因意义类主观题解题技巧与方法》

倪洁芬

（揭阳市揭东区蓝田中学）

一、课程基本情况

课程名称：原因意义类主观题解题技巧与方法

面向年级：高三年级

使用教材：《思想政治·必修一》《思想政治·必修二》《思想政治·必修三》《思想政治·必修四》（人教版高中）

依托在线教育平台："学习通"平台、智慧家园、问卷星

2020年一场突如其来的新冠肺炎疫情，导致全国春季开学延迟。在教育部的"停课不停学"的指导意见下，教师开展了线上教学和教研活动。每一位教师开始思考：如何开展线上教学？线上教学要教什么？如何通过线上教学激发学生学习的主动性和积极性？如何把一个个感人的抗"疫"典型素材融入政治的线上教学中？如何引导学生适应线上教学并培养学生的自主学习能力？带着这些问题和身为政治老师的责任担当，我们开展了线上教学。思想政治课是落实立德树人根本任务的主阵地，而青少年阶段是人生的"拔节孕穗期"，最需要精心引导和栽培。作为思想政治教师，我们应该运用有效的教学方法和手段，培养学生的政治认同、科学精神、法治意识和公共参与素养。本人采用"学习通"平台、智慧家园和问卷星，通过设计多种形式的教学，如进行知识点的一轮复习、解题技巧和时政热点的讲解开展了线上教学。这场疫情反倒使教育信息化创新发展，实现信息化与教书育人全环节、全要素、全方位的深度融合，促进人才培养模式创新，使学生具备终身学习的能力；促进教育供给服务模式创新，构建教育大资源服务体系。

二、教学改革思路

对于高三学生而言，时间是异常宝贵的，如何让学生在有限的时间里掌握解题方法与技巧是很重要的。因为学生习惯了题海战术，不习惯提出问题，却比较擅长解答问题，学习方法主要是死记硬背，缺乏对问题的研究和思考。为此，我们利用学生的这种学习习惯，先在线上上传符合高三学生学习的学习方法与技巧，同时结合时政热点布置一些练习题。学生根据自己自习后掌握的知识点和能力解答相应的题目，充分激发学生学习的主动性和兴趣，培养学生自主学习的能力，增强政治认同和培养科学精神。通过网上预设的视频和知识点开展学习，让学生学会自己提出问题并解决问题，这样可以让那些在课堂上不敢主动发言的学生也能大胆提出自己的见解和问题，不至于像在课堂上回答问题那样腼腆或者觉得自己回答得没水平；而优秀的学生更愿意发言，并积极主动地帮助解答题目。

教师通过预设的问题和学生的回答，做出适当的教学评价，从宏观上可以把握总体的掌握程度，从微观上可以看到每个学生的完成情况和存在的问题，充分做到对症下药，及时地帮助学生解决问题，达到事半功倍的效果，充分发挥教学评价的引领、激励和调节的作用。具体的教学思路设计如下图所示：

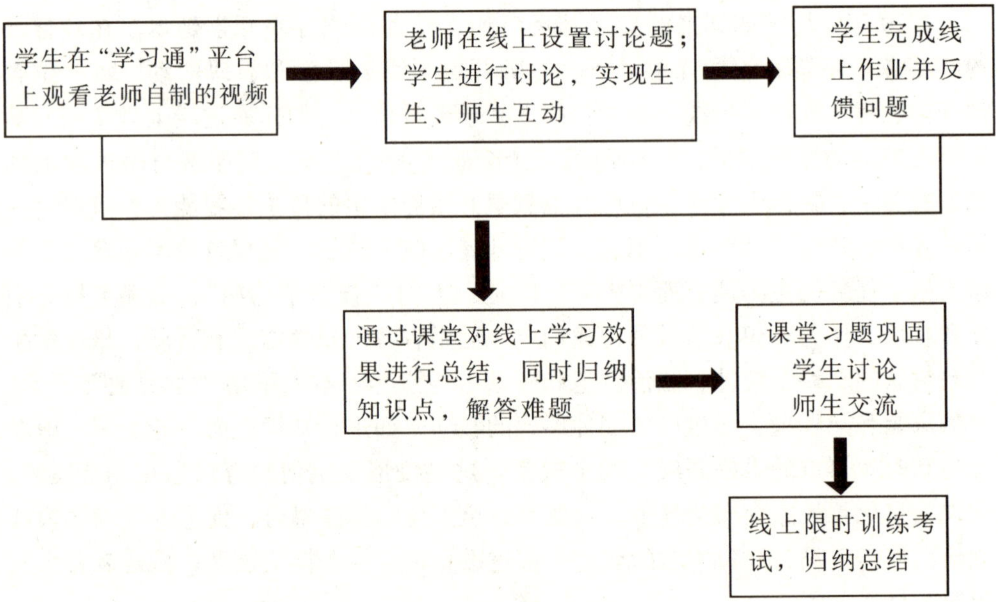

图1 教学改革思路

三、混合式教学案例设计

（一）前言

随着“互联网+教育”的深入发展，教师在课程教学中的角色定位发生了转变，已经从学习资源的提供者转变为学习资源的选择者和组织者，从知识的主要传授者转变为学生学习问题的解决者。线上线下相结合的混合式教学对教师教学水平和能力提出了新的要求，基于对 SPOC 教学模式的研究，将线上课程和课堂教学结合起来。在 SPOC 课程中，要求学生完成基本知识的学习和理解，在课堂讨论中，强化学生对知识的应用，可以及时发现在解决问题过程中出现的新问题，并加以纠正。在这个模式中，教师首先要准备好线上教学资料，供学生在线学习，在课堂上进行相关问题的讨论，讨论的问题包含线上学习过程中的练习题、知识点的拓展问题以及课堂中预留的问题。高中思想政治 SPOC 课程教学创设了开放、自由、交流的学习环境。碎片化处理节省了知识点的教学时间；深度的交流互动促进了学生对所学知识的内化吸收，通过拓展学生的学习深度，完善学生知识结构体系，从而提高学生的自主学习和问题分析能力。

（二）教学内容

原因意义类主观题解题技巧与方法。

（三）学时

1 课时。

（四）教学目标

1．法治意识：引导学生正确认识中国特色社会主义法治道路，帮助青少年树立尊崇法律、遵守法律的意识，提高他们运用法律保护合法利益的能力。

2．科学精神：帮助学生正确认识原因意义类主观题解题技巧与方法。

（五）教学重难点

解题方法与技巧。

（六）教学准备

1．采用 Camtasia Studio 录屏软件录制线上教学视频。

2．采用“学习通”平台让学生进行线上学习。

（七）线上部分内容简介

1．线上教学资源（如表 1、图 2、图 3 所示）。

表 1　原因意义类主观题解题技巧与方法线上课程资源

视频名称	视频时长	随堂练习题数	讨论次数
原因意义类主观题解题方法与技巧	00:22:05	1	0
民法典时政热点	00:04:01	0	1

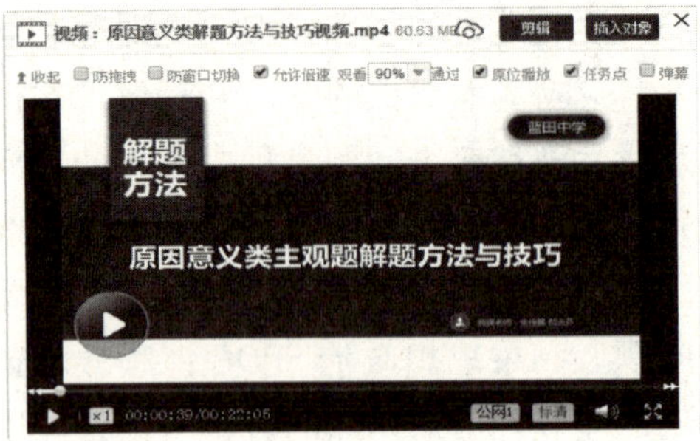

图 2　线上教学视频

图 3　时政热点视频

议题：观看民法典视频，列举民法典中两条法律条文，聊聊民法典的颁布将如何影响我们的生活，有什么重大意义？

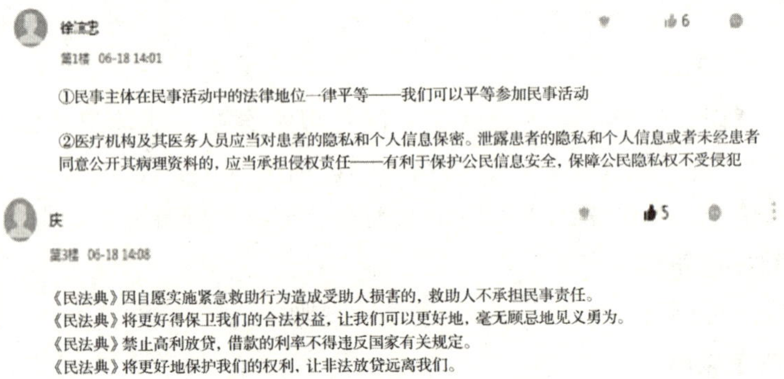

图 4　学生讨论回答

观看民法典视频之后，通过给学生设置一个议题，让学生能大胆地在线上平台上表达自己的看法。对于青少年来说，要知法、懂法、守法，通过对真实情景进行思考探究，保证学生思维的连贯性，让学生的认识更加具体和真切。同时，在讨论的过程中，学生能自己初步地掌握原因意义类主观题的解题方法与技巧。

2．线上作业布置及学生的完成情况。

通过布置线上作业及时测试和检验学生网上自主学习的效果，作业如下：

阅读材料，完成下列要求。

2019 年 12 月 23 日，十三届全国人大常委会第十五次会议听取《民法典各分编（草案）》修改情况和《中华人民共和国民法典（草案）》编纂情况的汇报。按照民法典编纂工作计划，《中华人民共和国民法典（草案）》提请本次常委会会议审议后，由全国人大常委会作出决定，将草案提请 2020 年 4 月召开的十三届全国人大三次会议审议。

法律是时代精神的体现，必然反映着最为鲜明的时代特征。中华人民共和国成立后，我国民事立法以婚姻法为开篇，开启了全新的进程。改革开放后，以民法通则、合同法、物权法、侵权责任法等的制定为标志，我国民事立法速度加快。我国在编纂民法典的过程中，研究并回应经济发展与环境保护的关系，用法治手段应对高风险社会带来的侵权威胁等问题。

结合材料，运用政治生活知识，分析编纂民法典对完善我国国家治理的作用。

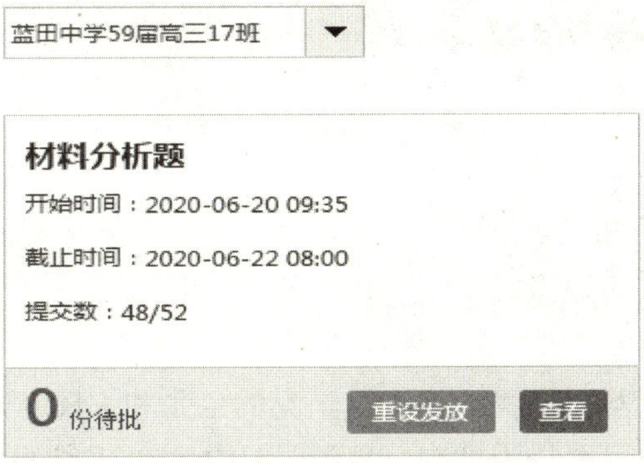

图 5　线上作业

（八）教学过程

1. 课堂讨论，并进行知识归纳、拓展和习题演练指导。

（1）对网上学习之后布置的主观题作业进行评讲。

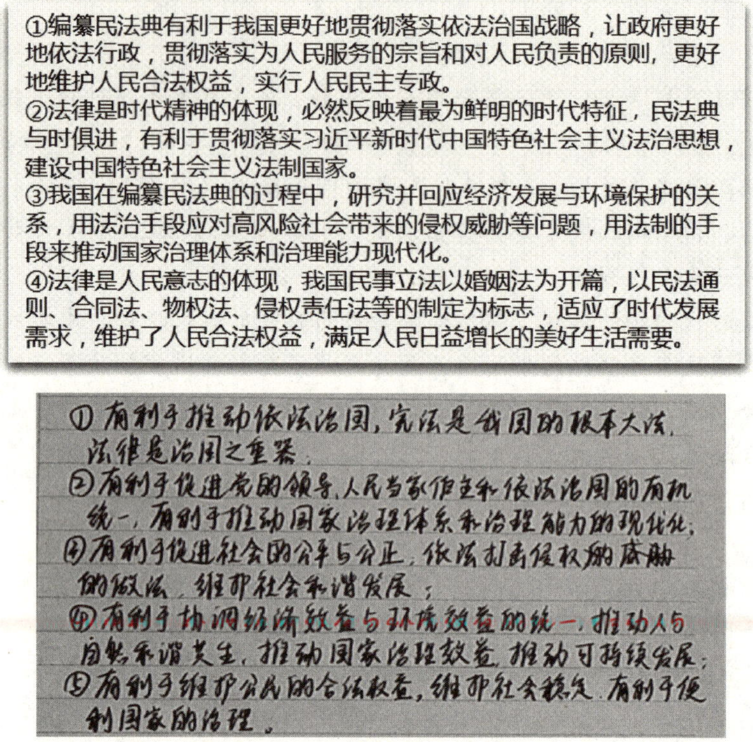
①编纂民法典有利于我国更好地贯彻落实依法治国战略，让政府更好地依法行政，贯彻落实为人民服务的宗旨和对人民负责的原则，更好地维护人民合法权益，实行人民民主专政。
②法律是时代精神的体现，必然反映着最为鲜明的时代特征，民法典与时俱进，有利于贯彻落实习近平新时代中国特色社会主义法治思想，建设中国特色社会主义法制国家。
③我国在编纂民法典的过程中，研究并回应经济发展与环境保护的关系，用法治手段应对高风险社会带来的侵权威胁等问题，用法制的手段来推动国家治理体系和治理能力现代化。
④法律是人民意志的体现，我国民事立法以婚姻法为开篇，以民法通则、合同法、物权法、侵权责任法等的制定为标志，适应了时代发展需求，维护了人民合法权益，满足人民日益增长的美好生活需要。

①有利于推动依法治国，宪法是我国的根本大法，法律是治国之重器。
②有利于促进党的领导、人民当家作主和依法治国的有机统一，有利于推动国家治理体系和治理能力的现代化；
③有利于促进社会的公平与公正，依法打击侵权威胁的做法，维护社会和谐发展；
④有利于协调经济效益与环境效益的统一，推动人与自然和谐共生，推动国家治理效益，推动可持续发展；
⑤有利于维护公民的合法权益，维护社会稳定，有利于便利国家的治理。

图6 线上优秀作业

（2）链接相关的知识点。

法律——政治生活知识链接

①法律：

法律是治国之重器。在我国，法律是党的主张和人民意志相统一的体现，法律是每个行为主体的根本行为准则。平等是社会主义法律的基本属性。法律的完善能推进我国治理体系和治理能力的现代化。

②依法治国：

依法治国是党领导人民治理国家的基本方略。全面依法治国是中国特色社会主义的本质要求和重要保障。

③三者有机统一：

发展社会主义民主政治必须坚持党的领导、人民当家作主和依法治国的有机统一（党的领导是人民当家作主和依法治国的根本保证；人民当家作主是社会主义民主政治的本质要求；依法治国是党领导人民治理国家的基本方略）。人民代表大会制度是坚持党的领导、人民当家作主和依法治国有机统一的根本制度安排。

④民主立法：

我国的国家性质；坚持人民的主体地位；有助于法律充分反映民意，体现立法的民主性；有利于立法广泛集中民智，增强立法的科学性，有利于促法公民对法律的理解，推动决策的实施；有利于提高公民参与公共事务的热情和信心，增强公民的社会责任感。

2. 设置情境，让学生在讨论的过程中归纳总结原因意义类主观题解题技巧与方法。

情境：2020 年法治政府基本建成，是党的十八大确立的全面建成小康社会的重要目标。

材料一 李克强总理强调，我们建设法治政府，国务院法制办一定要超越部门利益，在起草相关法律法规条例过程中，既要充分听取吸收相关部门的意见和建议，更要站在“法治”的高度，超越部门利益之上。在这一点上，法制办必须要有权威，“说了算”！

结合材料一，运用为人民服务的政府的知识，分析国务院法制办起草相关法律法规条例必须“站在‘法治’的高度，超越部门利益之上”的原因。

审读设问可知，本题要求运用为人民服务的政府的知识，分析我国坚持依法治国的原因。政府及其工作人员的权力由法律授予，行使行政权力必须依据宪法和法律规定。政府依法行政是贯彻依法治国方略、提高行政管理水平的基本要求，体现了对人民负责的原则。我国的政府是人民的政府。我国政府的宗旨是为人民服务，政府工作的基本原则是对人民负责。因此，国务院法制办起草相关法律法规条例必须“超越部门利益之上”。

老师在分析这道主观题的时候，结合学生讨论和分析的情况，归纳出解题技巧与方法。原因意义类的解题技巧与方法如下：

（1）必要性。应从基本规律、时代要求、现状、背景等入手分析。这类题型常常考查考生运用学科知识分析材料所反映现象或问题的成因，以及分析党和国家的某项政策、措施的理论依据或必要性。

（2）重要性。应从这件事的作用、意义、目的等入手。作答时一般可遵循从小到大、从近到远、由点到面的原则。从小到大：对个人、对自己、对他人，而后对企业、对单位、对集体，然后对社会、对国家、对民族的意义。从近到远：对目前的意义、对长远的意义。由点到面：由一个方面扩散到多个方面，由一个角度联想到多个角度，由一个层次发展到多个层次来分析和组织答案。当然，审题必须仔细，如果提问中已经有限定范围，那就要围绕限定范围来答题。

（3）可能性。有时还要分析解决问题的可能性，也就是分析能够这么做的条件和社会环境，注意分析主观条件、客观条件，内部条件、外部条件等。或者，可以逆向思维，从对立的角度分析，如果不这么做，可能会带来什么不良的影响或阻碍。

通过设置情境，让学生运用所学习的知识分析讨论案例，加深对法律知识的认识，培养学生的法治意识，增强认同感，培养爱国主义情怀；同时，让学生尝试归纳解题技巧与方法，发挥学生的主体作用。通过创设教学情境，引导学生自觉主动学习，构建互动合作的高效课堂。

3. 习题演练。

通过课堂的习题演练，检验学生课堂中的学习效果，以便老师跟踪和改进教学方式。习题如下：

2020年2月5日，习近平同志在主持召开中央全面依法治国委员会第三次会议时发表重要讲话强调，各级党委和政府要全面依法履行职责，坚持运用法治思维和法治方式开展疫情防控工作。

在全国人民同时间赛跑，与病魔较量的过程中，法治已然成为抗“疫”关键词：将新冠肺炎纳入《中华人民共和国传染病防治法》规定的乙类传染病，并采取甲类传染病的防控措施；多部门联合制定《关于依法惩治妨害新型冠状病毒感染肺炎疫情防控违法犯罪的意见》，法治让疫情防控“有章可循”。从中央及各地不断出台相关规定、决定，围绕疫情防控矛盾焦点不断完善制度设计，为各部门积极依法履职提供依据，力避形式主义和官僚主义，维护全国抗疫大局；党员干部依法严格遵守各项疫情防控规定，与涉及疫情防控的违法违规行为作坚决斗争，带动广大人民群众自觉学法、懂法、守法，同心携手织就依法治“疫”的严密防护网。

结合材料和所学政治生活知识，分析我国为什么要坚持依法治“疫”？

学生完成情况如图7所示：

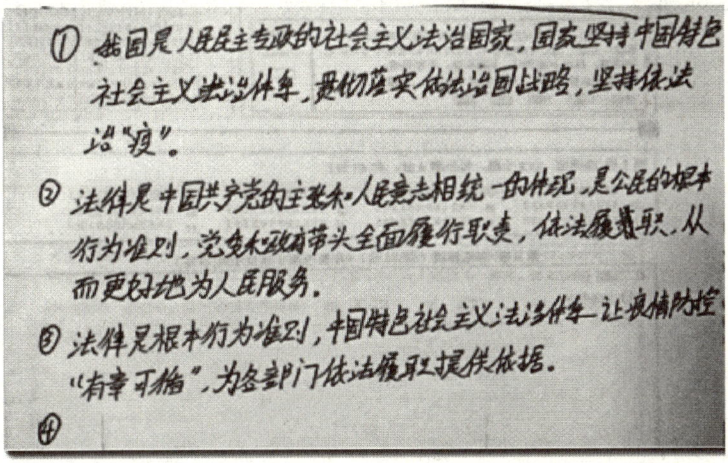

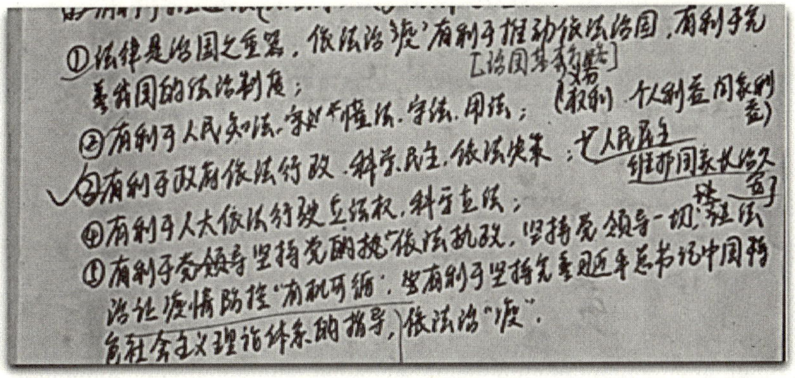

图7 课堂练习学生答案展示

4．线上课后限时训练。

通过线上学习和线下课堂学习，针对本节课的特点，在线上设置了一道原因意义类的主观题，其目的是通过本次的限时训练来落实和测试混合式教学的教学效果。作业布置如下：

某市认真贯彻新发展理念，提出了到2020年低收入村全部脱低的目标。曾祖辈以烧炭为生、一度压着低收入帽子的沟区妙峰山镇炭厂村，依托“三色文化＋旅游”走上致富路。一是发掘“乌金文化”，使炭窑遗迹成为游人回顾历史发展的一个触点。二是弘扬“红色文化”，该村的抗战历史吸引了无数游客。三是“绿色文化”，打造神泉峡景区，让绿水青山变成了金山银山。该村集体经济蓬勃发展，吸引了大批农民返乡就业或创业。曾经的低收入村就这样摘了帽子。

结合材料和所学经济生活知识，分析炭厂村“三色文化 + 旅游”的经济意义？

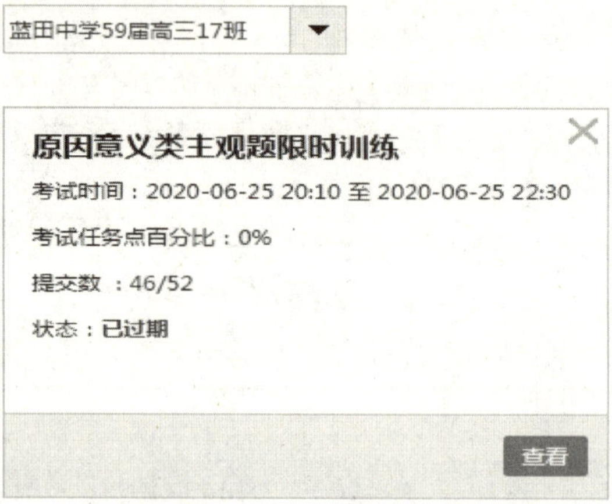

图 8　线上限时考试布置及其完成情况

（九）教学反思

学生通过“学习通”平台，利用课余时间自主地进行线上学习，达到自主学习和探究的目的；通过在线学习中的测试练习，教师可以掌握在线学习测试中的完成率、测试的平均分以及答题的正确率，掌握在线学习中的学习进度与在线学习时间、在线讨论的数量和效果。通过在线学习和测试后反映的问题，教师再针对问题进行归纳总结，并对集中的难点重点进行讲解和拓展。通过这种“线上 + 线下”的混合式教学，提高了学生的自主学习探究能力和知识运用能力，针对性与实效性效果是比较明显的。

通过信息技术，教师一方面能够正确分析学情，及时发现学生在学习过程中可能出现的问题，提高教学的精准性；另一方面能够正确评价教学资源和教学手段是否适应学生，提高教学的效率。当然这种模式的运用必须考虑到多个方面的因素：对学生而言，如学生的学习动机和负担，在学习时间比较紧迫和课业作业比较多的情况下，学生在线学习的效果并不是很好，会出现讨论质量不佳或抄袭作业的情况；对教师而言，要考虑到教师的业务能力、环境支持程度和教学任务等压力。

总而言之，“线上 + 线下”的混合式教学模式利用了线上教学、线下讨论各自的优势，针对不同的教学环节合理划分线上线下的教学资源，重构课程教学内容，有利于学生自主学习、教师创设情境、师生互动交流和教育社会化的实现。

四、取得的成效及体会

对于混合式教学效果的分析，教学评价是一个重要的环节。教学评价通常被定义为“以教学目标为依据，制定科学的标准，运用一切有效的技术手段，对教学活动过程及其结果进行测定、衡量并给予价值判断”，因此对教学效果有一定的促进作用。通过收集教学数据，如线上讨论的数量、线上完成测试的完成率、课堂讨论的次数和完成测试的数据，可以反映学生主动参与线上学习、讨论，观看线上视频资源的动力和态度。从数据来看，学生的学习态度是比较积极和认真的。

“线上＋线下”的混合式教学是否能顺利进行取决于三个因素：学生的学习态度、教师的业务能力和师生的互动情况。只有把线上教学的效果与线下教学相结合，才能实现思想政治课的教学目标和达成培养核心素养的目的。在互联网和大数据的背景下，开展“线上＋线下”混合式的思想政治课教学，可以让教学过程更具有时效性、及时性、针对性和平等性。

五、专家点评

倪洁芬老师的“原因意义类主观题解题技巧与方法”案例是疫情期间面向高三学生群体的解题策略指导性课程，针对思想政治试题中主观题的其中一大类别——原因意义类。

倪老师在设计课程时，依托“学习通”平台、智慧家园和问卷星等开展了线上教学，设计多种教学形式，复习知识点、讲解解题技巧、评析时政热点、讲练结合、课后布置习题巩固，循序渐进，进而培养学生的自主学习能力，增强学生的政治认同和培养科学精神。在授课过程中，倪老师引入时政热点——《民法典》，让学生体会到思想政治学科与现实生活的紧密联系，并设置场景，回归课堂教学，从必要性、重要性、可能性三个维度分析归纳出原因意义类主观题的解题技巧与方法。

倪老师的课程针对性强，实际效果好。从学生角度来看，该课程不仅激发学生学习的主动性和积极性，而且满足学生对解题策略指导性课程的需求，对教师本身提出了更高的要求，为后续相关课程的拓展和完善提供了参考和借鉴。

历史《世界古代近代文明》

杜 丹

（汕头市澄海实验高级中学）

一、课程基本情况

课程名称：世界古代近代文明

面向年级：高二年级

使用教材：《历史·必修一》《历史·必修三》（岳麓版高中）

依托在线教育平台：钉钉平台、问卷星

受新冠肺炎疫情的影响，2020 年春季学期延期开学，在实施“停课不停教，停课不停学”的教学方案下，澄海实验高级中学利用钉钉搭建学习平台，组建钉钉班群，利用群直播的功能与学生线上互动来展开教学。在线上教学的过程中，信息技术的进步给师生带来了很大的便利：课前可以进行课程签到；课程直播时教师可以与学生连麦或打字互动；课后可以发布家庭作业，在线批改并及时反馈给学生。经过一段时间的磨合，学生们也已经习惯了利用钉钉平台与教师互动、进行学习，这为返校开展线上线下相结合的教学模式提供了可能性。课程“世界古代近代文明”便是在此背景之下开课的，该课程对岳麓版高中历史必修教材中的世界历史进行整合复习，故学生已经有一定的知识基础，课程的重点便放在突破学生的薄弱知识点上，因此，摸清学生的疑难点尤为重要。不同于以往仅凭教师经验的模糊化处理，教师借助信息技术平台可以更加了解学生学情，将学情数据化落实到实践中。在开展该课程过程中，学生课前先在线上做题，教师利用平台统计每道习题的错误率，由此摸清学生的知识掌握情况，为线下教学提供指引。这种“线上 + 线下”相结合的教学方式，相较于以往单纯的线下教学，其课堂教学效率更高，可以更有针对性地帮助学生突破薄弱知识点，并在此基础上培养学生的核心素养。

二、教学改革思路

在尚未使用钉钉平台之前，实际上我从未设想过开展“线上 + 线下”的混合式教学模式，然而疫情期间的线上教学为这次改变提供了契机。以往的教学模式是单纯的线下教学，师生在课堂面对面进行互动，通过观察学生的神情来推测学生是否走神或是否理解教师所传授的知识，这是线上直播教学无法达到的效果。线上直播教学对学生提出更高的要求，在没有同学和教师的现场约束力下，学生需要更加自律，集中注意力投入到课堂学习中。但线上直播教学也为线下教学提供了更多的可能性。一方面是学习平台的搭建，钉钉班群的搭建方便师生和生生之间及时交流。一旦在学习中遇到问题，学生们可以随时在钉钉班群提出，教师进行在线回答。这个过程中，班里的其他学生都可参与讨论，这为班级营造了较好的学习氛围。另一方面是平台中实用功能的运用。在钉钉平台中，有家校本、课前签到、打卡和通知等功能，其中家校本可以发挥较大的作用，利用家校本，教师能快速统计作业上交数量；批改作业时教师能语音或文字输入，或是在电子版作业上批注；而批改完的作业也可以随时反馈给学生，由此形成良好的师生互动。

除了钉钉平台功能的运用外，问卷星的数据统计功能也给予我线上教学模式的启发。了解学生的学情，可以从学生的习题完成度入手。每一道习题，都涉及历史课程的相关知识点。教师可以在课前整理与课程相关的习题，利用问卷星平台制作成电子版习题卷、生成二维码，让学生在周末扫码完成习题，问卷星平台即可生成习题完成度数据。借此数据，教师便能结合习题知识点，分析学生的知识点掌握情况，根据具体化的学情调整备课思路，并在实际教学中突破学生薄弱的知识点，因材施教，提高教学效率。

正是信息技术的发展，为“线上＋线下”的混合式教学提供更多的可能性和改革方向。依托技术平台，教师能够及时了解学生学情，将学情数据化，以此实现更好的教学效果。

三、混合式教学案例设计

（一）前言

混合式教学，是将线上与线下教学相结合展开的教学模式。线上教学，是教师利用网络资源和信息技术平台展开的教学活动，形式多样灵活。但网络资源的丰富性也带来了质量参差不齐的问题，教师需要合理筛选教学资源，或是利用录屏软件自行录制微课，形成更加有针对性的学习资源，并分享给学生。这种教学模式可以给予学生充分的学习时间，即使是线上直播授课的形式，也可以保留直播记录，方便学生随时回放查看，自主学习突破难点。同时，在大数据化时代，借助信息平台，教师可以随时掌握学生的学习动态，进而完善教学。线下教学，是教师以课堂教学活动为载体，以学生为主体，面对面开展的教学活动，能引导学生进行思考，动员学生参与到深层次的思考中，以此帮助学生更好地掌握基础知识，实现教学目标。为了更好发挥混合式教学模式的效果，达到教学目的，需要将线上教学与线下教学二者的优势相结合。而如何达到如此效果，则需要通过教学实践进行探索和总结。

在实际的教学中，我的授课对象是高二艺术班的学生，他们具有学习时间少和知识基础不扎实的特点。一方面，艺术生在周末经常要学习音乐或美术，所以在开展线上教学时，需要考虑学生课余时间比较少的问题，因此，在布置线上任务时，会着重精且短，在不过多占用学生时间的同时，达到教学效果。一般来讲，在线上教学时，分享的微课时长会控制在 10 分钟以内，课前练习也会分别针对知识点精心整理出相应的高考真题，重质不求量。另一方面，艺术生的历史知识基础相对不扎实，在线下的课堂教学中会注重历史概念的解释，将重点知识清单化，引导学生掌握基本史实，提高学生解释历史的能力。

（二）教学内容

本案例的主题是“古代西方文明的源头——古代希腊罗马”，是通史复习中世界史专题的古代史部分，其教学内容包括雅典民主政治、罗马法和古代西方的人文精神，并总结西方古代史的阶段特征。线上微课的内容是利用时间轴，对本专题中的相关知识点进行梳理，重点突出“民主”“法治”“人文”。线下教学的内容主要从政治、经济和文化三个角度着手，其中政治和文化方面的内容较多。政治方面，古代雅典逐渐形成了城邦民主政治，在专制主义盛行的古代世界率先建立了较为健全的民主制度，开西方民主政治之先河；古代罗马则逐渐建立了系统的法律体系和完整的诉讼程序，对近现代法治国家的建立产生了深刻影响。文化方面，古代希腊出现了世界上最早的人文主义思想，是近代人文主义思想的源头。经济方面，古希腊、古罗马工商业发达，海外贸易繁荣，为民主政治和人文精神的产生奠定了基础。

（三）学时

1.5 课时。

（四）教学目标

1. 通过对古代雅典民主政治形成的原因、背景进行分析，认识古代雅典商品经济发展对民主政治的影响，理解经济基础决定上层建筑，培养唯物史观。

2. 通过观看微课视频《古希腊罗马文明时空定位》，使学生整体把握西方古希腊、古代雅典城邦和古罗马的发展演变过程，培养学生的时空观念。

3. 结合时间轴、地图、数据图、史料和概念解释等方式，使学生能从微观层面、在特定的时空背景下，准确理解和解释古代雅典民主政治、古罗马法律制度、民主理念和原则，培养学生的历史解释和史料实证能力。

4. 通过横纵对比，使学生能从宏观层分析阐释古希腊、古罗马政治对后世的影响和中西方人文主义思想的异同，认识古代中国思想文化精神，涵养家国情怀。

（五）教学重难点

教学重点：古代雅典民主政治的特点；古罗马法律制度的法治理念。

教学难点：西方古代人文主义思想的内涵。

（六）教学准备

1. 对本课程的内容，运用时间轴的方式进行梳理，制作微课课件，形成微课说课稿，运用 EV 录屏和 EV 剪辑软件，自行录下和剪辑微课视频。

2. 结合本课程具体的知识点整理出习题，运用问卷星网站导入习题，形成二维码。

3. 进行课堂教学备课，形成上课课件和教案。

（七）线上部分内容简介

1. 课前线上学习任务布置：让学生观看微课和完成课前练习。

（1）教师录制微课视频《古希腊罗马文明时空定位》，学生自行利用周末空余时间观看，在课前整体把握本讲的知识线索。

（2）课前练习针对古代雅典民主政治、古罗马法律和西方人文精神的起源这三大知识点所设，且源自近几年的高考全国卷习题。生成习题二维码之后，以家校本的形式上传至钉钉班群。学生完成习题后，教师在后台统计数据，借此了解学生对知识点的掌握情况，方便课堂教学的开展。

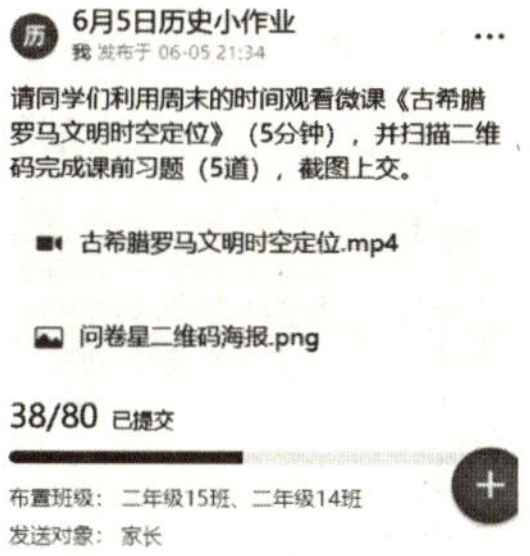

图1　课前作业

图2　习题二维码

2. 教师随时查看家校本的数据，了解学生课前学习任务的完成情况。在详细备课前在问卷星网站下载学生练习题完成情况数据，形成图表。如在这过程中了解到学生在“古罗马法律”的相关习题上错误率较高，教师在进行教学设计时会重点思考如何将罗马法讲得更简单透彻，帮助学生掌握该知识点。

课前习题完成情况数据统计如下：

（1）在古代雅典城邦，陪审法庭几乎可以审查当时政治生活中的所有问题，甚至包括公民大会和议事会通过的法令，并进行最终判决。这说明（　　）

[单选题]

选项	小计	比例
A. 法律服从民众意愿	4	7.02%
B. 判决体现权力来源（答案）	40	70.18%
C. 全体公民参与政治	10	17.54%
D. 法律面前人人平等	3	5.26%

正确率：70.18%

（2）公元前5世纪，雅典公民获得更多表达自己想法的机会，公民的成功“依赖于在大型公共集会上谈话、论辩与说服的能力”。据此可知，在当时雅典（　　）　　[单选题]

选项	小计	比例
A. 公民必须能言善辩	3	5.26%
B. 参政议政十分活跃（答案）	46	80.7%
C. 民主政治出现危机	7	12.28%
D. 内乱引发思想纷争	1	1.75%

正确率：80.7%

（3）罗马共和国时期，平民和贵族展开了长达两个世纪的斗争，斗争的成就主要体现为其间所颁布的一系列法律。恩格斯曾评论说：“氏族贵族和平民不久便完全溶化在国家中了。”这一长期斗争的结果是（　　）　　[单选题]

选项	小计	比例
A. 贵族的特权被取消	2	3.51%
B. 罗马法体系最终形成	24	42.11%
C. 公民与贵族法律上平等（答案）	28	49.12%
D. 自由民获得相同的权利	3	5.26%

正确率：49.12%

（4）德国文学家歌德说，罗马法“如同一只潜入水下的鸭子，虽然一次次将自己隐藏于波光水影之下，但从来没有消失，而且总是一次次抖擞精神地重新出现”。对此的正确理解应是，罗马法（　　）　　[单选题]

选项	小计	比例
A. 是近代欧洲大陆国家法律的基础（答案）	34	59.65%
B. 为欧洲近代社会确立了行为规范	4	7.02%
C. 所维护的民主制度历史影响深远	18	31.58%
D. 不断地改变了欧洲历史发展方向	1	1.75%

正确率：59.65%

（5）古代雅典的梭伦在诗中写道：“作恶的人每每致富，而好人往往贫穷；但是，我们不愿意把我们的道德和他们的财富交换，因为道德是永远存在的，而财富每天在更换主人。”据此可知，梭伦（　　）　　［单选题］

选项	小计	比例
A. 反对奴隶制度	3	5.26%
B. 主张权利平等	12	21.05%
C. 抨击贫富差别	9	15.79%
D. 具有人文精神（答案）	33	57.89%

正确率：57.89%

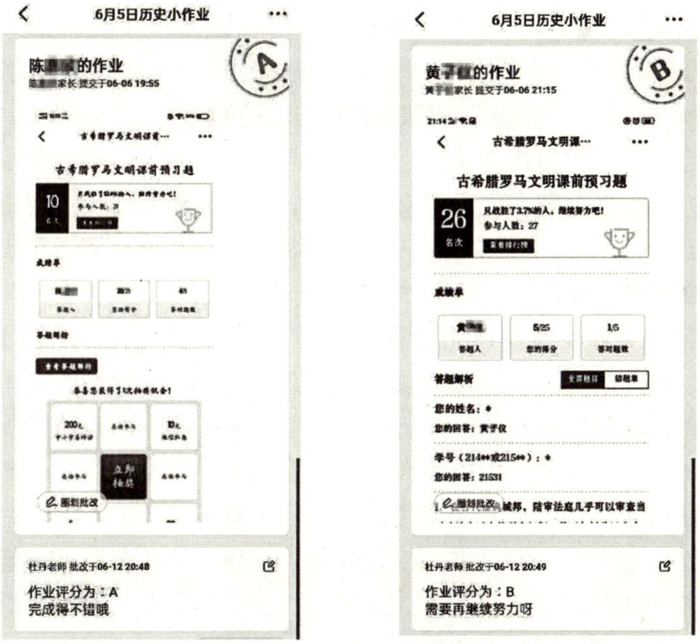

图3　课前线上作业批改

（八）教学过程

1．导入。因艺术生知识基础薄弱的特点，在课前先为学生整理知识清单。结合时间轴，进行时间定位，突出点明本讲的主要知识清单：古代雅典的民主政治、西方人文精神的起源和古罗马的法治。

2．分析高频考点。结合2016—2019年历史高考全国卷在这些知识点的考题数量和内容，分析阐释本讲知识点的考查角度和方式。考查角度为古代雅典民主政治的特点及影响；古罗马法律制度法治理念及对后世的影响；人文主义思想的实质及其普世价值；等等。考查方式包括了从微观层面，通过设置特定时空背景，考查考生对古代雅典民主政治、古罗马法律制度，民主理念和原则的准确理解与解释；从宏观层面，考查考生对古希腊古罗马民主政治遗产及中西方人文主义思想异同的历史阐释和分析。要突出注意微观上的知识点阐释和宏观上的横向与纵向联系。

3．古希腊的民主政治。

（1）结合复习练习册《世纪金榜》的主干知识网络，为学生展示梭伦、克里斯提尼和伯里克利的图片，带动学生一起回忆古希腊、古代雅典民主政治的发展历程、内容、运行机制。古代雅典民主政治的发展历程：梭伦改革奠定古代雅典民主政治的基础；克里斯提尼改革确立了古代雅典民主政治；伯里克利时期古代雅典民主政治达到顶峰。其内容包括公民大会、五百人议事会、民众法庭等，运行机制包括集体领导、差额选举制、任期制、议会制、比例代表制。在此基础上分析古代雅典民主政治的特点：直接民主、人民主权、轮番而治、法律至上。

（2）为学生提供古希腊城邦的地形地势图，提问学生“古希腊为什么能够形成民主政治制度”，引导学生从地理环境、经济条件、政治制度、外部因素等方面进行思考。引导学生将古希腊、古代雅典民主政治与中国的君主专制中央集权制度对比，进行横向联系。通过对比，让学生认识到地理环境对古代雅典民主政治的产生有重大影响，但不是唯一的影响因素，它是由经济、历史及文化传统等多方面因素综合决定的。

（3）提问学生评价某一事物所采用的方法和角度，例如，一分为二、对当时和对后世、对本国和对世界、对政治经济文化等。学生学会将这些方式运用到对古希腊、古代雅典民主政治的评价中，从意义和局限性两个角度切入，认识到古代雅典民主政治一方面是人类伟大文明的催化剂，能够推动古代雅典民主政治廉洁、经济发展和文化繁荣，为现代民主政治积累经验；另一方面是导致社会不公的暴力机器，是少数人的民主，权力容易被滥用，形成多数人的暴政。

（4）分析讲解课前关于古代雅典民主政治的练习题，并提供相同知识点习题再次训练学生，以巩固知识的掌握。

4．罗马法。

（1）解释罗马法的含义：公元前6世纪末至7世纪古罗马制定和实施的全部法律。针对学生的预习情况，可知学生对于罗马法的演变过程了解得不透彻。因此重点讲解罗马法的演变过程：

①起源阶段：习惯法——成文法《十二铜表法》。

②发展阶段：公民法——万民法。

③完善阶段：《查士丁尼民法大全》——标志罗马法体系的完备。

在这过程中突出法律的演变与当时古罗马的发展历程有密切的联系，特别是罗马共和国和罗马帝国时期，法律的适用范围有所变化。

（2）引导学生根据所学知识，结合罗马正义女神图片，总结罗马法的核心内容，包括私有财产神圣不可侵犯和自由民在法律面前人人平等。

（3）以练带讲。通过习题，为学生提供评价罗马法的思路。从地位上讲，罗马法是世界史上内容最丰富、体系最完善、对后世影响最广泛的古代法律体系，对当时的罗马帝国起到巩固统治的作用，并为后世欧洲大多数国家（英美法等）提供立法蓝本，其法治精神永存；但罗马法同样存在一定的局限性，它维护的是奴隶主贵族的利益，并没有实现真正的平等。在巩固知识点的基础上，将中国古代法与罗马法进行比较，突出立法出发点的不同之处，进行中西对比。

5．古希腊人文精神的起源。

（1）通过表格的方式，帮助学生梳理古希腊人文主义思想的代表主张及影响。

代表	哲学贡献	影响
智者学派	“人是万物的尺度”	构成古希腊人文精神的基本内涵
苏格拉底	“认识你自己”“美德即知识”	使哲学成为研究“人”的学问
柏拉图	理念论和《理想国》	为理性主义思想的发展奠定了基础
亚里士多德	创立了逻辑学	把希腊哲学的理性精神发展到顶峰

（2）将古代中国儒家思想与古希腊人文精神进行比较。从对人的属性的关注点、处理个人与社会关系的着眼点、对自然科学的研究态度、对后世影响等方面进行对比，引导学生深入理解人文主义精神的内涵。

6. 总结古希腊古罗马的时代特征。

古希腊：公元前8世纪—公元前2世纪　古罗马：公元前7世纪—公元6世纪		
两者的地位及联系	西方文明的源头，典型的海洋文明，古罗马兼并、继承并发展古希腊文明	
政治	经济	文化
政体多变，古希腊民主制、古罗马法治开西方政治文明的先河，影响深远	古希腊和古罗马以工商业为主，发展海外贸易	古希腊哲学蕴含西方人文精神的源头，文化成果丰硕、人才辈出。古罗马法治精神影响至今

（九）教学反思

在此次教学过程中，能够尝试运用信息技术平台，与学生进行线上互动，通过录制播放微课和课前完成练习题的方式，引导学生进行预习，有助于教师掌握学生预习情况，并将之数据化。在进行课堂教学过程中，也能针对学生薄弱的知识点进行重点讲解。但在课堂的实际教学中互动较少，需要增强与学生的互动。

四、取得的成效及体会

学生结合课前预习和课上听课，通过时空定位，大部分能够掌握古代雅典民主政治、古罗马法律和西方人文精神等相关知识点。通过中西方的对比，学生能更加深入了解政治制度与思想形成的时代背景及影响，提高自身历史阐释和分析的能力。

本课程是对“线上＋线下”混合式教学模式的尝试。在推进的过程中，运用网课期间所搭建的钉钉学习平台，进行线上预习的引导，为课堂教学实践起到了较好的铺垫作用，学生通过观看微课视频和做课前习题，梳理并巩固基础知识；教师通过平台统计习题正确率，借助数据摸清学生学情，增强了备课的有效性。在线下的教学过程中注重横纵联系，培养学生的时空意识和历史解释能力，突破学生的薄弱知识点。混合式教学模式为教学提供了更多的可能性，能够培养学生的自主学习能力，促进师生在线学习交流，提高教学质量。

五、专家点评

正如杜丹老师所说“这种‘线上＋线下’相结合的教学方式，相较于以往单纯的线下教学，课堂教学效率更高，可以更有针对性地帮助学生突破薄弱知识点，并在此基础上培养学生的核心素养”。“线上＋线下”结合的混合式教学，不同于以往仅凭教师经验的模糊化处理，教师借助信息技术平台，可以更加了解学生学情，将学情数据化落实到实践中，能够有效解决教学的核心问题，提升教学效率。杜老师虽然是第一次使用混合式教学方法，但其熟练的程度足见其平时的信息技术功底和丰富的教学经验。课上在线运用多个平台功能，一气呵成，帮助学生理清“古代西方文明的源头——古代希腊罗马”公元前8世纪到公元6世纪的政治、经济和文化脉络，课中结合测评数据、难点和考点，进一步巩固知识，形成知识链条，有效地提升教学效果，是一个成功的混合式教学设计。

信息技术《Scratch 编程——我是升旗手》

陈　烁

（汕头市澄海实验小学）

一、课程基本情况

课程名称：Scratch 编程——我是升旗手

面向年级：小学五年级

使用教材：《信息技术 B 版第三册（下）》（粤教版小学）

依托在线教育平台：爱米云助教、问卷星

受新冠肺炎疫情影响，2020 年初孩子们暂时还无法返校学习。在各级教育部门“停课不停学”的号召下，我校老师“八仙过海，各显神通”，想方设法利用网络开展教学，积极探索“线上 + 线下”混合式教学模式。由于网络课程渠道多，质量存在差异，为提高线上教学的有效性，我们结合本校的学生学情，认真备课确定网上课程。我们信息技术网课开展的方法是教师利用“爱米云助教”平台向学生推送学习资源，学生在 App 或电脑端完成学科的学习任务。课程中既有线上教学视频和学习评价，又有线下学生自己学习、自主探究，最大程度地发挥课程作用。

在“Scratch 编程——我是升旗手”这一课中，教师先将教学视频和练习推送到“爱米云助教”平台，学生登录平台线上观看教学视频，安装 Scratch 编程安装软件，下载素材，按练习要求完成编程任务，再填写与“Scratch 编程——我是升旗手”课程相关的在线课堂评价表。如果学生遇到不会的问题，可以在爱米云助教平台上提问，教师都会关注学生提出的问题，及时在线上进行答疑，满足学生学习新课的需要，也一定程度上提升学生的自主学习能力。

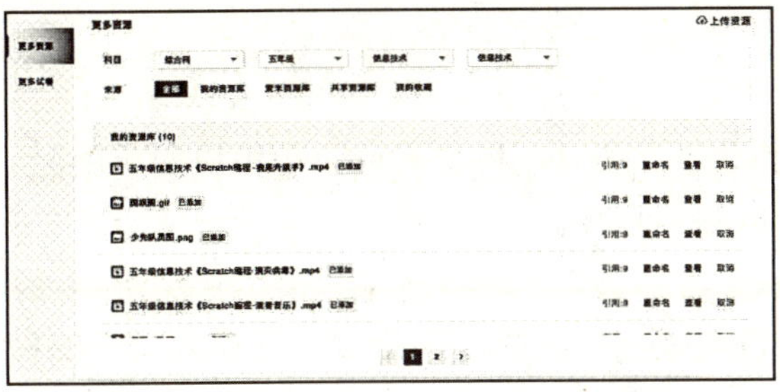

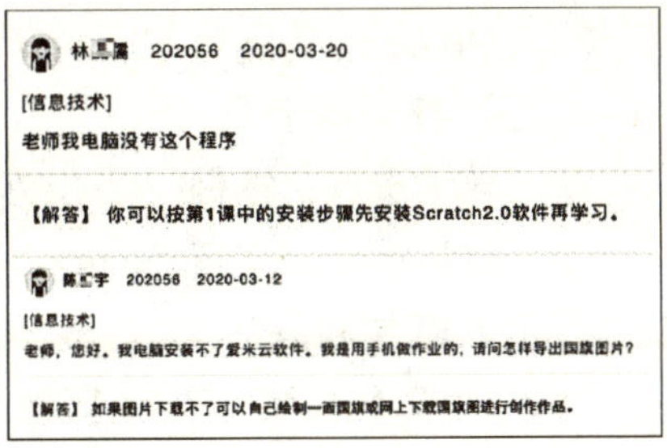

图 1 “爱米云助教”平台

二、教学改革思路

信息技术学科是一门集开放性、探究性、实践性于一体的课程，重在培养学生的自主探究、动手操作、创新等能力。要上好信息技术这门课，需要我们打破传统的教学模式，用全新的教育理念武装头脑，用全新的技术改进教学，应用“线上＋线下”混合式教学模式，引导学生主动学习、主动探究、主动合作，在积极向上的氛围中学到更多知识，提高他们驾驭计算机的潜力，为他们今后的全面发展打下基础，达到提升学生信息技术核心素养的目的。

三、混合式教学案例设计

（一）前言

2019 年是我们伟大祖国 70 周年诞辰，为了激发学生的爱国热情，提升学生的编程创作能力，我自编了“Scratch 编程——我是升旗手”编程课。

（二）教学内容

本课教学内容参考粤教版小学《信息技术 B 版第三册（下）》，学生通过探索创作《我是升旗手》Scratch 编程作品，呈现升国旗的场景，从中掌握“当角色被点击”“移到”和“滑行”等脚本的应用，并掌握编程的基本步骤，学会创作新的程序作品。学习本课为后续学习编程奠定基础。

（三）学时

1 课时。

（四）教学目标

1. 知识与技能：掌握“当角色被点击”“移到”和“滑行”等模块的应用；掌握 Scratch 编程的基本步骤。

2. 过程与方法：在任务驱动下，学生在合作探究过程中提升了信息技术核心素养；在活动中学会与人交流、与人合作。

3. 情感态度与价值观：培养学生的求知欲和创作欲；在课堂中践行社会主

义核心价值观。

（五）教学重难点

1．教学重点：掌握“当角色被点击”“移到”和“滑行”等模块的应用。

2．教学难点：掌握 Scratch 编程的基本步骤。

（六）教学准备

Scratch 2.0 程序、PPT 课件、平板电脑、在线课堂评价表、图片素材、编程练习。

（七）线上部分内容简介

本节课线上内容共分为两个部分。第一部分是教学视频，通过播放教学视频，学生学习探索创作《我是升旗手》Scratch 编程作品，呈现升国旗的场景，从中掌握“当角色被点击”“移到”和“滑行”等脚本的应用，并掌握编程的基本步骤，学会创作新的程序作品。第二部分是学生完成“Scratch 编程——我是升旗手”在线课堂评价表，使教师快速、全面了解学生的学习效果。

（八）教学过程

1．创设情境，激趣导入。

（1）情境导入：师生一起观看视频，重温国庆 70 周年庆典升旗仪式的壮观场面。自然引入：“今天我们也来当自豪的升旗手。”

图 2　情境导入

【设计意图】创设情境，激发学生的学习兴趣，适时进行爱国主义教育，导入课题。

（2）预设效果：老师这有一些图片素材，你们觉得作品可以设计怎样的效果？

学生发挥想象，预设效果。（板书：编程的第一个步骤“预设效果”）

【设计意图】培养学生的想象力，激发学生的学习兴趣。

2．任务探究，获取新知。

（1）竞赛规则：闯关成功将获得相应得分，最后将评出最佳合作奖和最佳升旗手。合作要求：组员：团结、友善；组长：公正、诚信。

【设计意图】竞赛环节激发了学生学习的积极性。提出合作要求，社会主义核心价值观的种子在学生心中悄然播撒。

（2）第一关：明确主题，设置舞台和角色。（🚩）

①布置任务。

②自主尝试：学生进行个性化操作。教师巡视指导。

【设计意图】学生尝试独立完成任务，培养学生的自主探究能力，增强自信心。

（3）第二关：搭建少先队员敬礼、唱国歌脚本。（）

①布置任务。

②合作探究：小组合作尝试搭建脚本，并测试完成任务。教师巡视指导。

③学生演示：屏幕广播示范搭建脚本的方法。（板书新模块）

【设计意图】优等生有了展现的机会，其他同学也能更快地掌握当堂的知识技能。

④小组互助：已完成作品的学生当小老师，指导其他同学。

【设计意图】小老师们既减轻了老师的负担，又锻炼了自身的能力。

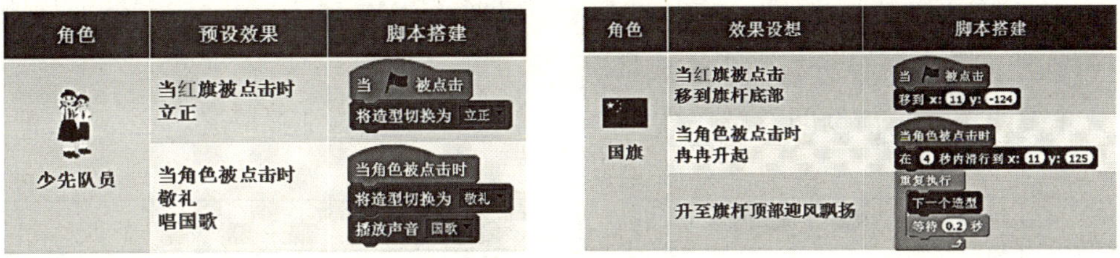

角色	预设效果	脚本搭建
少先队员	当红旗被点击时 立正	当 被点击 将造型切换为 立正
	当角色被点击时 敬礼 唱国歌	当角色被点击时 将造型切换为 敬礼 播放声音 国歌

角色	效果设想	脚本搭建
国旗	当红旗被点击 移到旗杆底部	当 被点击 移到 x: 11 y: -124
	当角色被点击时 冉冉升起	当角色被点击时 在 4 秒内滑行到 x: 11 y: 125
	升至旗杆顶部迎风飘扬	重复执行 下一个造型 等待 0.2 秒

图3 小组互助

（4）第三关：搭建国旗升起飘扬脚本。（）

①布置任务。

②小组交流：讨论可以使用什么模块？在黑板上贴出模块。（板书新模块）

③合作探究：小组合作搭建脚本，并调试程序。教师巡视指导。

④学生演示：讲解搭建脚本的方法。教师小结。

⑤小组互助：已完成作品的学生当小老师指导其他同学。

【设计意图】在第二关、第三关的小组合作活动中，学生学会与人交流、与人合作，互帮互助，共同进步。培养了他们的合作探究能力和乐于助人精神。

3．优化创新，作品展示。

（1）优化创新：创新作品。（添加会飞的鸽子、会变色的气球、飞机演练……）

【设计意图】培养学生发现问题和创新的能力，增强自信心。

（2）作品展示：小组分享，自评互评。全班展示，欣赏评价。

【设计意图】展示作品让每一位学生都有展现自我的机会，体验到成功的乐趣和喜悦。学会欣赏他人，在评价中取长补短。

图4 作品展示

（3）竞赛结果：登记“课堂闯关得分表”，宣布竞赛结果并颁奖。

4. 课堂评价，总结收获。

（1）课堂评价：学生在小组中完成在线课堂评价表。学生完成之后，教师打开在线问卷星统计分析学生完成情况。

【设计意图】借助问卷星在线评价，快速了解学生的学习情况。

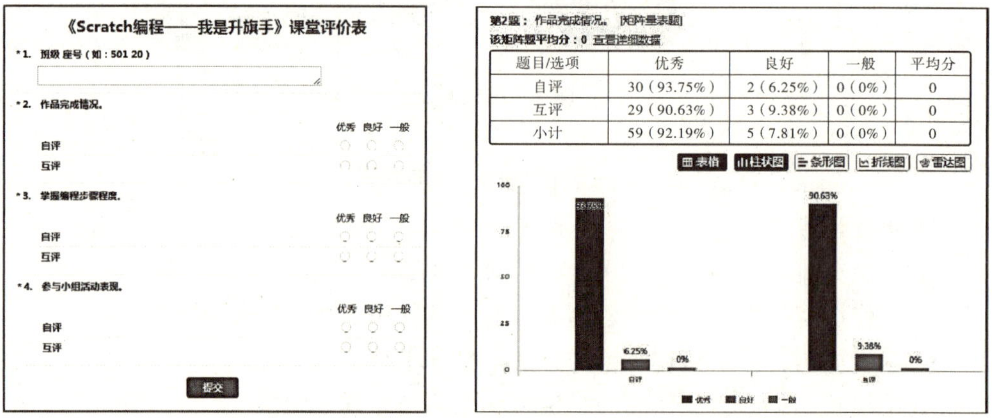

《Scratch编程——我是升旗手》课堂评价表

*1. 班级 座号（如：501 20）

*2. 作品完成情况。

	优秀	良好	一般
自评			
互评			

*3. 掌握编程步骤程度。

	优秀	良好	一般
自评			
互评			

*4. 参与小组活动表现。

	优秀	良好	一般
自评			
互评			

提交

第2题：作品完成情况。 [矩阵量表题]

该矩阵题平均分：0 查看详细数据

题目/选项	优秀	良好	一般	平均分
自评	30（93.75%）	2（6.25%）	0（0%）	0
互评	29（90.63%）	3（9.38%）	0（0%）	0
小计	59（92.19%）	5（7.81%）	0（0%）	0

图5 课堂评价

（2）分享收获：跟同学们分享一下你今天的收获和感想。

（3）教师总结：今天同学们创作了《我是升旗手》作品，表达了我们的爱国之情，老师为你们感到自豪。老师相信你们通过学习一定能做出更多更好的Scratch作品。

【设计意图】给予学生肯定，增强他们的自信心，激励学生创作更好的作品。

5. 板书设计。

简练呈现教学重难点。

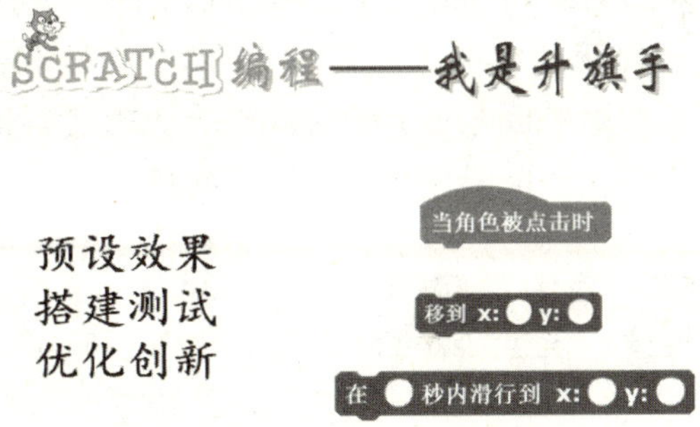

6. 思维导图。

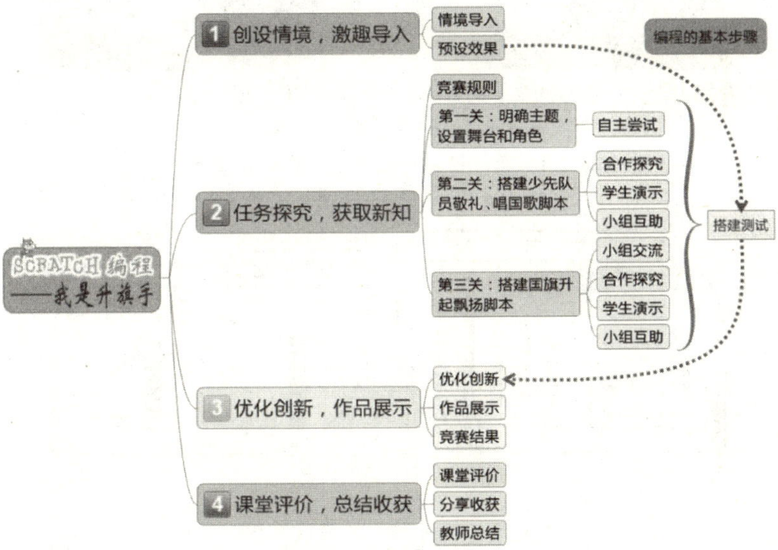

（九）教学反思

“Scratch 编程——我是升旗手”这节录像课是教学实践的一次大胆尝试，结合祖国 70 周年诞辰主题，创造性地使用教材进行教学，既激发了学生的爱国热情，又提升了学生的编程创作能力。纵观全课，以任务为主线、学生为主体、教师为主导的教学模式，引导学生主动参与、主动探究、主动合作，让学生

图 6 课程设计

生动活泼、主动地发展，达到培养学生信息技术核心素养的目的。

本课把线上教学和传统教学的优势结合起来，其亮点有分组竞赛、合作探究，突破教学重难点；利用平板电脑上的希沃同屏功能辅助教学，实现教学空间自如转换；竞赛统计和在线评价彰显学科的技术特色。

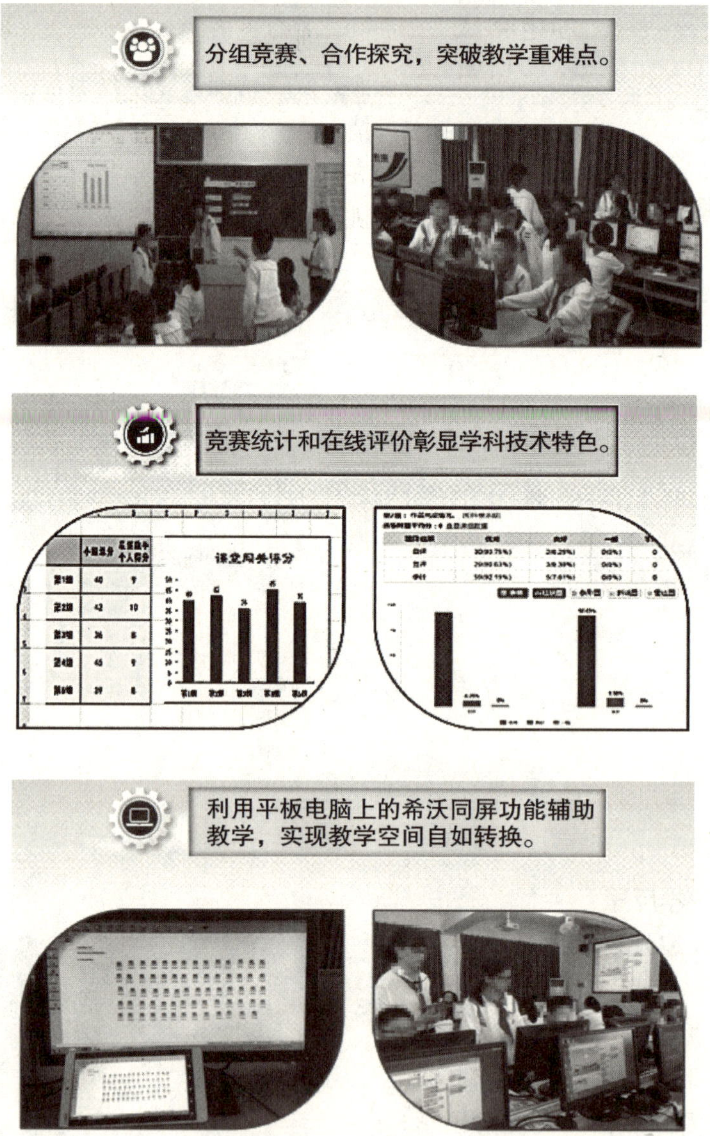

图7　课程亮点

四、取得的成效及体会

本课在教学过程中，运用电子教室平台广播系统和平板电脑上的“希沃授课助手”协助控制进行教学，学生上机操作学习，教学效果良好。学生能积极参与、主动合作探究，通过探索创作《我是升旗手》Scratch 编程作品，呈现升国旗的场景，从中掌握“当角色被点击”“移到”和“滑行”等脚本的应用，并掌握编程的基本步骤。竞赛过程中，应用 Excel 进行实时分数统计，评出最佳合作奖和最佳升旗手，激发了学生的学习热情。在完成基本任务之后，我激励学生对作品进行创新。为了让每一位学生都有展现自我的机会，学会欣赏他人，我鼓励学生在小组中分享作品，自评互评，再挑选优秀作品进行全班展示，最后借助问卷星让学生填写在线课堂评价表，快速、全面反馈学生的学习效果。

五、专家点评

本节课是陈烁老师在基于教材原有内容的基础上，进行延伸和开发的新课程。这说明陈老师的专业知识扎实，教研能力突出。她通过线上利用爱米云助教平台，线下利用教室平台广播系统和移动端设备相结合的模式，来进行混合式教学。课程中既有线上教学视频和学习评价，又有学生线下自主学习、探究，最大限度地发挥课程作用。通过探索创作《我是升旗手》Scratch 编程作品，呈现升国旗的场景，学生可以从中掌握“当角色被点击”“移到”和“滑行”等脚本的应用。课后她利用问卷星开展课堂评价，及时汇总学习反馈，同时为学生提供在线咨询服务，及时帮助学生解决学习困难。她的课堂交互性强，开展的教学活动有利于促进生生、师生交流。但内容简介部分略显薄弱，若能加以充实，效果更优。

信息技术《设置打印机共享》

蔡　阳

（潮州市职业技术学校）

一、课程基本情况

课程名称：设置打印机共享

面向年级：中职计算机专业二年级

使用教材：《计算机网络基础》（高等教育出版社）

依托在线教育平台：超星泛雅平台、学习通

一场突如其来的新冠肺炎疫情，打乱了所有学子如期返校的步伐。为积极响应“停课不停教，停课不停学”的号召，最大限度减少新冠肺炎疫情对教学工作的影响，依据学校关于疫情防控期间应急教学组织总体方案及在线教学指导计划，计算机教研组充分利用各类教学资源，基于移动平台，开展线上教学活动，以保证疫情防控期间的教学进度和质量。

“计算机网络基础”是中等职业教育计算机应用专业必修的专业基础课程。本课程的主要任务是使学生在掌握计算机操作应用的基础上，对计算机网络有一个整体的、基本的认识。考虑到课程实操性较强，涉及实训项目较多，线上教学的难度及要求较大，2020 年 2 月便提早着手准备线上教学工作。结合课程实际情况、学生线上学习终端设备、网络设施拥有情况的调查结果，制订了《计算机网络线上教学指导方案》，明确线上教学内容和教学模式，制定了“腾讯课堂 + 学习通”线上教学模式，线下个别有条件的学生开展实操。同时采用“主讲教师 + 班主任 + 助教”的线上团队授课模式，授课团队成员之间彼此照应，学生通过语音或文字聊天的方式积极参与，破解了线上教学空间发散、课堂氛围不易凝聚的难题，确保了教学质量。

二、教学改革思路

认真贯彻《教育部关于深化职业教育教学改革全面提高人才培养质量的若干

意见》（教职成〔2015〕6 号）文件精神，遵循职业教育规律和学生身心发展规律，把培育和践行社会主义核心价值观融入教育教学全过程，促进学生德智体美劳全面发展。

案例以学校计算机专业人才培养方案及计算机网络基础课程标准为依据，实施以项目工作过程为导向的教学模式，以任务为驱动，采用小组分工合作的学习方式，结合线上教学资源，发挥“线上 + 线下”混合式教学优势，开展讨论、互动、解惑等，体现“做中学，做中教”的教学理念，强化教学实践性和职业性，促进学以致用、用以促学、学用相长。

三、混合式教学案例设计

（一）前言

《教育信息化“十三五”规划》文件明确指出教师应将信息技术与教育教学深度融合，以推进教育信息化的进程，实现教学的创新改革。“线上 + 线下”混合式教学实现了新时期教学理念、教学方法、学习方式、考核评价的改革。

（二）教学内容

本案例教学内容节选自教材项目三“办公网络，我实现”中任务四“文件与设备共享”，其知识点为安装打印机及设置打印机共享。现实办公情境中，共享打印机可以节约企业办公成本，提高办公效益，掌握这一技能对学生就业办公有实际意义。

（三）学时

2 课时。

（四）教学目标

根据学情分析，确定了本节课知识、能力、情感三维目标。知识目标是掌握设置局域网内打印机共享；能力目标是培养学生独立思考的习惯和自主探索的学习方法，增强学生的职业适应能力和可持续发展能力；情感目标是培养精益求精的工匠精神和爱岗敬业的劳动观念，增强创新意识、共享理念。

（五）教学重难点

结合教学内容及学情分析，确定教学重难点。教学重点是“设置打印机共享”；教学难点是“设置主机访问权限”，突破难点的关键在于让学生理解主机访问权限。

教学策略以“在局域网内设置打印机共享”为项目导向，创设模拟职业情境，拆分项目任务，以学生为中心，教师通过指导、协作互动来组织教学。通过线上移动学习平台，实现学生自主学习、探讨，利用线上微课资源重点解决教学难点问题。拆分项目任务，不同任务，不同要求，让学生体验职业岗位要求、技能差异的不同，同时明白团队协作的重要性。

（六）教学准备

教师提前在移动平台创建课程，上传资料，下达章节任务点，结合学生平时表现及课前调查，按实际要求恰当分组；小组成员完成章节预习任务，参与课前讨论建议。

表1　教学准备

教学环节		教师活动	学生活动	设计意图
课前准备	1. 创建课程 2. 布置预习任务 3. 问卷调查 4. 学生分组	1. 利用学习通创建“在局域网内设置打印机共享”课程 2. 上传课程相关资料，包括 PPT 课件、微视频、课程学习文档、章节文档等 3. 在微信群发布“学习通”班级二维码 4. 发布预习任务通知 5. 利用“学习通”发布课前调查问卷 6. 发布“该课程大家有什么建议”讨论	1. 加入“在局域网内设置打印机共享”课程 2. 观看有关视频及文档，做好预习 3. 参与调查问卷 4. 参与主题讨论	1. 学生通过预习对知识有初步了解 2. 教师通过调查问卷了解学生对局域网相关知识水平的认知程度，依据课程标准确定课程重难点，制作微课 3. 教师依据问卷为学生分组 4. 教师根据讨论建议微调教学设计

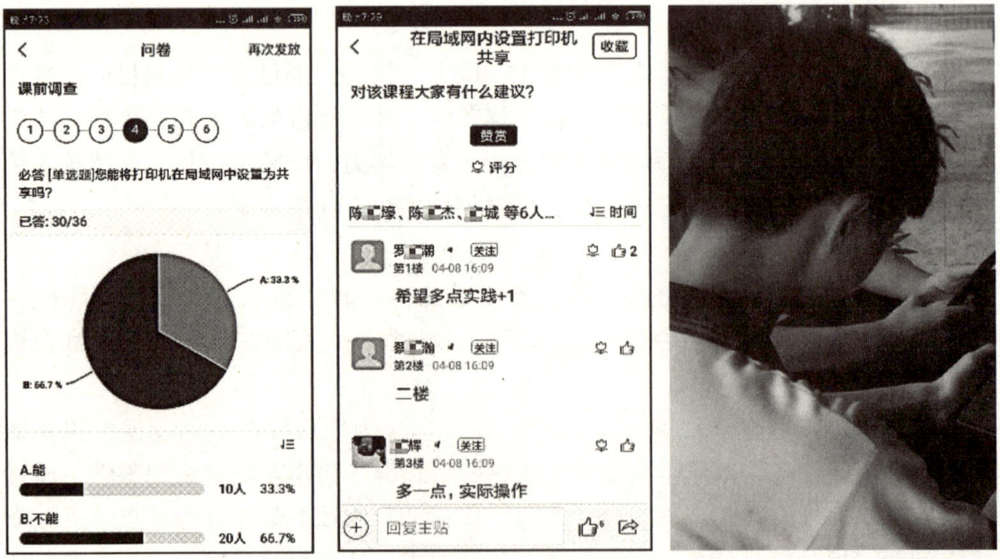

图1　课前调查及学生自主学习

（七）线上部分内容简介

1．Windows 7 环境下局域网打印机共享设置。

以文档形式介绍在 Windows 7 环境下设置局域网打印机共享的步骤及注意事项。

2．实训操作指南：局域网文件和打印机共享。

以文档及视频形式，阐述学生课堂项目实训操作步骤，包括安装打印机、设置文件及打印机共享等。其包含一个任务点：观看微课“在局域网内设置打印机共享”。学生观看微课的时间、时长均有记录，完成任务点需观看足够的时长。

图 2　“在局域网内设置打印机共享”微课

3．课后知识拓展：设置局域网打印机共享常见问题及处理方法。

以文档形式，主要介绍共享文件和打印机容易出现的 6 种问题及解决方法，如“在连接打印服务器时，要求输入用户名和口令”“网上邻居中没有打印服务器”等。

（八）教学过程

1．活动激趣。

现场打印学生校园活动照片，与学生开展互动，创建愉快课堂氛围，激发学生学习兴趣。

2．温旧知新。

播放《局域网文件共享》视频，复习巩固相关知识，并由该知识点加以延伸，开启新课。

3．探索新知。

模拟企业情境，提出问题，引导学生思考以解决问题，利用学习平台检查学生课前任务点完成情况。

4．巩固技能。

下达各小组实验任务，小组成员协助合作，实验过程可随时利用手机查阅微课视频的资料指导操作。第四小组模拟企业“质量监控员”角色，现场检查各小组实验过程，做好“督查表”记录。

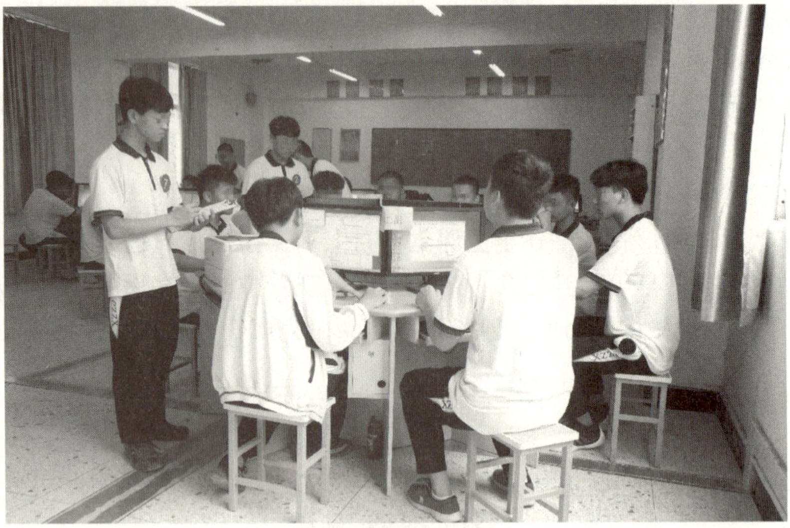

图3　学生课堂实操

5．思政教育。

教师播放《共建“一带一路”　共享开放成果》短视频，学生结合城市面貌、家乡变化等发表心得体会。家乡发生翻天覆地的变化，离不开党和国家的恩情。“一带一路”是全球性的伟大倡议，秉承共商、共建、共享原则。我们作为新时代的学子，应该更加深入地参与到中国未来的改革开放建设中去。

图4　《共建“一带一路”　共享开放成果》短视频

6．总结评价。

教师利用移动平台发布现场测试，学生完成测试，各小组代表上台分享小组学习过程及心得。教师展示分析学生的课堂学情表现，形成教师评、学生督查评、过程学情评相互结合的多元互动评价。

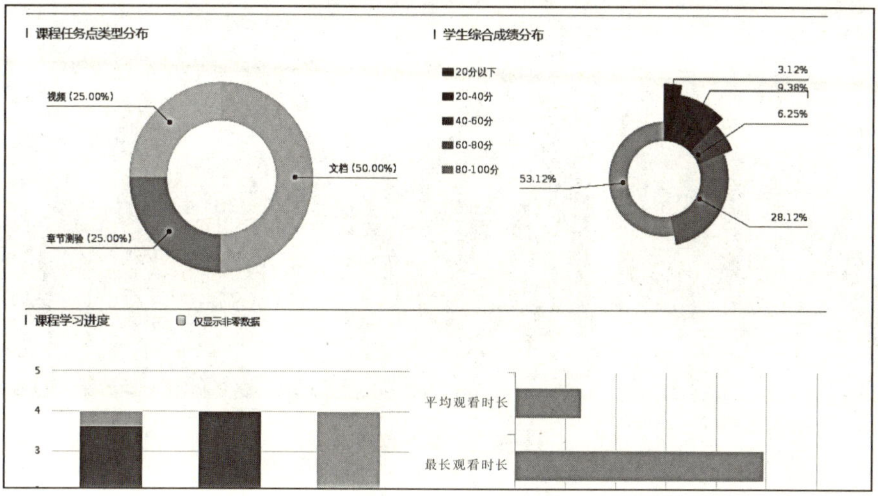

图5　学生线上学习情况展示

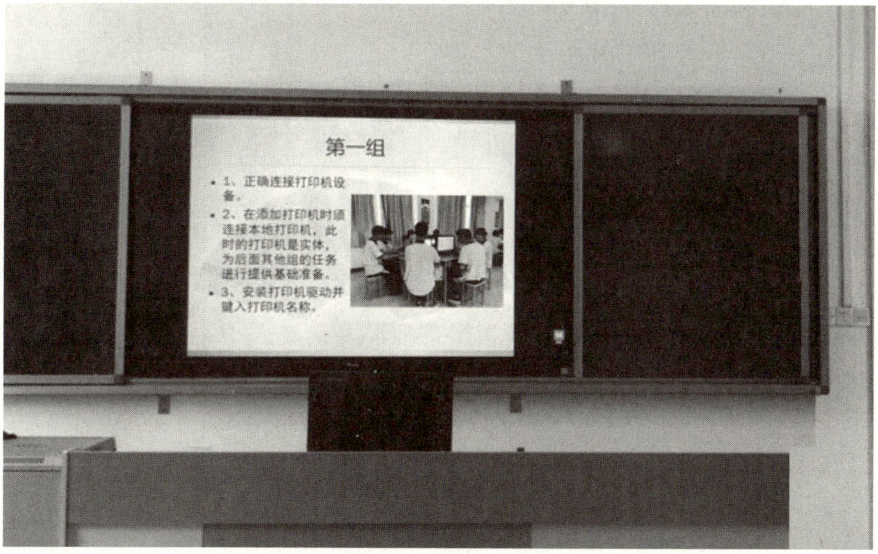

图6　小组总结

7．课后拓展。

线上发布拓展知识任务：打印机共享常见故障及排除方法。组织部分学生到学校新建的教研组活动室设置打印机共享并直播过程，邀请家长、同学观看直播，让家长了解学校办学情况及孩子学习情况，使其共同参与到与孩子相关的教学教育中。

图 7　课后直播

表 2　教学过程

教学环节		教师活动	学生活动	设计意图
课中探究	1. 活动激趣	1. 发布签到手势密码 2. 用打印机打印学生运动会、2019 年五四活动照片 3. 提出问题（与照片活动相关）	1. 手机签到 2. 讨论并回答问题	活动创建愉快氛围，激发学生学习兴趣
	2. 温旧知新	1. 播放组建局域网视频，复习组建简要步骤 2. 简要回顾文件共享知识 3. 利用“学习通”随机抽人问答	1. 观看视频 2. 回答问题	复习巩固旧知识，并由该知识点延伸，开启新课
	3. 探索新知	1. 创设办公情境，提出问题，引导学生思考以解决问题 问题一：如何安装本地打印机？ 问题二：如何共享打印机？ 2. 利用“学习通”设置章节任务点	1. 思考问题，利用“学习通”平台发布的课程资料查阅有关知识 2. 讨论 3. 完成“学习通”任务点 4. 鼓励个别学生主动上台发表看法	1. 借助微课理解课程重难点，自主探究或在老师引导下解决问题 2. 利用超星泛雅平台统计数据，了解学生任务点完成情况

（续上表）

教学环节		教师活动	学生活动	设计意图
课中探究	4. 巩固技能	1. 下达各小组实验任务： 第 1 组安装本地打印机 第 2 组设置主机共享 第 3 组设置客户机 第 4 组督查 2. 个别化指导	1. 小组合作完成实验任务，如遇到问题可与组员合作探索 2. 实验过程可随时查阅微课视频，指导操作 3. 第 4 组检查各组实验情况，根据各组实验情况做简单报告，做好“督查表”的记录	1. 模拟工作情境，不同任务，不同要求，学生可体验到工位、技能差异，同时更要注重团队合作 2. 部分学生体现督查环节，培养学生注重细节的习惯
	5. 思政教育	播放《共建“一带一路” 共享开放成果》短视频	1. 观看视频 2. 结合城市面貌、自身家乡近年大变化等发表心得体会	1. 家乡发生翻天覆地的变化，离不开党和国家的恩情 2. “一带一路”是全球性的伟大倡议，秉承共商、共享、共建原则 3. 身为新时代的学子，应该更加深入地参与到中国未来的改革开放建设中去
	6. 总结评价	1. 知识点归纳总结 2. 利用“学习通”发布测试作业 3. 下达小组代表上台总结的任务 4. 利用“学习通”平台展示分析学生的学情表现 5. 要求学生以组为单位制作美篇，报道学习过程及心得，并于课后分享到朋友圈	1. 完成测试，查看错题，及时纠正 2. 小组制作简单 PPT，代表上台分享学习心得 3. 课后制作美篇发布朋友圈	1. 多元评价 2. 在教师引导下，学生自主构建较为完善的知识体系 3. 培养学生精益求精的学习态度 4. 培养学生总结、表达、社交能力

（续上表）

教学环节		教师活动	学生活动	设计意图
课外拓展	应用实际	1．利用“学习通”发布拓展知识任务：打印机共享故障排除 2．直播组织部分学生到学校新建的教研组活动室设置打印机共享	1．课外自主学习，拓展知识，完善知识点、知识体系 2．邀请家长、同学观看直播	1．培养学生将知识点应用到实际问题，主动分析、解决实际问题的能力 2．让家长了解学校办学情况及孩子学习情况，共同参与教育教学
课后反思	在线讨论	利用“学习通”发布在线讨论	参与讨论	学生反思不足，教师根据反馈改进教学

（九）教学反思

1．亮点及特色。

坚定落实习近平新时代中国特色社会主义思想进课堂，坚持立德树人、德智体美劳全面发展。

创设情境，将学生分为四个不同的小组，布置不同的工作任务。第四小组现场“质量监测”，更好体现职业岗位的实际情况。利用信息化手段，改变学习模式，以学生为主体，让他们自主学习，合作探究，实现线上、线下的自然融合。同时，家长可以通过直播平台，了解学生在校学习情况，共同参与教育教学。

2．不足及改进。

企业参与度不足，企业文化未能很好融入课堂；督学措施不足，对学习表现及综合成绩较差的学生未能及时制定及采取相关督学措施；自身教学资源开发能力不足，应加强学校与企业合作，邀请企业人员定时进入课堂，将企业新技术、新理念带入课堂。

四、取得的成效及体会

课后利用问卷星评卷对授课学生开展问卷调查，了解学生对知识点的掌握情况及对课堂教学设计、组织的满意度情况，以便改进教学设计及提升效果。从调查情况看，90%以上学生均能较好掌握有关知识点，对课堂实施非常满意的学生达80%以上。

“线上+线下”混合式教学能够支持学生在多样化的学习环境下展开学习，有利于激发学生学习兴趣，有利于学生找到最适合自己的学习方式，帮助学生形成多元化的学习风格，增强学习体验。教师应该从尊重学生主体地位入手，基于学生的角度开展混合式教学；同时要以“线上＋线下”混合式教学为依托，重视教学内容、环节的设计，实现线上、线下互通。

第4题： 你是否已经掌握组建局域网中打印机的安装及共享的设置方法？ [单选题]

选项	小计	比例
是	31	96.88%
否	0	0%
不确定	1	3.13%
本题有效填写人次	**32**	

表格 饼状图 圆环图 柱状图 条形图 隐藏零数据

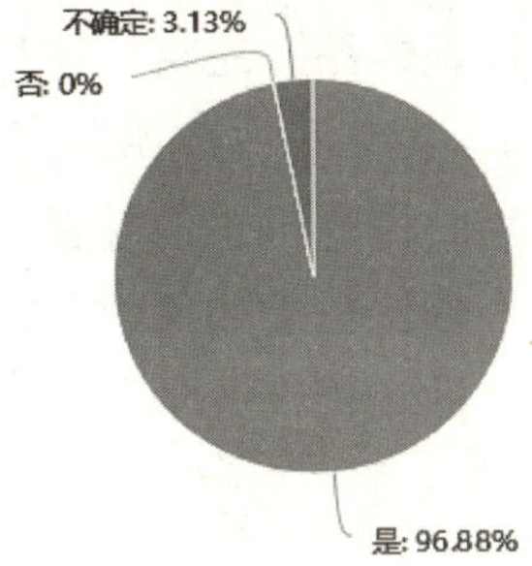

第6题： 请对本课程授课情况总体评分 [量表题]

本题平均分： 4.69

选项	小计	比例
非常不满意	0	0%
2	0	0%
3	4	12.5%
4	2	6.25%
非常满意	26	81.25%
本题有效填写人次	**32**	

表格 饼状图 圆环图 柱状图 条形图 隐藏零数据

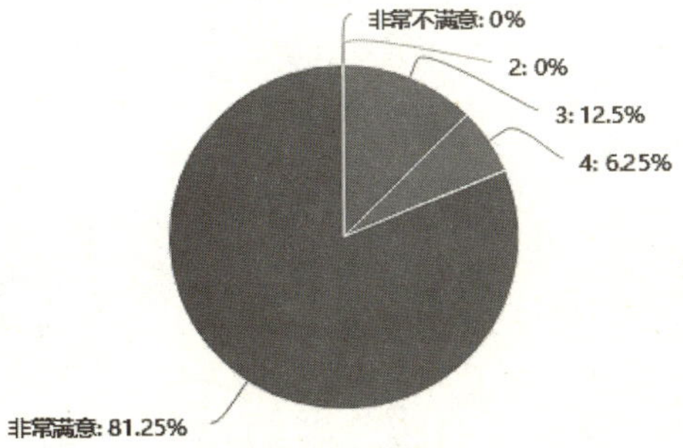

图 8　课后问卷调查

五、专家点评

本节课的内容是本教材应用篇内容的开端，承接本教材基础篇的知识内容，同时为以后网络技术应用的学习打下牢固的基础，具有承上启下的作用。蔡阳老师通过结合“腾讯课堂 + 学习通”互动教学模式和“主讲教师 + 班主任 + 助教”的线上团队授课模式进行授课；学习过程符合学生的心理认知，学情评价过程具有评价多元互动化的特点。课前现场打印学生校园活动照片，强烈的好奇心能激发学生学习新知的欲望，为后面的学习做好铺垫。通过模拟企业情境，将学生分组，采用任务驱动的形式，层层递进，引导学生；结合微视频，动手实操，完成局域网内打印机共享的任务；活动安排合理，教学活动符合教学要求。蔡老师在教学中除了帮助学生自主构建知识体系，还将立德树人的教学理念融入课堂，如通过播放《共建“一带一路”　共享开放成果》短视频，融入社会主义核心价值观，进行思政教育，引发学生心得感悟；倡导新一代青年要积极参与并投身到祖国未来的改革开放建设中去，坚持正确的价值导向，对接新课程标准；体现了数字化学习与创新，践行了信息社会责任的学科核心素养；等等。

心理健康教育《我的“心”能量——小学低年级疫后返校心理调适》

林轶桦

（潮州市湘桥区昌黎路小学）

一、课程基本情况

课程名称：我的“心”能量——小学低年级疫后返校心理调适

面向年级：小学一年级

使用教材：《小学生心理健康教育》

依托在线教育平台：UMU 互动学习平台

新冠肺炎疫情后，学生的心理健康状况备受关注，尤其是复学返校后，学生的校园生活增添了各种规则和变化，如频繁测体温、戴口罩、更强调个人卫生规范、错峰上下学、复课后的学习状态有波动等，这些因素或多或少在短时间内会对学生的心理造成一定的冲击和不适应感。针对小学低年级学生情感体验的自我察觉较不敏感、对环境转变的调适能力有待提高等特点，本节心理健康活动课的实施目的在于帮助低年级同学察觉自身的情感体验，表达、梳理不良情绪，提高面对变化的调适能力，增强心理韧性，使其更好地适应复学后的学习和生活。

二、教学改革思路

（一）教学内容分析

疫情复学后学生的心理调适可通过以下几方面进行指引：

1. 自我察觉、接纳当下。
2. 理性认知、合理表达情绪。
3. 制定目标计划、学习应对方法、培养应对能力。
4. 建立和强化社会支持网络、维护良好的社会支持系统等。

（二）学情分析

本课教学对象为小学一年级的小朋友，对象存在想象力丰富、模仿性和依赖性强、自我察觉和管控能力弱、语言表达能力稍显逊色等特点。小游戏、涂绘、小组合作、亲子互助等形式更符合学生学情，更受孩子欢迎。另外，基于该班孩子对“豆豆”的特殊感情，特别加入了“能量豆”元素。

（三）理论框架

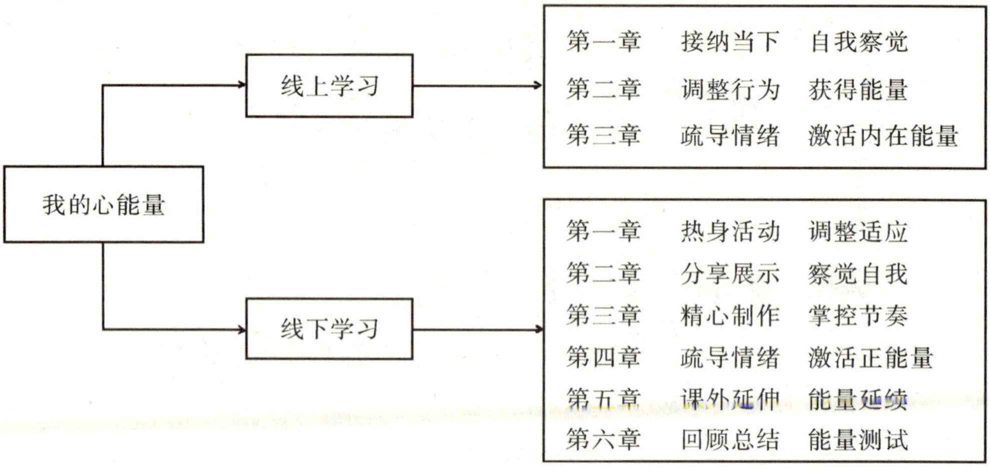

图 1 理论框架

（四）方案设计

1. 筹划准备，摸底调查。精心拍摄学生复学后的各种变化，摸底调查疫情复学后学生较为敏感的变化。

2. 建立线上资源，直击呈现。引导学生接纳当下，自我察觉。

3. 线上闯关，亲子共学。采取任务驱动的方式，通过学习微课、讨论、提问、拍照等环节进行闯关，以掌握心理调适的方法。

4. 线下体验、分享、制作。利用线上学习资源，通过集体体验、小组讨论、组内分享、个人展示等形式，体验适应过程，表达梳理情绪，制定目标计划，学习应对方法，培养应对能力。

5. 利用多种信息技术手段刺激学生感官，建立及时的反馈和评价，提高学生的参与热情。

三、混合式教学案例设计

（一）前言

疫后返校，校园各种新的规则和变化对学生的心理造成一定的冲击和不适应感，特别是小学低年级学生，他们情感体验的自我察觉较不敏感，对环境转变的调适能力有待提高。他们还想象力丰富，模仿性、依赖性强，但自我察觉、管控能力弱，语言表达能力稍显逊色。针对学生以上特点，教师采用混合式教学进行辅导非常合适。通过线上预热、学习、讨论和分享，教学以小游戏、涂绘、小组合作、亲子互助等形式开展更符合学生学情，更受孩子欢迎。另外，基于该班孩子对“豆豆”的特殊感情，本案例设计加入了“能量豆”元素。

（二）教学内容

1. 自我察觉、接纳当下。
2. 理性认知、合理表达情绪。
3. 制定目标计划、学习应对方法、培养应对能力。
4. 建立和强化社会支持网络、维护良好的社会支持系统等。

（三）学时

2 课时。

（四）教学目标

本节心理健康活动课的实施目的在于帮助低年级同学察觉自身的情感体验，表达、梳理不良情绪，提高面对变化的调适能力，增强心理韧性，使其更好地适应复学后的学习和生活。

（五）教学重难点

本节心理健康活动课的教学重点是让学生在自我察觉不良的情绪后，懂得采用合适的应对方法，掌握应对的能力；而教学难点则是如何自我察觉不良的情感体验。

（六）教学准备

1. 获取素材。精心拍摄学生疫情后返校的校园生活和学习的各种变化，搭配背景音乐《感谢》，教师将其制作成学生复学返校校园生活剪影微视频。

2. 摸底调查。通过摸底调查，整理出学生较为敏感的事件，通过卡通图片及简单文字呈现于九宫格中。

图 2 卡通图片介绍

3. 制作微课。教师将自我调适和放松方法的理论学习部分录制成微课，供学生线上学习；录制学习指引微视频。

视频 超级能量卡　　视频 曼陀罗绘画

图 3　微课二维码

（七）线上部分内容简介

1. 通过 UMU 互动学习平台，录制《线上学习指引》微课。

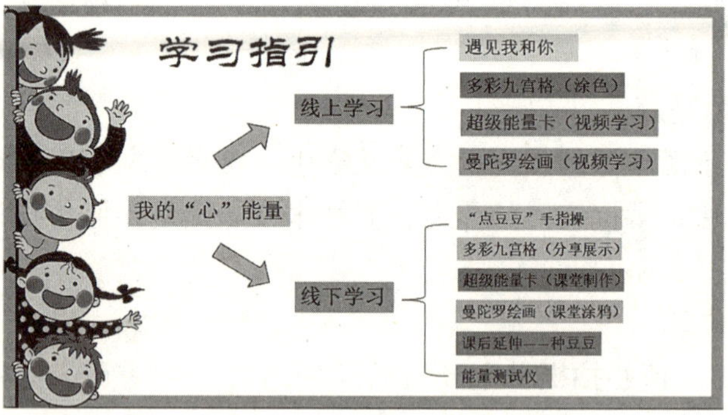

图 4　线上学习指引

2. 校园生活剪影——“重遇我和你”。

以观看校园生活剪影作为线上学习的热身环节，将筹备阶段获取的素材（复学后的校园生活变化照片）通过“小年糕”小程序制作成视频，直接呈现给学生，以引发共鸣、接纳当下。

3. 我的多彩九宫格。

将摸底调查中学生认为复学后对自己影响较为深刻的变化以“九宫格”的形式呈现，根据一年级学生的学习特点，以“卡通图片 + 文字”的形式设计表格。通过 UMU 互动学习平台设置“拍照”小节，引发学生主动分享，并为线下的小组分享做准备。设置“九宫格外”讨论小节引发学生讨论，与“九宫格”互为补充，兼顾学生的共性与个性。“我的多彩九宫格”的绘制使学生主动觉察自身情感体验，表达不良情绪。

图 5　“我的多彩九宫格”

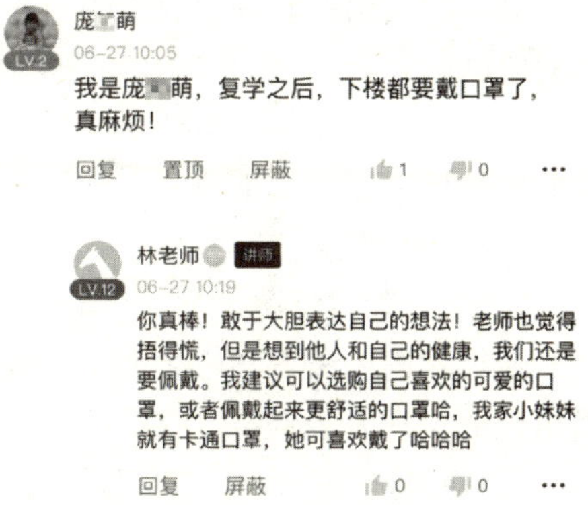

图 6　学生讨论

4．超级“能量卡”。

“能量卡”的设计灵感源于平日里老师奖励给孩子的“豆豆”，模拟豆子的成长需要光、水、肥等能源制作出了“光能卡”“水能卡”“养分卡”“养护卡”四张卡片，每张卡片上设计了自我调适的方法。为了让孩子们由浅至深学习，老师先采用 Camtasia 9 软件录制《超级“能量卡”》微课，供学生线上学习；然后在 UMU 互动学习平台设置“提问”小节，请学生们将学习过程中的困惑提出来，老师及时回复解决，再在线下课指导绘制“我的超级能量卡”。

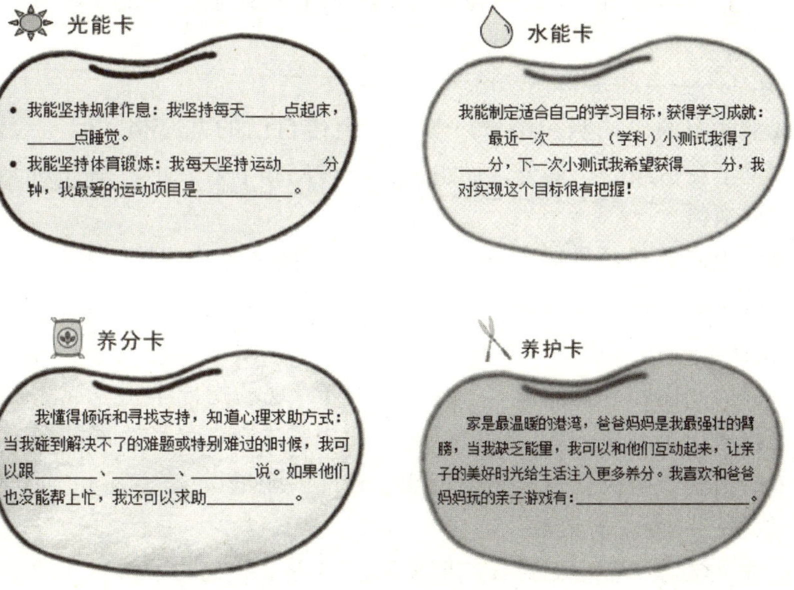

图 7　“我的超级能量卡”

5．曼陀罗绘画。

曼陀罗绘画在心理学上常用于自我放松训练，运用 Camtasia 9 软件录制《曼陀罗绘画》微课，围绕“什么是曼陀罗绘画?”“绘制前的准备”以及“绘制的方法”三方面介绍曼陀罗绘画，最后加入曼陀罗绘画作品欣赏微视频，以简单明快的方式供学生线上学习。在学生有了初步了解之后，老师再在线下指导体验。

（八）教学过程

1．线上学习情况反馈，及时奖励。

在正式进入线下学习之前，老师先将线上学习的情况进行反馈，对大家积极而出色的表现表示赞赏，并奖励每位同学一颗能量豆。

2．热身运动——“点豆豆”手指操。

以孩子喜闻乐见的小游戏作为线下课程的热身运动，以调动孩子的参与热情。但这绝不仅仅是一个小游戏！具体操作如下：

首先，播放“点豆豆”手指操视频一次，立刻请学生们自己试做一次，然后采访他们的感受。（速度太快、没看清楚……）

然后，老师简单讲解动作，再请学生们试一次。

接着，给一分钟时间让学生和周围的同学讨论如何比画，再请学生们试一次。

最后，采访他们的感受。

小小的游戏藏着大大的奥秘，三轮下来，学生们从手忙脚乱到应付自如，这是一个适应的过程！就像返校后我们可能会有一些不适应，但是经过和老师、同学共同学习、讨论之后，我们就能更轻松面对和适应了。整个过程孩子们全情参与、认真专注，为这节课开了好头。

3．分享——我的多彩九宫格。

在线上学习的“拍照”小节，学生们上传自己的九宫格。但“绘制”的只是自我察觉不良情绪的一部分，而组内分享讨论和个人展示，则有利于孩子表达和梳理不良情绪。

引导学生用“我给谁涂上什么颜色，代表的心情是什么，因为……”的句式跟同学分享和上台展示分享。

4．制作——我的超级“能量卡”。

老师提前制作和分发能量卡（每人 4 张），现场指导学生完成。学生和小伙伴一起制作属于自己独一无二的能量卡，仪式感满满。最后，老师激励学生们按照能量卡的指引，坚决执行，相信定能收获许多能量！

5．放松——曼陀罗绘画。

通过线上学习，学生们对曼陀罗绘画已经有了一定的了解。课堂上，学生们伴随着轻音乐和老师专业的指引，先进行自我放松，随后开始绘制。该环节设计因考虑孩子年龄较小，将自主绘画创作调整为给曼陀罗图案上色，以降低绘制难度。同时，老师还请学生们给自己的作品起名字，并介绍他们绘制后的心情、绘制时的联想等。课后学生们反馈他们特别喜欢这个环节和自己的作品！

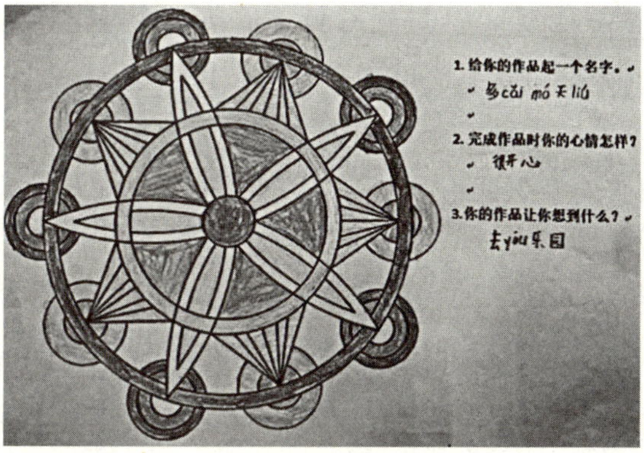

图 8　曼陀罗绘画

6. 课后延伸——“种豆豆”。

作为课后作业，请学生们将刚刚奖励的“能量豆”亲自栽入土中，日后悉心观察、照料，感受来自大自然种子的强大的生命力和神奇的力量。

7. 反馈与展示。

（1）调查反馈——能量测试仪。通过线上线下的学习，老师和学生都需要一个工具来判断教学效果、学习效果，问卷调查就是最好的工具。通过 UMU 互动学习平台设置“问卷”小节，可以轻松测出学生收获多少能量，以判断教学效果、学习效果。

（2）学生作品展示。将学生绘制的曼陀罗作品录制成视频，在班级群里展示。

（九）教学反思

“我的“心”能量——小学低年级疫后返校心理调适”一课以混合式教学的形式开展疫情复学后学生的心理调适，我认为这留出更多的时间和空间给学生在课堂进行体验，将理论部分前移至线上，再通过技术及平台将知识点以视频动画、微课、学习闯关等形式简单明快、生动有趣地呈现。这不仅能提高学生的学习兴趣，而且能让学生有更多的时间去消化知识并进行提问和讨论。

但在实践中也遇到不少问题：

1. 低年级学生的线上学习依赖于家长的辅助，家长的加入可能影响老师对学生线上学习评价的真实性，有部分学生因为家长的原因无法参加线上学习，还有部分家长在“讨论”和“提问”小节站在自己的角度提问题。这都增加了老师的工作量，也误导了其他同学。

2．前期准备、学习资源准备、平台维护等占用老师大量时间。

基于以上问题，我可能会做如下调整：

1．将家长也纳入课程学习对象。在线上学习时分配家长学习任务和学生学习任务。

2．建议使用“讯飞语音输入”，让学生通过语音提问和回答。

3．掌握更多制作学习资源的极简技术，以提高工作效率。

4．针对家长反馈的复学后学生学习积极性降低、时间观念差等问题，再制作复学返校心理调适的系列课程。

四、取得的成效分析与体会

心理健康活动课侧重于学生的体验。学生在学习过程中愉悦而放松，是一节好课的标准。通过 UMU 互动学习平台反馈，本课深受学生欢迎和家长肯定。

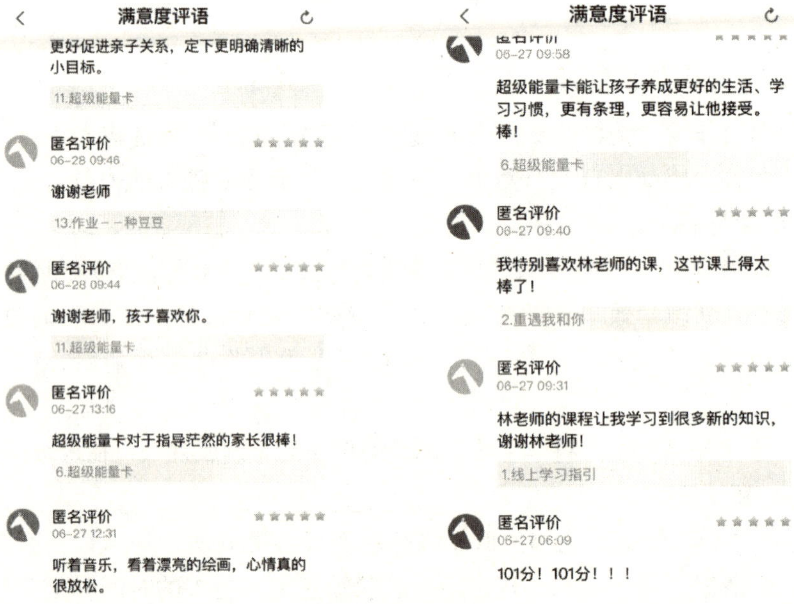

图9　课程反馈图

本课列入“潮州市许晓燕心理名师工作室”心理课的展示计划，接受名师督导。“我的“心”能量——小学低年级疫后返校心理调适”一课基于学生学情，以“能量豆”为元素，设计了丰富有趣的教学环节，提供了多种形式的学习资源，资源体系完整。教学活动形式多样、交互性强。充足而真实的前期调查准备是本课行之有效的关键，丰富有趣的教学形式是学生乐学的秘钥，极简技术的支持是线上课程的保障。

五、专家点评

“我的‘心’能量——小学低年级疫后返校心理调适”是林轶桦老师开设的一节有效度、有温度的小学心理课程。

林老师在充分掌握一年级学生年龄特性的基础上，依托UMU互动学习平台，基于该班孩子对“豆豆”的特殊感情，采取视频学习、绘制九宫格、制作“能量卡”、曼陀罗绘画、“点豆豆”手指操、课后“种豆豆”多种形式进行教学。整个混合式教学的形式，以实践为主、理论为辅，教学步骤明确，教学目标落实到位，真正意义上做到了“小学低年级疫后返校心理调适”。在课程反思部分，林老师充分照顾到了学生群体的特点，将家长纳入课程学习的对象，并引入“讯飞语音输入”，增强互动，排除低年级学生线上学习的障碍，将极简技术融入混合式教学。

心理健康教育《“疫”期助学，感恩有你》[①]

蔡　钗

（韩山师范学院附属实验学校）

一、课程基本情况

课程名称：“疫”期助学，感恩有你

面向年级：四年级

使用教材：无固定教材，源于网络资源

依托在线教育平台：韩山师范学院附属实验学校的智慧校园云平台

疫情期间，为了让学生了解前线医务人员的艰辛和无私奉献、各行各业人们的默默付出、身边的老师家长的辛勤付出，我给孩子们上一节主题班会课，让学生们懂得爱护身体，珍惜生活，感恩身边人。

有了这个想法，我先和班干部进行了一场交流，再和个别家长了解学生在家的情况，然后有针对性地设计课程。为此，我还收集了学生在家参加升旗仪式、疫情期间学生的手工作品、部分学生帮忙做家务的图片、视频，并把其制作成微课视频，最后，我利用班会课时间，让学生学习交流。

该课程并未使用固定教材，只是利用了网络上的许多照片作为资料。

该课程开展依托的在线教育平台是韩山师范学院附属实验学校的智慧校园云平台，该平台面对韩山师范学院附属实验学校全体师生及家长开放。此外，视频还会上传至每个微信班级群，利用微信班级群来获得学生的反馈。在老师与家长的配合监督下，学生基本能上好每一节课，在这个特殊时期共同尝试与推进信息化教育。

---

① 课程网址：http://125.91.106.28:7085/isschool/index.view;jsessionid=028956348AC2C0EEEC5BFA829B641DE0。

二、教学改革思路

在这个“停课不停学”的特殊时期，各科任老师尝试各种形式的教学模式，并在尝试中发现各种线上教学的不足与改进措施。为此，我们教研组展开了激烈的讨论，并积极探索“线上＋线下”混合式教学模式。我们在尝试中发现“线上＋线下”混合式教学模式打破了传统的师生对话模式，利用微课视频进行渗透式教学，更能激发学生的学习兴趣，拓宽学生思维，使学习氛围更加积极活跃。

三、混合式教学案例设计

（一）前言

2020年初，一场突如其来的新冠肺炎疫情席卷全国，这是一场没有硝烟的战争。面对疫情，各校响应教育部“停课不停学”的号召，制定符合各校实际情况的网络远程教育教学应急预案，老师们精心准备网课，家长们积极配合辅导，学生们认真“宅”家学习。本次活动结合本次疫情，让学生从身边人的默默付出中感受爱，学会感恩，学会责任与担当；让学生意识到在这个特殊时期，作为一名学生也能用自己的实际行动回报爱。

（二）教学内容

“疫”期助学，感恩有你。

（三）学时

1课时。

（四）教学目标

1. 通过活动，让学生了解无名英雄、老师和父母的默默付出，知道他们的辛劳与不易。

2. 通过观看图片和视频，激发学生对英雄和身边人的感恩之情。

3. 通过活动，让学生懂得感恩，懂得责任与担当，懂得用自己的实际行动回报爱。

（五）教学重难点

通过活动，让学生了解无名英雄、老师和父母的默默付出，知道他们的辛劳与不易，激发学生对英雄和身边人的感恩之情，让他们懂得责任与担当，懂得用自己的实际行动回报爱。

（六）教学准备

课件、微课视频。

（七）线上部分内容简介

根据学校制定的网课课程表，在班会课时间，老师在微信群上让学生打卡登记出勤率，学生完成签到后播放该微课视频。视频主要从四个方面来激发学生的感恩意识，让他们懂得用自己的实际行动回报爱。每播放一方面的内容，老师都鼓励学生积极反馈自己的感受。

（八）教学过程

1. “宅”家学，明疫情。

（导入）大家好！我是蔡钗老师。同学们，今年的寒假特别长，我们体验了这样的升旗仪式（图1），体验了这样的上课方式（图2至图4）。这是一次不一样的开学，为什么会这样呢？

图1　升旗仪式的视频

图2　学生居家学习1

图3　学生居家学习2

图4　学生居家学习3

小结：这是因为一场突如其来的新冠肺炎疫情席卷全国。面对突发的疫情，党中央快速作出科学决策，各级政府作出积极响应，全国人民共同战“疫”。同学们也响应号召，“宅”家学习。

2. 感受爱，知不易。

（1）一线英雄的爱。

①同学们，新冠肺炎疫情来势汹汹、席卷全国，为什么我们能安心“宅”家学习呢？是谁，默默地守护着我们呢？我们一起来看看。

②了解钟南山爷爷、86 岁的退休老专家董教授的事例（图 5 至图 9）。

图 5　钟南山图片

图 6　钟南山图片

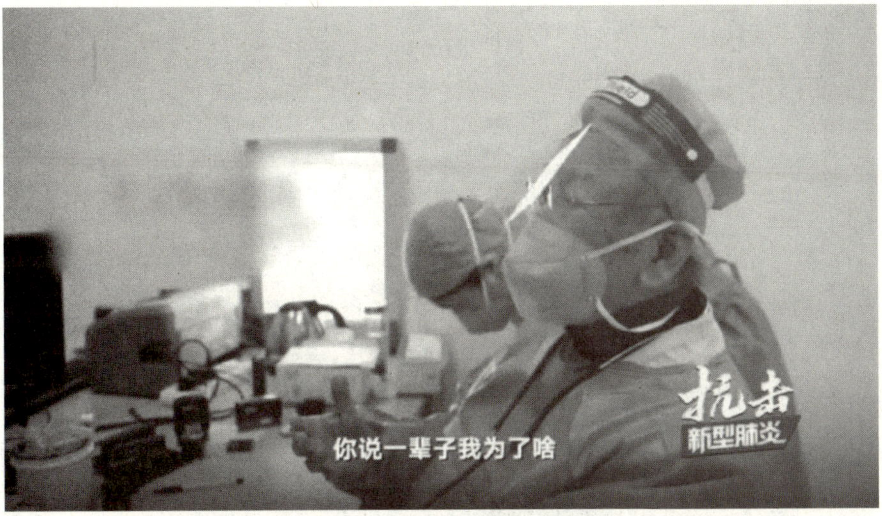

图7　86岁的退休老专家董教授

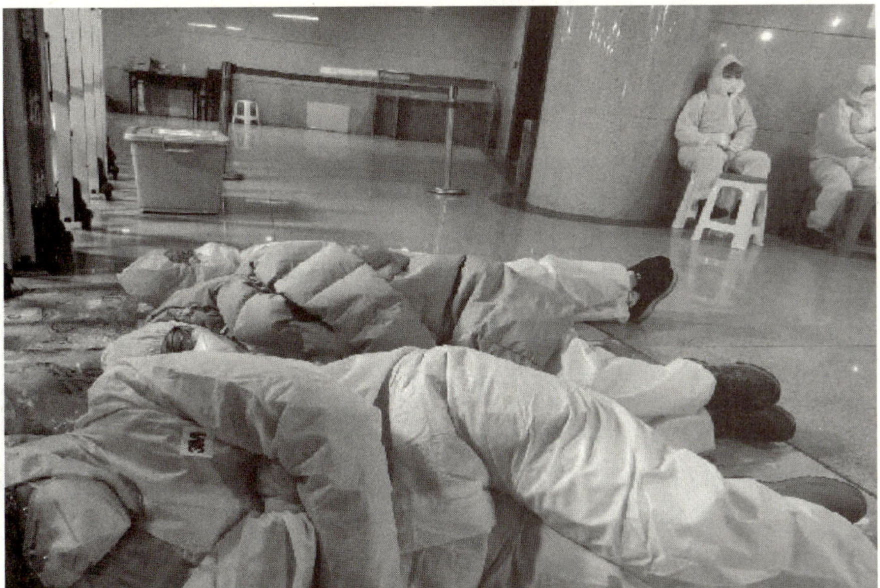

图8　倒地而睡的医务工作者1

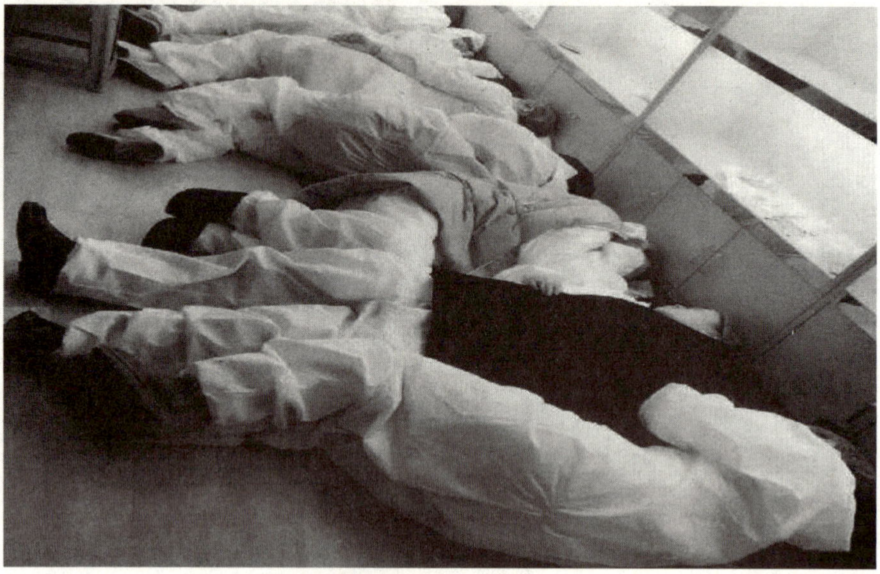

图9　倒地而睡的医务工作者2

③了解建筑工人、交警、志愿者、街道办事处工作人员的默默付出（图10至图14）。

图10　不分昼夜的工人

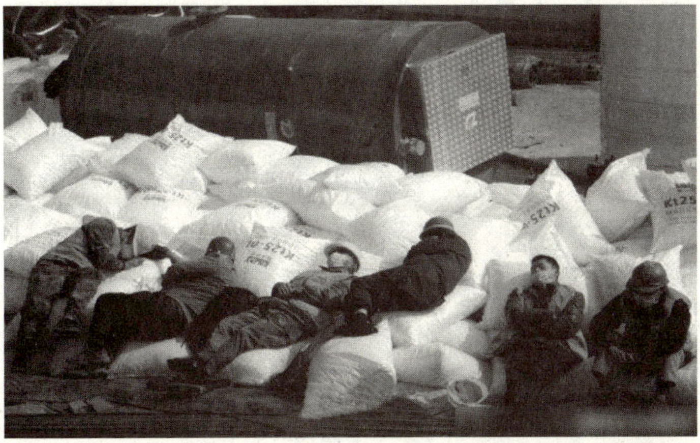

图 11　倒地而睡的工人

图 12　交警

图 13　送暖心粥的志愿者

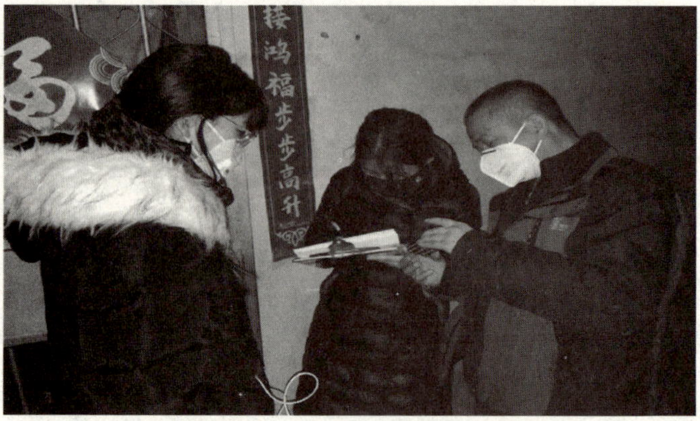

图 14　街道办事处工作人员

小结：是他们，一个个平凡又伟大的人，在前线，前赴后继，为我们坚守着。他们是这个时代真正的平凡英雄，他们是时代的最美“逆行者”。

（过渡）其实，同学们，除了冲在一线的英雄们外，在我们身边也有许许多多这样的“英雄”在为我们默默付出，他们是谁呢？

（2）老师的爱。

①文剑辉校长的关心与指导（见图 15）。

战胜疫情，除了增强身体免疫力之外，精神免疫力也是强大的力量。学习给予的力量和希望，能让精神也筑起坚固的防毒之堤。前几日，我在网络上看到，在首批入住武汉的“方舱医院”患者里，有这样一位年轻人。他戴着口罩躺在病床上，神情专注地翻看着手中厚厚的书。同学们，他人身处危难尚且如此，我们又有什么理由停住前进的脚步？身体无法远行，但灵魂可以在路上。无论身处何方，都应该严格地要求自己，在老师的指引下抓好学业，利用假期广泛阅读有益书籍，修身养性，开拓视野，为开学做好充分的准备。在这里，我还想问问同学们：放假前，老师交代的事情你们做得怎样？你们自己的学习计划完成得怎么样？是不是该抓紧时间了？爸妈上班了，你们自己在家里能自觉安排学习和生活，让爸妈放心吗？这次，我们学校发出“阻击疫情，韩附学生在行动”的活动通知，你们积极参与了吗？我还真想看到你们的优秀作品呢！

在历练中茁壮成长。同学们，除了学习以外，我还想向你们建议，不妨利用假期时间，帮助家中的长辈做一些力所能及的事情，积极参加家务劳动，在履行家庭义务的过程中锻炼自己的生活自理能力。这就是我们为战胜疫情所做的有意义的事情。

亲爱的同学们，“不经风雨，怎见彩虹”！一个人的成长，最重要的不是拥有怎样的外在条件，而是需要我们有奋发向上的内动力和知难而进的坚忍不拔。每个人的成长终究要靠自己去成全，每个人的命运关键要靠自己来把控。在这段特殊的时光里，请学会思考生活，考验自己，只争朝夕，不负少年。这样，我们奋斗的脚步就会在灾厄中前行而更加沉稳，我们的人生就会因经历了独特的 2020 而更加坚强。经历是一笔财富。终有一天，你们会回头审视今天的自己，希望那时的你没有太多的遗憾，而是收获更多的欣慰。

时光虽短，牵挂很长。2020 年的寒假，韩附想念着你们，校长、老师们想念着你们。想念你们在教室里朗朗的书声，在操场上欢快的嬉笑声，在学习活动中炙热的研讨声。希望或许会迟到，但从不会缺席！当走出家门不须带上口罩之时，我们的生活依然会绚烂多彩。“阳光总在风雨后”，让我们静待花开，再聚韩附，共度美好时光！顺祝吉祥平安！

牵挂你们的校长　文剑辉

2020 年 2 月 11 日晚

图 15　文校长致学生的一封信

②"变形金刚"指的是谁？

③谢老师谈体会（见图16）。

图16　谢老师视频图片

小结：我想，谢老师的话，也许就是最好的体现。她默默付出，却不收回报，化身"变形金刚"，无私无悔地守护着我们，让我们在逆境中，不惊慌、不畏惧、不盲目，让我们真正能"停课不停学"。

（3）父母的爱。

（过渡）除了老师外，这个假期最忙最累的，还有谁呢？是的，就是深爱我们的父母了。陪伴是最长情的告白。停课不停学，爸爸妈妈用行动，给了我们最长情的告白。

①指导做好安全防护。

②陪着孩子锻炼身体，提高免疫力（见图17）。

图17　家长陪孩子锻炼身体

③共同完成手工作业。

④辅导作业。

⑤家长谈体会。

小结：是啊，父母的爱是伟大的，他们总在为孩子默默付出。

3．懂感恩，有担当。

（1）学习品质。

（导入）同学们，从无名英雄到身边的老师和父母，他们身上有什么品质值得我们学习呢？

小结：我想，无名英雄们冲在一线，舍小家，为“大家”，他们用自己的坚守，保家卫国，这既是一种责任，更是一种担当；老师们克服各种困难，无怨无悔地付出，爱的是别人家的孩子，这既是责任，同样也是担当；父母履行着自己的职责，保护好自己的孩子，保护着自己的“小家”，这同样也是在守卫我们的“大家”。同学们，家是最小的国，国是最大的家。在他们身上，我们看到的，是一种令人感动的家国情怀，是责任，是担当！（见图18）。

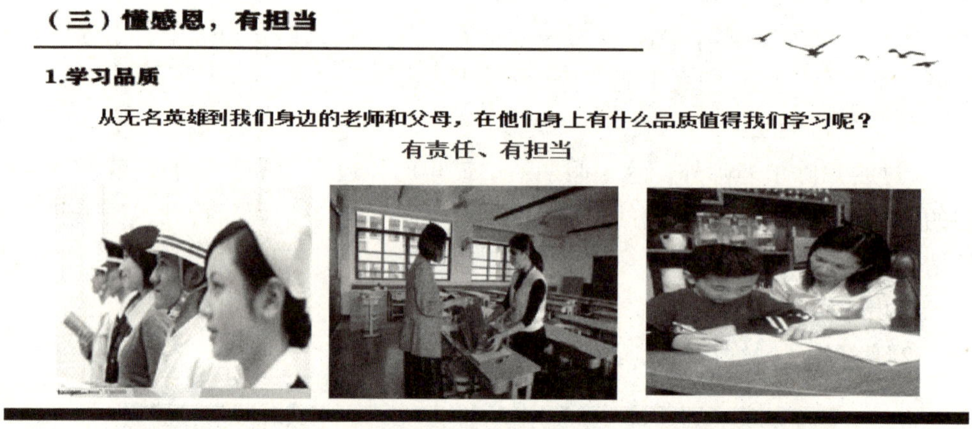

图18　课件PPT

（2）学会担当。

（过渡）每个人身上都有各自的责任，那作为一名少先队员，我们的责任又是什么呢？

（3）学会自律。

（过渡）在抗疫期间，这些小朋友用行动贡献了自己的力量，是我们学习的好榜样。在这里，老师向同学们发出倡议，希望大家“宅家”期间能够学会自律，“宅”出健康，“宅”出知识。

①调整作息。

②认真学习。

③帮做家务。

4. 寄希望，学成长。

总结：同学们，疫情当前，我们虽不能冲锋陷阵，但也当不负韶华。希望你们“宅”家安心学，像钟南山爷爷说的那样：用知识缝制铠甲，将来披甲上阵。

（九）教学反思

本次活动各个环节都能达到预期的效果。当学生们看到病毒的肆虐，他们都表示要勤洗手，爱护自己的身体；当学生们看到冲在前线的各行各业的人们的无私奉献，他们都流下感动的泪水。课堂上交流氛围活跃，学生们纷纷表示要向医务工作者学习，在困难面前，无畏无惧，要有无私奉献的精神。为此，学生们有了自己的职业启蒙，表示长大后要当一名医生。看到这，我感到很骄傲。这节主题班会课唤起了学生们的感恩意识，使他们懂得要爱护身体，珍惜生活，感恩身边人。

四、取得的成效及体会

在这特殊的时期，本课及时地帮助学生了解疫情，以及了解各行各业的人在背后的努力和付出，这对学生的人生价值观、生命观有很大的影响。通过本课的学习让学生能积极向上地面对困难。

我尝试了这种“线上＋线下”混合式教学模式，收获颇丰，既领略了教育教学与信息技术的融合，也有了新的体会。在不久的将来，学生可以半脱离课堂，课堂可以不再采用单纯的传统课堂授课方式，让学生自主学习，开拓学生思维。

五、专家点评

蔡钗老师的这节“‘疫’期助学，感恩有你”课，是面向小学高年级学生的一门心理课程。在新冠肺炎疫情背景下，课程以“感恩”为主题，充分发挥学校的教育教学管理平台——智慧校园云平台，借力科任老师与家长，推进信息化教育，积极探索“线上＋线下”混合式教学模式。

在教学过程中，蔡老师注重“授知识，传情感，抓落实”。在课程开始时，蔡老师通过列举钟南山院士、医务工作者、工人等一线英雄、老师和父母的例子，让学生真切地感受到了来自他们的爱，并且传达出这份爱的来之不易。这份爱通过家中升旗仪式、父母陪同锻炼等方式得到一定的体现，进而影响学生的人生价值观、生命观。

心理健康教育①《新冠肺炎疫情防控下的初中生心理防护》

吴见灵

（韩山师范学院附属实验学校）

一、课程基本情况

课程名称：新冠肺炎疫情防控下的初中生心理防护

面向年级：七年级

使用教材：无固定教材，源于网络资源

依托在线教育平台：韩山师范学院附属实验学校的智慧校园云平台

在疫情“停课不停学”期间，我校在学生心理健康教育方面由心理老师开展名为“新冠肺炎疫情防控下的初中生心理防护”的线上教学课程。本课程主要面向学校七年级学生，心理老师每周录制视频课并上传至学校的智慧校园云平台，学生按照学校安排的线上学习课程表，在对应的时间点观看和学习本课程。

针对当地疫情下的初中生心理实际状况，本门线上心理健康教育课程开设了多个专题，包括情绪调节主题、生命教育主题、亲子相处主题、学习主题、手机管理主题、开学准备主题、开学适应主题。该课程未采用固定教材，但利用了众多网络资源，如《抗疫复学后教师助学心理指南》《学校师生及家长心理行为指导手册》、微信公众号、新闻案例等作为教学设计的参考。

该课程开展依托的在线教育平台是韩山师范学院附属实验学校的智慧校园云平台（见图1），该平台面对韩山师范学院附属实验学校全体师生及家长开放。此外，视频还会上传至每个腾讯QQ班级群，老师利用腾讯QQ班级群中的老师助手工具来获得学生的作业反馈。在学生自觉和老师与家长的配合监督下，我们在这个特殊时期共同尝试与推进信息化教育。

---

① 课程网址：http://125.91.106.28:7085/isschool/index.view;jsessionid=028956348AC2C0EEEC5BFA829B641DE0。

图 1　智慧校园云平台

二、教学改革思路

接到“停课不停学”的号召后，根据教育局的要求，学校开展线上教学，各科老师根据教学风格采用不同的方式开展线上课程，有的老师采用录播，有的老师采用直播，有的老师采用优质网络教学视频。除了教授新课外，还有当堂测验、单元总结等。据学校老师反映，面对新型的线上远程教学方式，学生在家按照学校安排进行线上学习，虽然受到老师与家长的共同监督，但是对比传统的面对面教学仍存在一些困难。比如，学生的学习状况较传统教学明显变差，效率低下，作业完成情况不乐观。

但同时，线上教学存在许多优势，比如打破时空限制，在足不出户的情况下实现教学，学习者可以灵活掌握学习时间，也可以根据自己的学习风格找到适合自己的学习方式，部分教学内容可反复观看，有利于自己掌握学习进度，查漏补缺等。

教学改革可以探寻“线上 + 线下”混合式教学的深度结合，让两者结合发挥出 1 + 1 > 2 的优势。

三、混合式教学案例设计

（一）前言

新冠肺炎疫情是一个重大社会应激事件，不仅对人的生理健康造成威胁，而且给人们的心理健康带来各种冲击。疫情带来了恐慌与压力，公众担心是否会感染病毒、是否能出门、口罩够不够用等；而青少年在这个本是第二学期开学的时间段，却停学在家，一开始部分学生可能会因为不用上学而感到开心，但随着停课时间延长，学校开展线上教学，学习方式的改变与疫情长时间“宅”家会加重学生的烦躁与焦虑。个别同学会因为与家长长时间接触而发生冲突与矛盾。大部分学生线上学习效率低，在家学习氛围不如学校，存在电子产品等众多诱惑与干扰，老师的监督效果因距离增加而急剧减弱，学习遇到困难无法及时向老师求助等情况，这严重考验学生的自觉性。这个阶段的学习情况又会在复学时期让学生感到焦虑和担心，长时间的“宅”家会让学生在回校时感到难以适应。结合学生所遇到的以上心理状况，我们开展本次心理健康教育线上线下课堂，帮助学生更好地适应和稳定度过该特殊时期。

（二）教学内容

当地属于新冠肺炎疫情低风险地区，结合当地疫情情况下学生的心理状态与学生实际面临的问题，本次线上与线下心理健康教育课从情绪调节、生命教育、亲子相处、学习、手机管理、开学准备、开学适应这几个内容展开。

1. 新冠肺炎疫情防控下的初中生心理防护之情绪调节篇。
2. 新冠肺炎疫情防控下的初中生心理防护之生命教育篇。
3. 新冠肺炎疫情防控下的初中生心理防护之亲子相处篇。
4. 新冠肺炎疫情防控下的初中生心理防护之学习篇（1）。
5. 新冠肺炎疫情防控下的初中生心理防护之学习篇（2）。
6. 新冠肺炎疫情防控下的初中生心理防护之学习篇（3）。
7. 新冠肺炎疫情防控下的初中生心理防护之手机管理篇。
8. 新冠肺炎疫情防控下的初中生心理防护之开学准备篇。
9. 疫情过后我成长。
10. 疫情过后我更棒。
11. 我的疫情期生命日记。
12. 我的新学期生命日记。

（三）学时

共 12 个课时。

（四）教学目标

1. 认识到生命的宝贵与力量。
2. 回顾疫情期间发生在自己身边的有意义的事件。
3. 感受支撑自己的生命能量，带着这些能量开始新的学期。

（五）教学重难点

1. 教学重点：找到支撑自己生命的能量来源。
2. 教学难点：回顾疫情期间发生在自己身边的重要事件，并绘制时间线。

（六）教学准备

1. 确定主题、收集资料、备课。

2. 形成教案、录播文字稿。

3. 制作 PPT 课件。

4. 用录频软件录制教学视频（见图 2）。

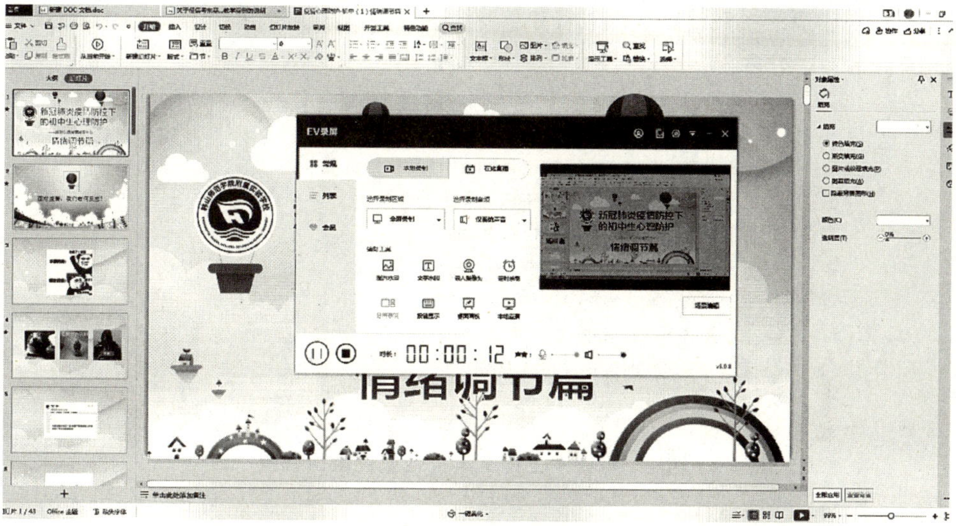

图 2　录制教学视频

5. 用视频剪辑软件剪辑、完善视频（见图 3）。

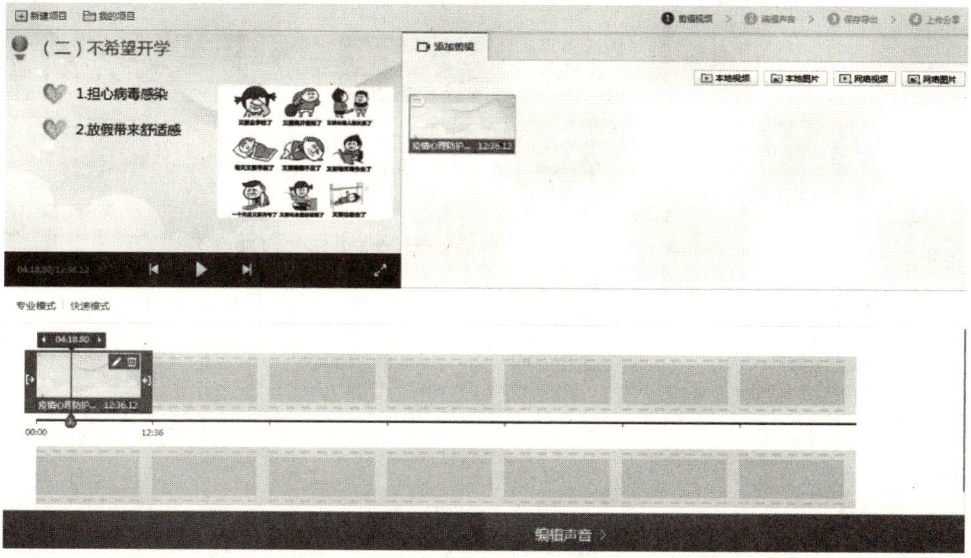

图 3　视频剪辑

6. 将制作好的视频上传至学校智慧校园网云盘与QQ班群（见图4）。

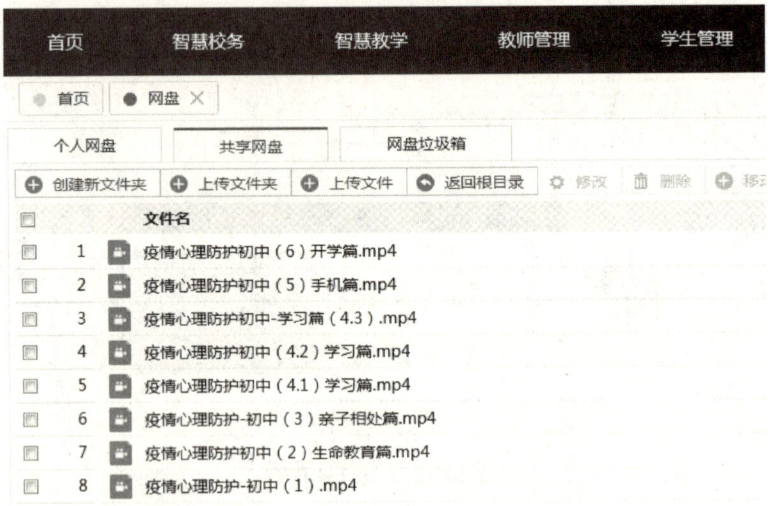

图4 将视频上传至学校智慧校园网云盘

7. 学生课前下载好视频。

（七）线上部分内容简介

1. 在心理健康教育线上课时间段，老师在QQ班群上发布签到打卡以保证学生出勤率（见图5），学生签到完成后播放本节课视频进行学习。

图5 打卡签到

2. 学习过程中，学生可调节视频进度，可以反复观看难理解的知识点，根据需求选择是否记笔记。

3. 在视频结尾，会有一项限时完成的家庭作业（见图6），老师会在本节课时间段内在QQ班级群上利用老师助手再次发布作业（见图7），学生在规定时间内把作业以照片的形式上传到该条作业集里。

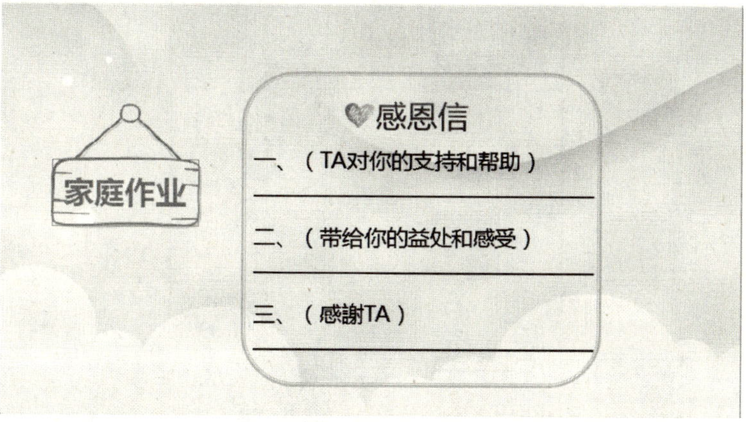

图6 家庭作业

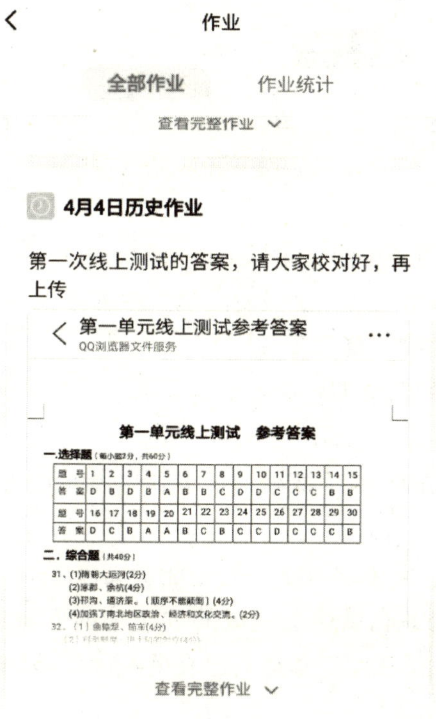

图7 发布作业

4．教师在作业集里可以检查作业提交情况，并批改作业，可选择奖励小红花或者要求学生重新完成（见图8）。

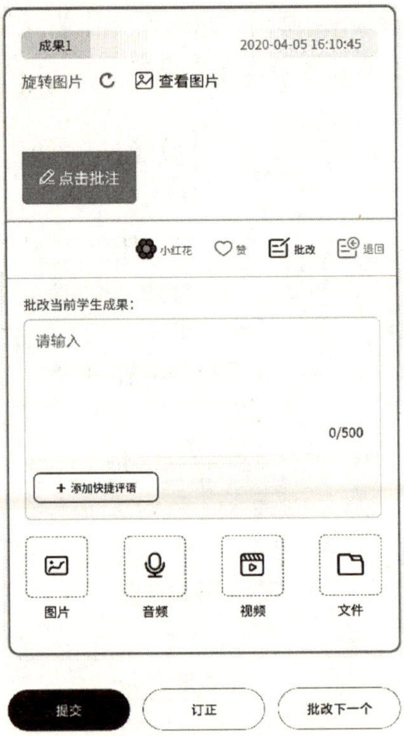

图8　作业批改

（八）教学过程

1．线上微课：我的疫情期生命日记。

观看微课视频，按要求回顾这段时间里发生的令人记忆深刻的事，制作“生命时间轴”与疫情期间的“能量支撑图”。

2．线下教学：我的新学期生命日记。

（1）故事导入：生命的能力。

通过重生和新生的两个疫情故事，认识到生命的顽强与珍贵，从而一同探寻自身的生命力量。

（2）我的疫情期“生命时间轴”与“能量支撑图”。

全班分享。学生分享在微课上完成的“生命时间轴”作业，分享各自的故事与感受，引起学生间的共鸣，体会自己在此期间所做的有意义的事所带来的踏实感。

小组合作。学生分享疫情期“能量支撑图”，因为微课有具体给学生讲解与分析如何寻找支持自己的能量，所以学生能如期完成，并向他人解读自己具备哪些能量，在分享的过程中学生也可学习其他同学是如何挖掘和寻找自己的能量的。

（3）我的新学期生命日记。

在开学后，面对新学期的困难与挑战，教师启发，学生思考，共同来发现支持我们的背后能量。

有线上微课教学的铺垫，学生以类似的模式，绘制新学期的“能量支撑图”，完成后分享并与疫情期的“能量支撑图”进行对比，学会带着这种能量更加勇敢地出发。

（4）延续“生命时间轴”。

在疫情期的“生命时间轴”上画出未来的时间轴，并将自己新学期的挑战目标记录在时间轴上，作为引导自己前进的指南针。

3. 课后反馈。

收集学生的作品进行展示（见图9），把每个学生的挑战目标进行归档。学生可以在学期中与学期末进行反馈调查，检查自己是否完成挑战，在遇到困难时是否还记得自己的支撑能量来源，以此进行强化和保持教学效果。

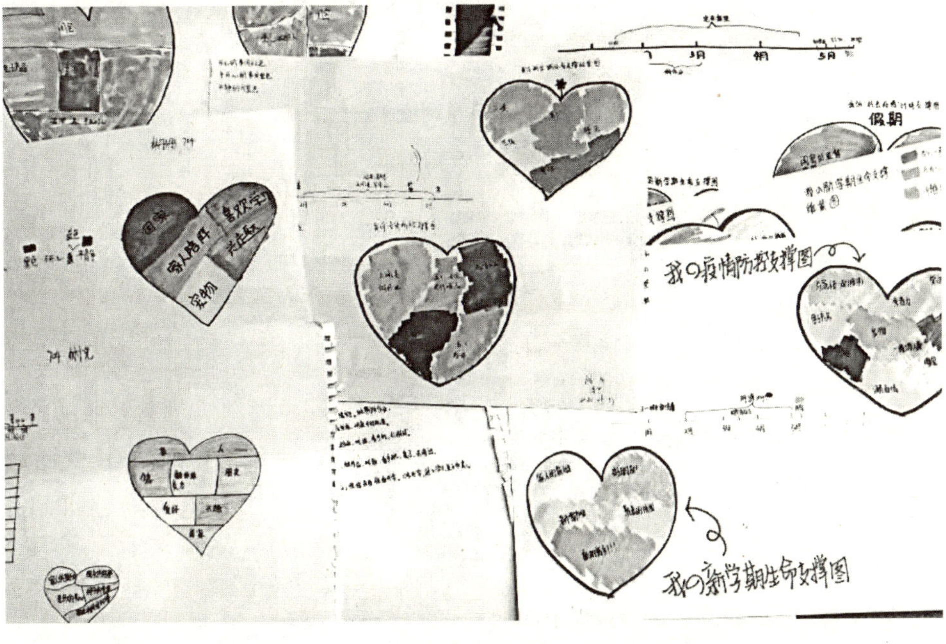

图9 作品展示

（九）教学反思

1. 常规心理健康教育课有时会以多种灵活的形式开展，线上教学限制了大部分活动的进行，应该思考如何利用线上途径实现心理健康教育课的活动与互动，尽量发挥线上与线下教育各自的优点，进行互补。

2. 疫情下的心理健康教育课应该结合当地实际情况以及学生心理状况与需求去设计主题与教学，实现教学内容深度与学生结合，预防学生受疫情影响产生心理问题，同时借此机会培养学生的优秀心理品质。

3. 在心理辅导方面，可通过线上动态关注学生，通过问卷调查等途径获得学生情况的反馈，以此开展线上心理辅导（见图 10、图 11）。

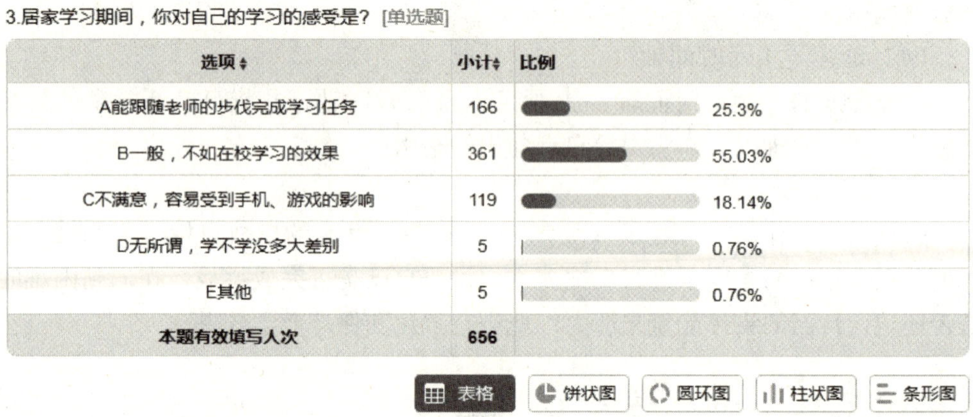
3.居家学习期间，你对自己的学习的感受是？ [单选题]

选项	小计	比例
A能跟随老师的步伐完成学习任务	166	25.3%
B一般，不如在校学习的效果	361	55.03%
C不满意，容易受到手机、游戏的影响	119	18.14%
D无所谓，学不学没多大差别	5	0.76%
E其他	5	0.76%
本题有效填写人次	656	

图 10　问卷调查 1

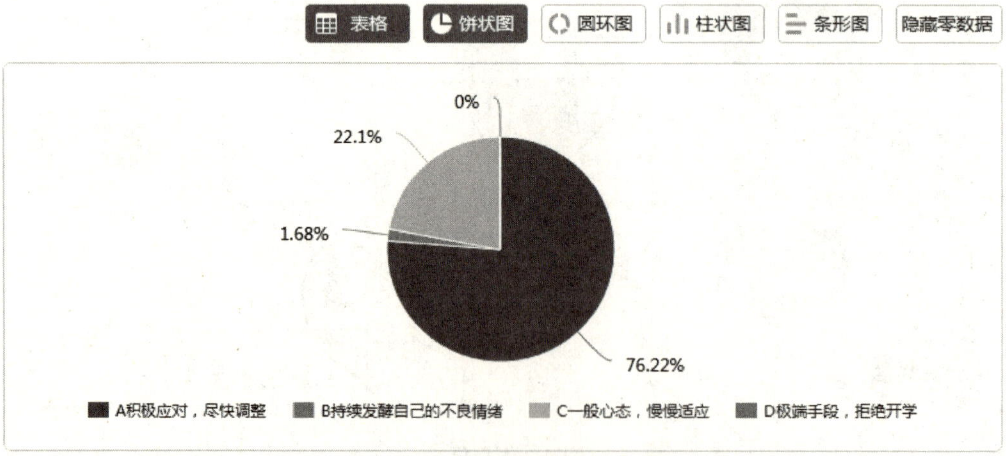

图 11　问卷调查 2

四、取得的成效及体会

本课程符合教育部要求，能及时了解学生的心理状况。设计的心理云课堂符合学生的需求，能基本完成教学目标，为疫情期间的学生做好心理防护工作，提高了学生在疫情期间的心理素质，协助他们调整心理状态，与父母和谐相处，调整学习方法，培养自律的品质，科学地利用手机，更好地安全度过疫情期，做好复学准备，同时通过这段特殊经历获得启发与成长（见图 12）。

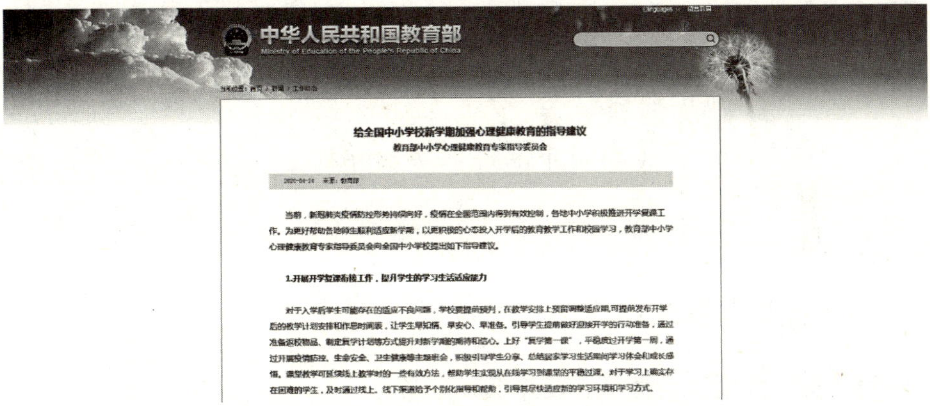
中华人民共和国教育部
Ministry of Education of the People's Republic of China

给全国中小学校新学期加强心理健康教育的指导建议
教育部中小学心理健康教育专家指导委员会

来源：教育部

当前，新冠肺炎疫情防控形势持续向好，疫情在全国范围内得到有效控制，各地中小学积极推进开学复课工作。为更好帮助各地师生顺利适应新学期，以更积极的心态投入开学后的教育教学工作和校园学习，教育部中小学心理健康教育专家指导委员会向全国中小学校提出如下指导建议。

1.开展开学复课衔接工作，提升学生的学习生活适应能力

对于入学后学生可能存在的适应不良问题，学校要提前预判，在教学安排上预留调整适应期，可提前发布开学后的教学计划安排和作息时间表，让学生早知情、早安心、早准备。引导学生提前做好迎接开学的行动准备，通过准备返校物品、制定复学计划等方式提升对新学期的期待和信心。上好“复学第一课”，平稳度过开学第一周，通过开展疫情防控、生命安全、卫生健康等主题班会，积极引导学生分享、总结居家学习生活期间学习体会和成长感悟。课堂教学可延续线上教学时的一些有效方法，帮助学生实现从在线学习到课堂的平稳过渡。对于学习上确实存在困难的学生，及时通过线上、线下渠道给予个别化指导和帮助，引导其尽快适应新的学习环境和学习方式。

图 12　教育部加强心理健康教育的建议

教学方式的突然改变需要老师主动地去学习与探寻新的教学途径，需要老师持有创新精神与研究精神。遇到新的形式，看似是危机，其中也蕴含着蓬勃的生机，关键是老师需要用成长型的思维去探寻，勇敢地尝试与挑战，不轻易放弃。

五、专家点评

吴见灵老师本节课例的对象为初中七年级的学生，他们正值青春期，这一时期正是心理变化最激烈的时期，也是产生心理困惑、冲突最多的时期。吴老师以“我的生命日记”为例，通过智慧校园云平台发布微课、腾讯 QQ 班群来收集学生作业反馈，及时获取学习反馈；通过线上与线下相结合，内容结合本地实情及学生心理状况来设计编排，满足教学需求，内容紧跟教学要求。心理云课堂的设计符合学生认知，教学活动安排合理，在疫情期间为学生做好心理防护工作、稳定心绪的同时，培养学生形成良好的心理素质，借助这段特殊经历帮助和引导学生获得启发与成长。关于返校后学生的心理防护是否有加强，怎么加强，若可以对这方面进行描述，则这节课效果更优。

心理健康教育《疫期居家学习心理健康教育课》

潮州市名班主任刘洁工作室

组　　长：刘　洁

授课老师：余　琪（高年级）

王坚娟（中年级）

周雪钿（低年级）

（潮州市湘桥区实验学校）

一、课程基本情况

课程名称：疫期居家学习心理健康教育课

面向年级：小学高年级、中年级、低年级

使用教材：《小学心理健康教育》

依托在线教育平台：采用录播形式，通过学校组建的“南方＋”订阅号、钉钉工作平台、各个班级的微信群、潮州市刘洁名班主任工作室公众号等，向全校乃至市区其他学校学生推送教学内容。

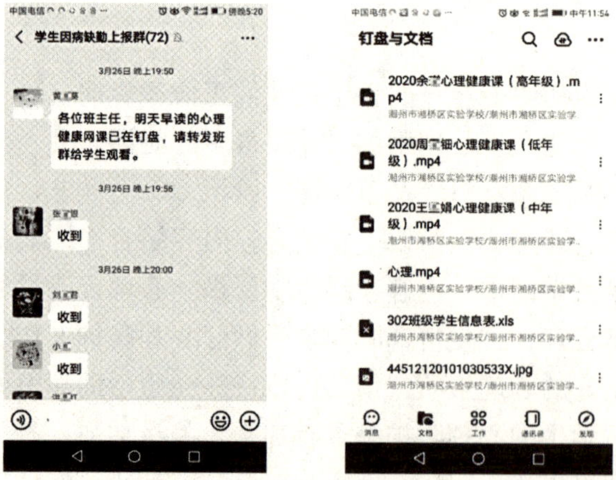

图1　运行平台截图

图2　班级打卡展示

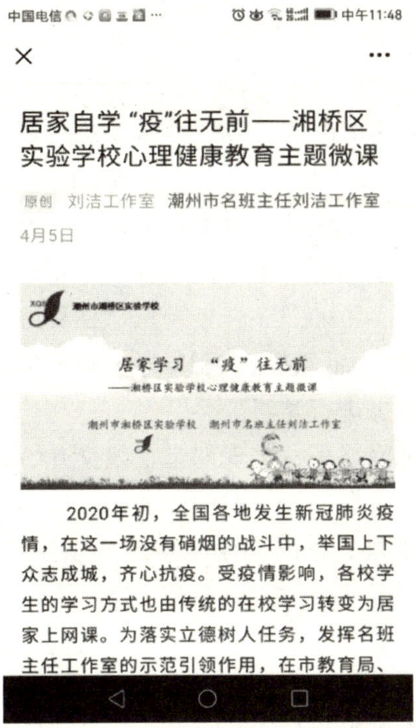

图 3　潮州市名班主任刘洁工作室公众号

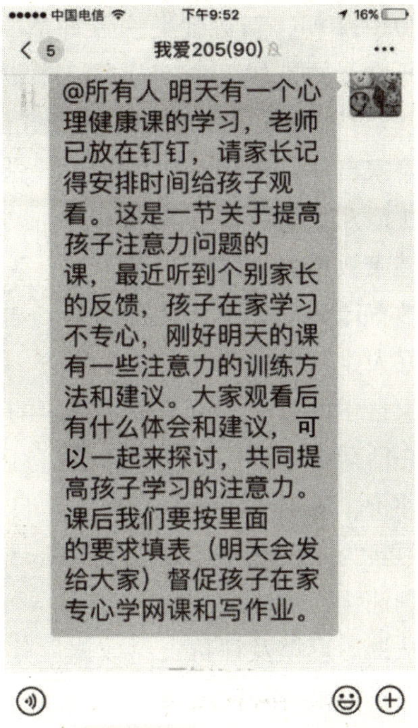

图 4　班级群

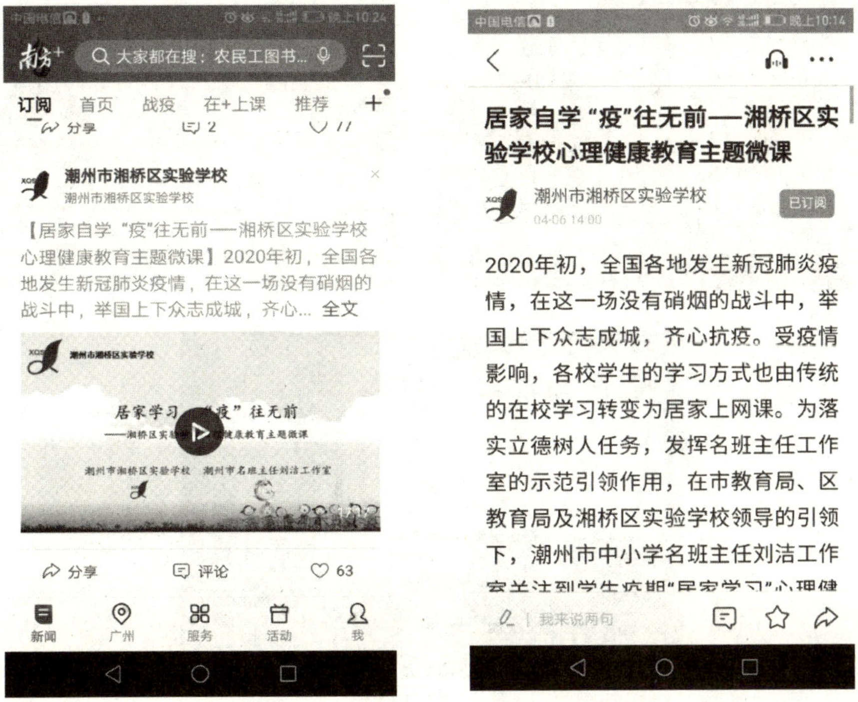

图 5　湘桥区实验学校“南方 +”订阅号

2020年初，新冠肺炎病毒肆虐。受疫情影响，各校学生的学习和生活经历着前所未有的挑战。疫情面前，学校响应国家“停课不停学”的号召，开启了“线上教育”模式，学生的学习方式由传统的在校学习转变为居家上网课。长时间的居家自学，使得学生的精力、情绪无法更好地宣泄，对“居家网课”产生了无所适从、抗拒、抵制等消极情绪。我们关注到学生疫情期间“居家学习”心理健康教育的必要性，设计了一系列针对小学高、中、低年级学生年龄特点的主题教育课活动——“让自律为‘居家网课’护航”（高年级）、“播种好习惯 成就好人生”（中年级）、“心意坚 学能成”（低年级），引导学生调节情绪，掌握居家自学的方法，以积极、健康的心理状态进行学习。

在活动中，我们利用微信、钉钉等各种网络平台实现课堂在线交互、课后多维度评价，教给学生提高专注力、自律能力，培养好习惯的方法，引导学生从被动学习转为主动学习，促进学生心理健康发展；同时向学生渗透爱国主义教育，弘扬潮汕优秀传统文化精神。

从课后反馈及评价资料数据上分析，大部分学生能掌握居家学习的方法，激发起向抗疫英雄钟南山爷爷、潮汕名人饶宗颐先生学习的意愿，自觉地养成自我管理与自我学习的好习惯，达到预期的教育教学目的。

图6 教师授课

二、教学改革思路

疫情期间，各校学生的学习方式发生了翻天覆地的变化，由传统的在校学习转变为居家上网课。由于疫情期间学生对“居家网课”产生了无所适从、抗拒、抵制等消极情绪，教师对学生进行心理干预显得尤为迫切。因此，我们针对小学高、中、低年级学生年龄特点，设计了一节“居家学习”心理健康教育课。本课的设计分高、中、低年级三个版块，通过形式多样的心理健康体验活动、小游戏、计划表格、多维评价等方式进行线上教学及线下互动，引领学生及时调整学习情绪，掌握自学自律的方法，从被动学习转为主动学习，养成自我管理与自我学习的好习惯；同时向学生渗透爱国主义教育，弘扬潮汕优秀传统文化精神。本课及时适应了疫情期间教育的新形势，起到了良好的教育教学效果。

三、混合式教学案例设计

让自律为“居家网课”护航（高年级）

设计者、授课者：余　琪

（一）前言

小学高年级学生具有一定的自主学习能力，但在居家网课学习中少了老师的实时提醒监督，学生自主学习的主动性和积极性明显下降。此外，长时间的居家学习使学生的精力、情绪无法得到宣泄，逐渐对“居家网课”产生抗拒、抵制、无所适从等消极情绪。因此，及时引导高年级学生调节情绪、加强自律、做学习的主人显得尤为迫切。

（二）教学内容

小学高年级学生疫情期间居家学习心理健康教育课。

（三）学时

1 课时。

（四）教学目标

1. 认知目标：清楚地认识到当前网络教育的必要性，能正确审视自身行为。

2. 情感目标：激发学生自主学习热情，唤醒学生学习的积极主动性，增强自主学习意识。

3. 行为目标：分享一些自主学习、自主管理的方法，帮助学生养成良好的自主学习和自我管理的习惯。

（五）教学重难点

引导学生掌握自主学习、自主管理的方法，增强学生自主学习的意识。

（六）教学准备

课件、微课、打卡小程序。

（七）线上部分内容简介

1. 观看视频，查找原因。

2. 对比榜样，学习微课。

3. 盟友加持，打卡自律。

（八）教学过程

1. 观看视频，宣泄情绪。

（1）听歌曲，宣泄对网课的情绪。

（2）肯定情绪，产生共情。

2. 行为对比，懂得自律。

（1）看视频，找原因。

①请同学们仔细观看视频，想想视频里的“哈哈”同学学习态度前后不同的原因。

②了解自控力：自控力就是控制自己的能力，是指能完全自主地、有意识地控制自己的情绪、支配自己行动的能力，是意志的重要品质。

图7　看视频，找原因

（2）比优劣，强信心。

①学生对比课堂教学和网络课堂，谈自身的感受。

②通过表格了解两者优劣。

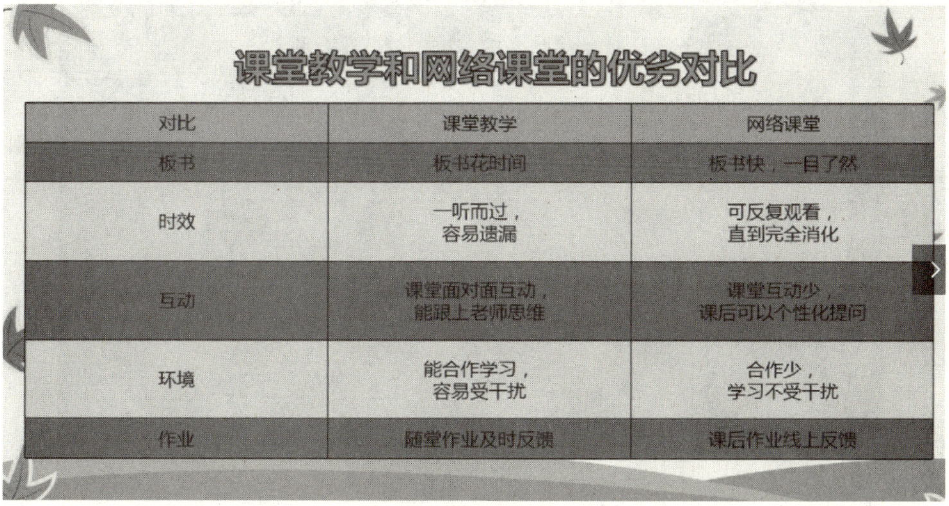
课堂教学和网络课堂的优劣对比

对比	课堂教学	网络课堂
板书	板书花时间	板书快，一目了然
时效	一听而过，容易遗漏	可反复观看，直到完全消化
互动	课堂面对面互动，能跟上老师思维	课堂互动少，课后可以个性化提问
环境	能合作学习，容易受干扰	合作少，学习不受干扰
作业	随堂作业及时反馈	课后作业线上反馈

图8　比优劣，强信心

（3）会自律，变优秀。

①举例子说说杰出的自律人物。

钟南山爷爷　　童话大王郑渊洁

②举例子说说在这次的“居家网课”中值得我们学习的小伙伴。

小结：其实，只要我们勤于思考、主动求知、提高自控力，无论线上学习还是线下学习，效果都一样好。

3. 加强自律，做学习的主人。

微课学习：“自律小妙招”。认真学习微课，想一想：在家进行网络学习，没有了老师的督促，我们应如何加强自律来提高自身的学习质量呢？

（1）伙伴齐分享。

小结：这几位同学都提到了课前要预习—上课要笔记—课后要复习。这是上好网课的要点。

图 9　小结

（2）老师小锦囊。

①仪式感。

第一，回归学校的作息时间，增加仪式感。

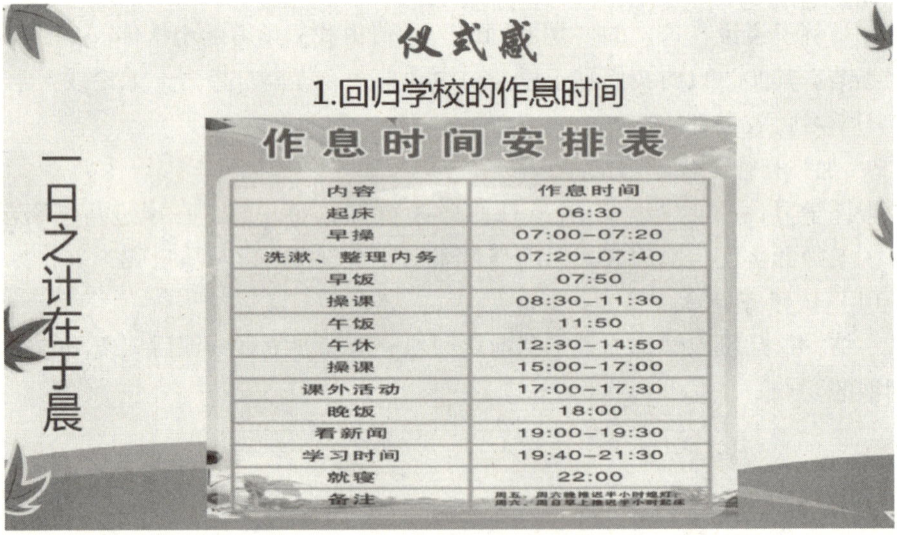

图 10　回归学校的作息时间

第二，穿戴整齐，加强心理暗示。

第三，学习区无干扰，创设良好环境。

第四，学习区不休息，休息区不学习。

第五，保持书桌整洁，与学习无关的物品一律移走。

②盟友加持。

第一，向偶像学习。

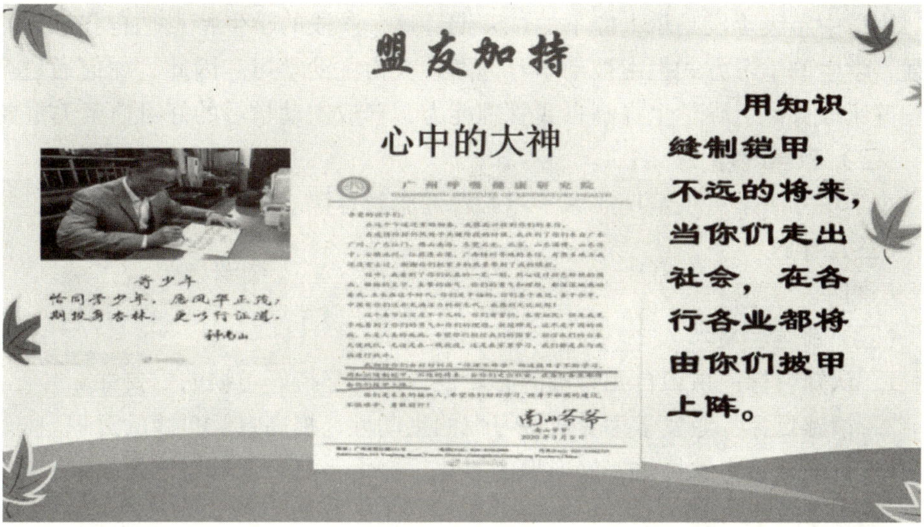

图 11　向偶像学习

第二，与小伙伴互相监督。

第三，家长助攻。

小结：俗话说：“磨刀不误砍柴工。”有了仪式感和盟友加持，相信大家一定会养成自律的习惯。

4. 活动拓展。

（1）做一做：制定一张每周打卡任务表，完成一天的任务就打钩。

（2）比一比：选择一款合适自己的打卡小程序，坚持每天打卡，期末比比谁最棒。

小结：“千里之行始于足下”，我们就从今天开始养成自律的习惯吧！相信在一周、一月、半年后我们能遇见一个自律的自己！

5. 寄予希望。

最后，希望同学们在接下来的“居家网课”的线上教育中，加强自律，做学习的主人。请记住：一个成功的人不一定是聪明的人，但一定是一个自律的人。

播种好习惯　成就好人生（中年级）

设计者、授课者：王坚娟

（一）前言

小学中年级阶段是承上启下的过渡期，这个阶段的学生特点是自我意识开始加强，学生的学习方式也由被动学习逐渐转变为主动学习。因此，如何通过开展心理健康教育课引导学生提高自我管理能力，养成主动学习的好习惯至关重要。

（二）教学内容

小学中年级学生疫情期居家学习心理健康教育课。

（三）学时

1 课时。

（四）教学目标

1．认知目标：认识自我管理的必要性，懂得坚持好习惯的重要性。

2．情感目标：激发学生养成好习惯的主动性，提高自觉自律的意识。

3．行为目标：掌握培养好习惯的方法，努力将好习惯持之以恒。

（五）教学重难点

激发学生养成好习惯的主动性，掌握培养好习惯的方法。

（六）教学准备

课件、微课、好习惯计划表、打卡小程序。

（七）线上部分内容简介

1．通过课件了解“好习惯公式”。

2．利用微课学习制作“好习惯计划表”的步骤。

3．“好习惯”打卡。

（八）教学过程

1．好习惯，好榜样。

（1）开场白：同学们，大家好！一年之计在于春，一日之计在于晨。春天是播种的季节，在我们居家学习的日子里，我们应该播种怎样的好习惯，让我们的生活过得充实、有意义呢？让我们一起走进“播种好习惯，成就好人生”心理健康课堂。

玩一玩心理健康小游戏：“十指交叉”，体验“什么是好习惯”。

图 12　心理健康小游戏："十指交叉"

（2）观看视频《小和尚学剃头》，体会"坏习惯养成，终生受制"。

（3）讲解"好习惯公式"，理解"好习惯养成，终生受益"。

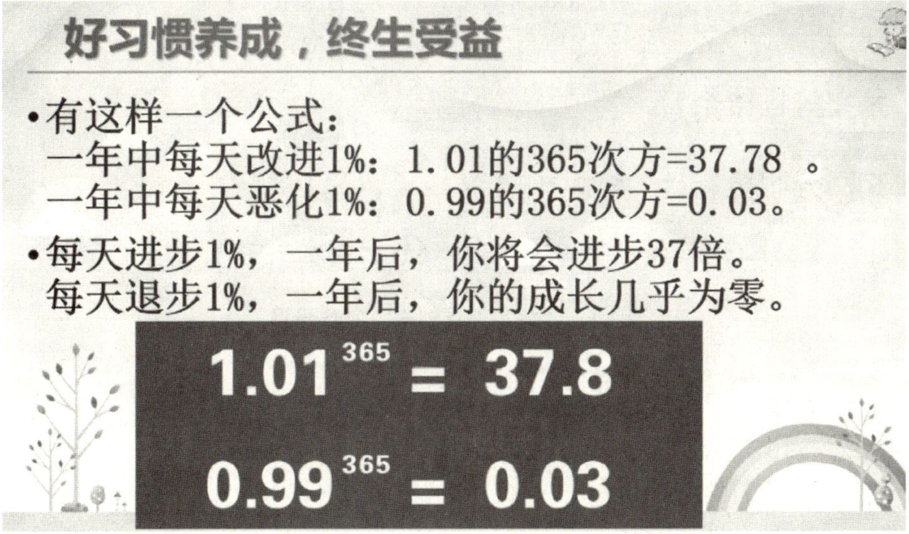

图 13　"好习惯公式"

2. 过渡：不要小看微小的习惯和变化，它有巨大的力量。在居家生活的日子里，养成自我管理的好习惯很重要。

3. 好习惯，我能行。

（1）播下思想，收获行为。

①介绍钟南山院士的事迹。

②说一说我们身边从小立志学好本领，在学习中找到兴趣，在兴趣中学会坚持的同学的事例。

③过渡：这两位五年级的哥哥姐姐，也是从三年级才开始接触英语和硬笔字学习的，你想和他们一样成为努力学习、勇于坚持、乐于付出的人吗？让我们先播下思想，收获行为。

（2）播下行为，收获习惯。

①微课学习："好习惯计划表"制作步骤。认真学习微课，思考：我要如何根据自己的实际情况制作一张"好习惯计划表"，并落实到行动上。

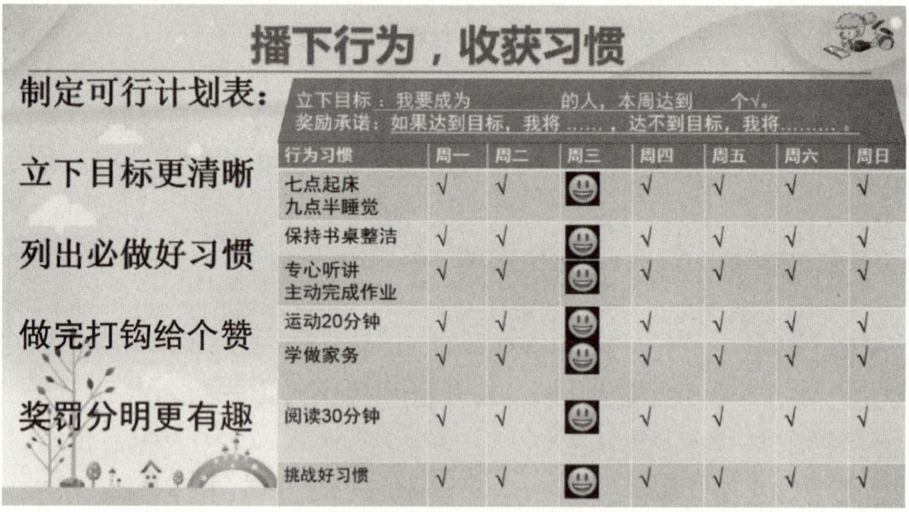

图 14　"好习惯计划表"制作步骤

第一，设计自己喜欢的表格形式。

第二，列出每天必做的好习惯。

第三，做完打钩给个赞。

第四，奖罚分明更有趣。

第五，建立自信心。

②学习将好习惯持之以恒的方法：

第一，两分钟原则。

第二，每天打卡一件事，提升好习惯达成的成就感。

第三，将任务细化，让自己做得更好。

4. 好习惯，好人生。

（1）观看疫情下各地坚持刻苦学习的学生照片。

（2）学生朗读好习惯格言。

（3）总结：通过今天这节课，我们意识到好习惯的重要性，也学习养成居家学习好习惯的方法：制作可行的计划表，借助他力与打卡任务提升毅力，及时调整计划，允许自己每天进步一点点，一步步迈向成功。播下一种思想，收获一种行为；播下一种行为，收获一种习惯；播下一种习惯，收获一种性格；播下一种性格，收获一种命运。让我们从今天起一起来播种好习惯，收获好未来。

图 15 总结

5. 活动拓展。

成就好人生的金钥匙：

（1）选择自己喜欢的好习惯格言，贴在容易看见的地方。

（2）制作适合自己的居家学习计划表（三天，七天，二十一天）每完成一个阶段目标就奖励自己一次，如三天奖励自己笑脸，二十一天奖励自己实现一个大愿望等。

（3）和伙伴一起打卡一个好习惯。

心意坚　学能成（低年级）

设计者、授课者：周雪钿

（一）前言

小学低年级阶段的学生年龄小，学习注意力集中时间短，抗干扰能力较差。如果缺少课堂上老师的提醒，学生居家学习很难集中精神听讲。如何帮助低年级学生认识注意力的重要性，引导学生培养专注力，专心上好网课是低年级阶段学生学习的重中之重。

（二）教学内容

小学低年级学生疫情期间居家学习心理健康教育课。

（三）学时

1 课时。

（四）教学目标

1. 认知目标：帮助学生了解注意力的特点，知道集中注意力是学习的基础条件，集中注意力可以提高学习效率。

2. 情感目标：体会集中注意力后收获成功所带来的快乐。

3. 行为目标：在活动中调动学生的感官，通过技能训练提高注意力。

（五）教学重难点

掌握提高注意力的方法，通过技能训练延长集中注意力的时间。

（六）教学准备

课件、微课、杯子、乒乓球、星星榜。

（七）线上部分内容简介

1. 游戏活动体验“注意力”。

2. 树立榜样激发内在动力。

3. 微课学习掌握训练方法。

4. 通过星星榜争当小标兵。

（八）教学过程

1. “注意力”我知晓。

（1）游戏导入——考眼力。

图 16 游戏导入

（2）理解什么是“注意力”。

（3）揭示课题：心意坚　学能成。

2.“注意力”多重要。

（1）小故事，大道理。

①听故事——《学棋》。思考并议一议：秋的两个学生是怎么学习下棋的？结果怎样？为什么？

图 17　议一议

②小结：学习集中注意力，一心一意，成就出色的棋手。这就是心意坚，学能成。学习注意力不集中，三心二意，棋艺不长。

（2）辨是非，树榜样。

①明辨是非。说一说：在我们的学习生活中，有没有像另一个学生一样，有过注意力不集中的时候，结果怎样？

小结：业精于勤，荒于嬉，做事不专心，只会一事无成。

②树立榜样。介绍潮汕名人饶宗颐先生和校园学生专注学习的事迹。

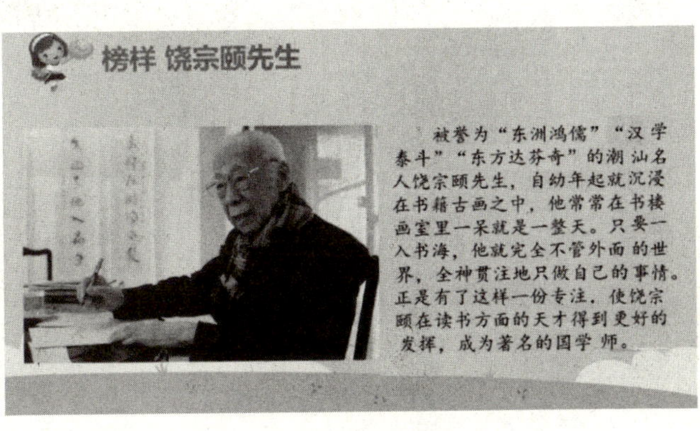

图 18　潮汕名人饶宗颐先生

（3）小结升华：同学们，集中注意力地做一件事情是多么重要。现在我们处于居家学习的特殊时期，在线学习网课是我们获得知识的主要途径，如果能做到一心一意，集中注意力，那么我们就可以学到知识，学到真正的本领！

3．“注意力”巧训练。

微课学习：注意力训练技巧。

认真学习微课，想一想：既然“注意力”这么重要，那我们要怎么训练自己的“注意力”呢？

游戏一：明确目标；

游戏二：增加时长。

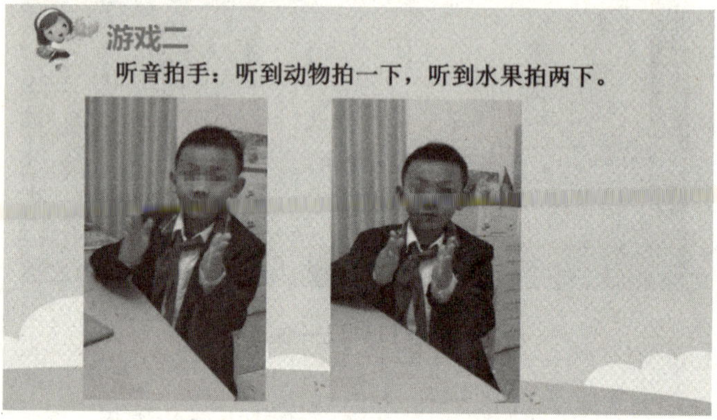

图19　游戏

4．“注意力”小妙招。

（1）思考：在家怎样才能克服“走神儿”的毛病呢？注意力小妙招：自我提示法、记录法。

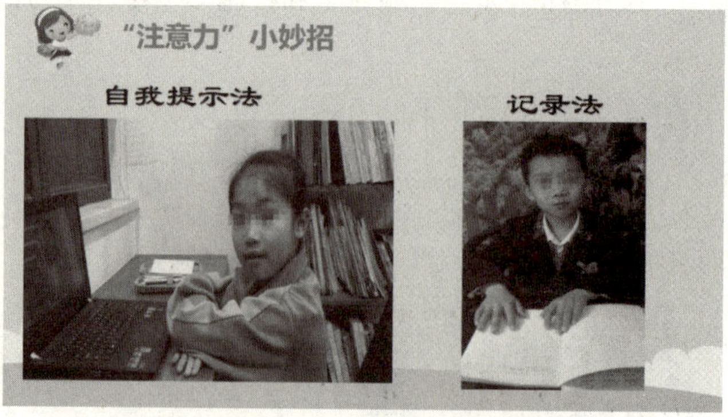

图20　注意力小妙招

（2）提小建议：课前积极准备，排除干扰。

①把学习需要的书、本子等文具准备好。

②电脑前（或书桌前）需干净整齐，没有其他与课堂无关的物品（可备水杯）。

③提前5～10分钟入座，调试好电脑或手机等设备。

④正式上课前去趟洗手间，确保身体无不适感。

（3）学以致用：老师来考考你们，看你们学到了吗？这是两位学生的课前准备，谁准备得好，谁准备得不好？

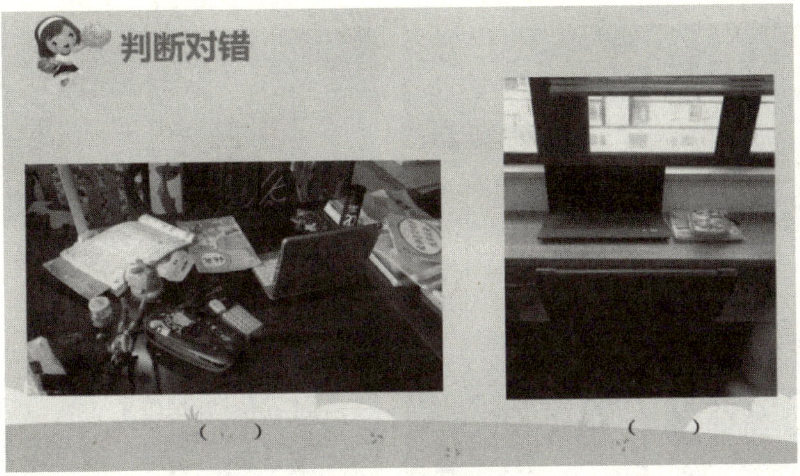

图21　学以致用

（4）老师传授上课口诀：小眼睛，仔细看。小耳朵，专心听。小嘴巴，大声读。多动脑，勤思考。听讲时，记笔记。有疑问，查资料。遇不懂，问家长。看回放，常温习。心意坚，学能成。

5. 活动拓展。

争当“专注学习”小标兵：

（1）亲子专注训练。家长找一些小游戏，训练孩子的专注力。

（2）争当专注小标兵：每天填写“摘星星”榜，对比自己上网课的专心情况和完成作业的正确率来给自己摘星星，并请家长总评！谁摘到的星星多，谁就是专注学习小标兵！

寄语：希望同学们养成专心学习的好习惯，上好网课，争当专注学习小标兵！

图 22　疫情期间居家学习心理健康教育主题微课与教学视频

图 23　学生在线学习活动

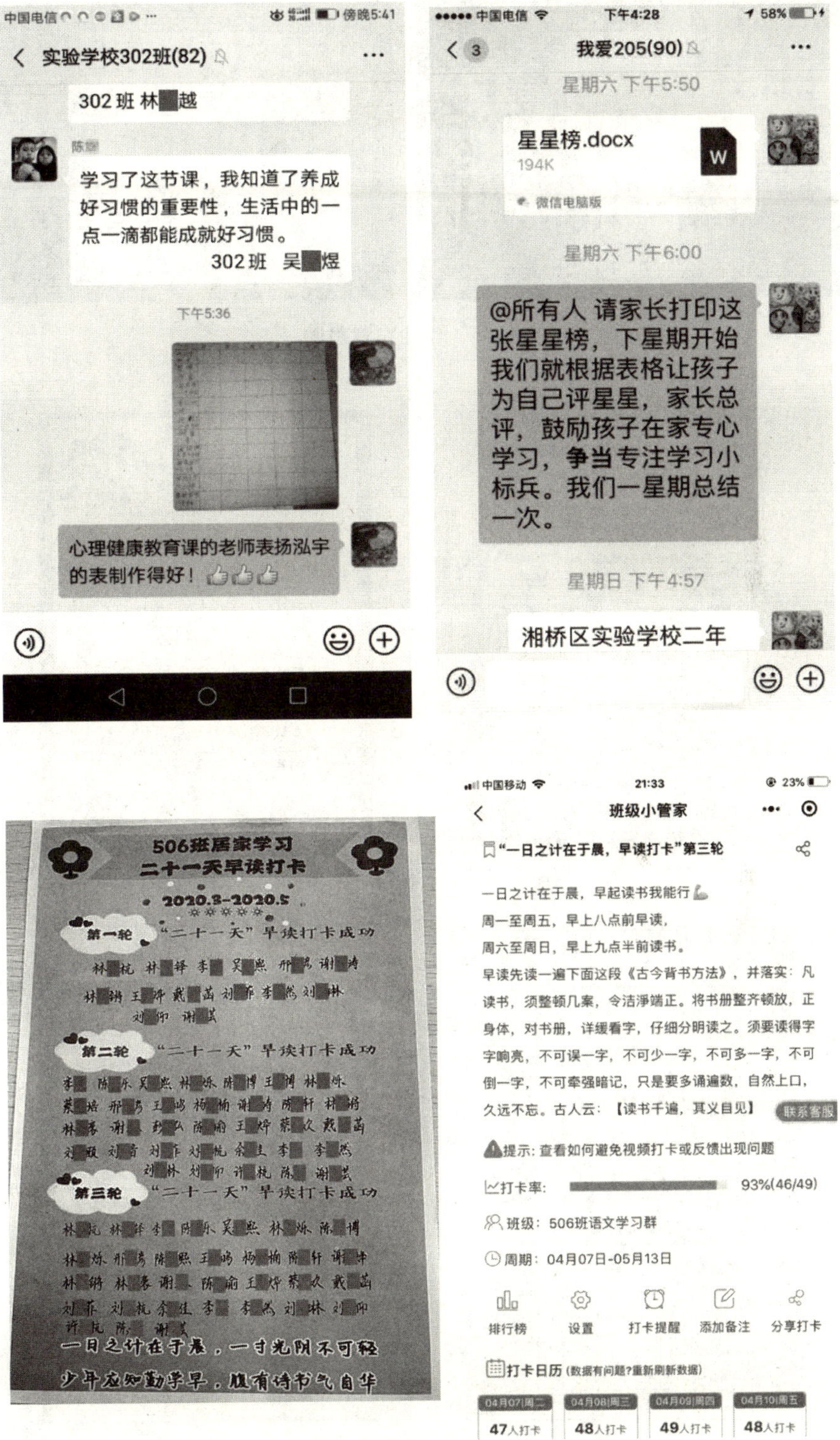

图 24 师生交流互动截图

图 25　作业布置截图

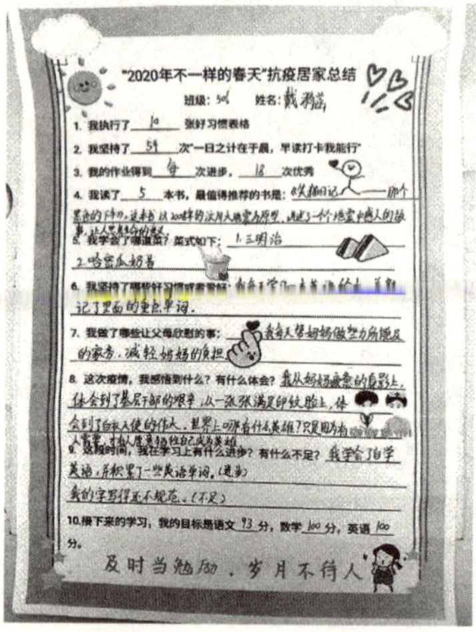

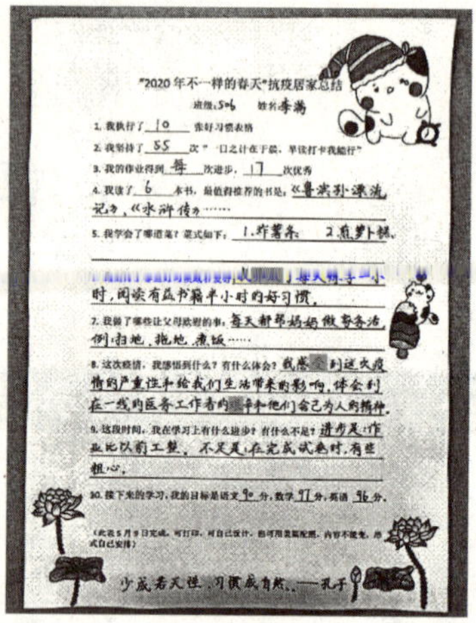

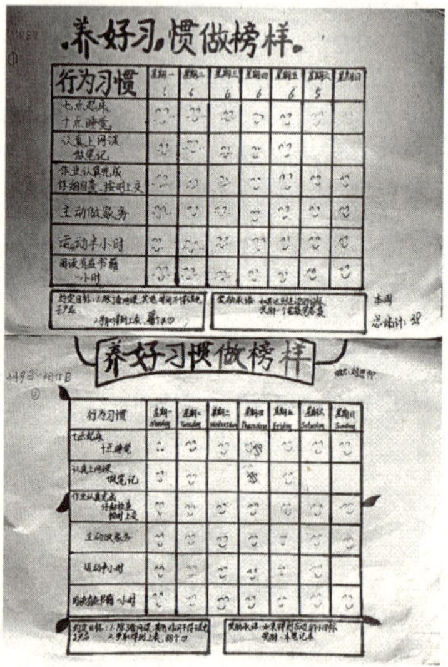

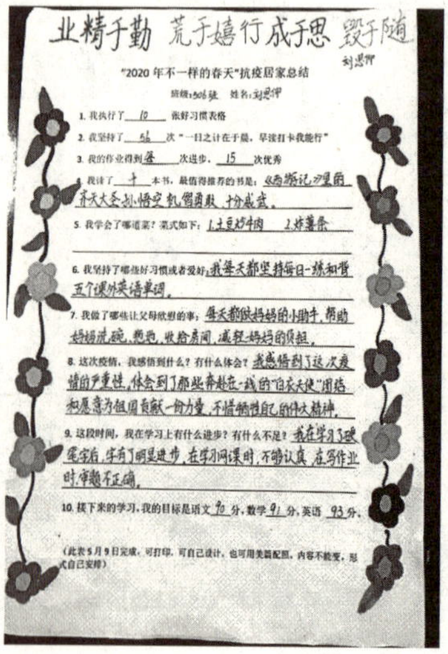

图 26　作业评价情况

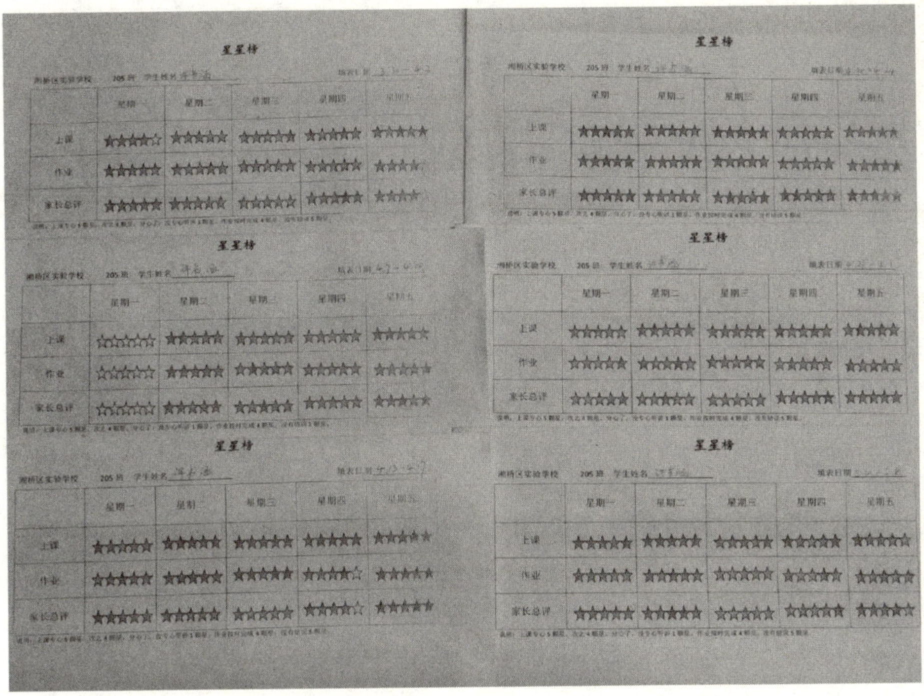

图 27　“摘星星”榜

（九）教学反思

本案例三个版块的内容选材符合小学生各年级阶段的认知特点，许多事例都能够引起学生的兴趣，增加了趣味性和吸引力，也使学生在故事中受到潜移默化的影响。但由于案例中涉及的心理健康教育的范围较广，因此内容略显臃肿，加上时间仓促，没有做到知识点的深入挖掘，还需要精简内容，进一步深入展开，让学生体会得更加深刻。

四、取得的成效及体会

本案例根据高、中、低年级学生的特点有针对性地进行心理健康主题教育，采用“线上＋线下”的教学模式，介绍了一系列可行的居家学习方法，顺利地完成预期的教学目标。课后反馈及评价资料数据表明，大部分低年级学生已经掌握了集中注意力的方法，并自觉强化训练，许多家长还能配合记录孩子的成长足迹，促进亲子互动；中年级学生通过制作“好习惯计划表”，学会列出计划，授课教师利用钉钉、微信等平台与其进行实时互动，及时提出修改建议，并督促学生按时打卡，依据计划坚持好习惯，效果显著；大部分高年级学生能及时调整学习情绪，通过“小锦囊”的学习，掌握自学自律的方法，再加上“盟友加持”，学习主动性大大提高，能更加自觉地养成自我管理与自我学习的好习惯。

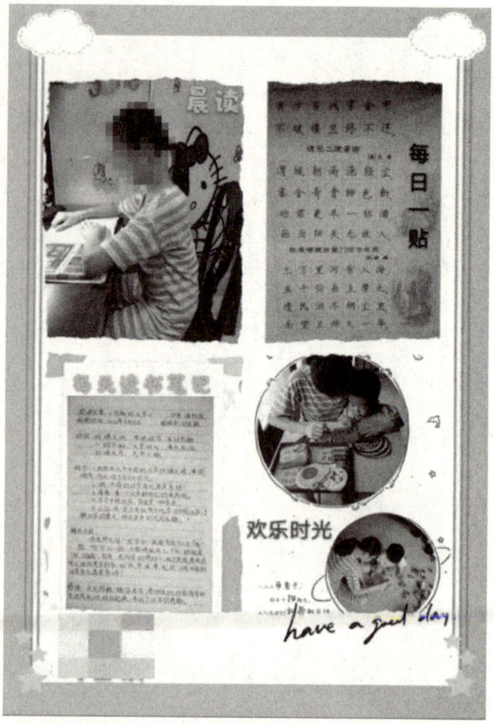

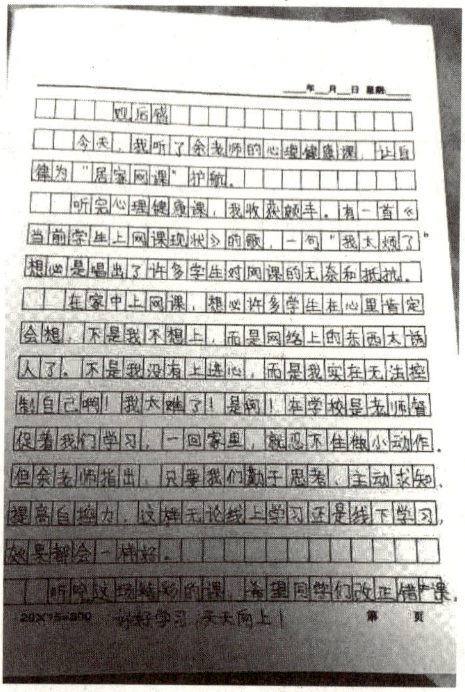

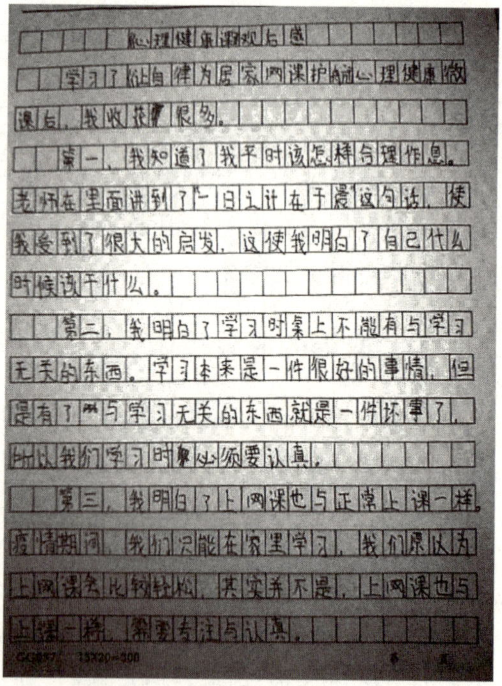

图 28　教学效果反馈截图

五、专家点评

针对高、中、低年级学生年龄特点，刘洁工作室的各位老师，分别设计了一节“疫期居家学习心理健康教育课”。这三个版块的内容选题，均符合皮亚杰认知发展阶段论，尊重不同年级学生的个体差异，来进行多元化的教学设计。老师们利用微信、钉钉等各种网络平台来实现课堂教学，在线教学活动交互性强，学习资源形式多样，在线学习要求、作业布置、课堂学习准备等教学信息内容反馈及时，实现家校携手。课程在培养学生思维品质的同时，向学生渗透爱国主义教育及地方优秀传统文化精神，体现立德树人的导向。结合疫情期间教育的新形势，引入抗疫英雄钟南山爷爷、潮汕名人饶宗颐先生的学习意愿，激励学生养成自我管理和自我学习的好习惯。本节课是一个优秀的心理健康教育混合式案例，其教育教学效果突出。